高职高专财经类"十三五"规划教材

管理学基础

主　编　阮喜珍　金泽龙　杜志琴
副主编　邓小红　张明勇　盛　强

WUHAN UNIVERSITY PRESS
武汉大学出版社

图书在版编目(CIP)数据

管理学基础/阮喜珍,金泽龙,杜志琴主编 . —武汉:武汉大学出版社,
2017.6
高职高专财经类"十三五"规划教材
ISBN 978-7-307-19316-1

Ⅰ.管… Ⅱ.①阮… ②金… ③杜… Ⅲ.管理学—高等职业教
育—教材 Ⅳ.C93

中国版本图书馆 CIP 数据核字(2017)第 101726 号

责任编辑:陈 红   责任校对:李孟潇   版式设计:马 佳

出版发行:**武汉大学出版社** (430072 武昌 珞珈山)
(电子邮件:cbs22@whu.edu.cn 网址:www.wdp.com.cn)
印刷:湖北恒泰印务有限公司
开本:787×1092 1/16 印张:16 字数:382 千字 插页:1
版次:2017 年 6 月第 1 版   2017 年 6 月第 1 次印刷
ISBN 978-7-307-19316-1   定价:34.00 元

随着经济的发展和时代的进步，全球化竞争的局面逐渐形成，企业外界环境的不确定性也逐渐增强。在这种新的竞争形势下，企业迫切需要提高其管理效能，通过对内外资源的有效组合与利用，提高企业管理效率，在保证企业短期与长期目标顺利实现的同时，巩固并进一步提升企业的竞争地位。

管理学是在自然科学与社会科学的交叉点上建立和发展起来的一门综合性交叉学科，同时也是从事经营管理研究和实践必须掌握的基本知识和技能。目前，企业基层、生产、服务第一线管理人员非常匮乏，而高职高专院校正是培养适应生产、建设、管理、服务第一线需要的高等技术应用型人才的摇篮。经济管理类专业处于改革的关键时期。管理学基础是经济管理类专业的主要专业课程或专业基础课程，其教材和教学模式改革迫在眉睫，编写本教材可以解决当务之急，为培养满足社会需要的第一线管理人才作贡献。

关于本课程

本课程在经管类专业中属于专业基础课，在本专业课程体系中处于核心地位，是学生学习其他专业课程的基础，对学生建立管理的理念，提高学生专业素养，培养学生的专业意识有极其重要的意义，对其他课程的教学有重要的引领作用。

本课程的主要内容包括：管理与管理学：管理的职能与作用、管理学的研究对象与研究方法、管理理论的形成与发展；计划：计划的种类、计划工作的程序和方法；目标管理：目标管理的产生和发展、目标管理的实施过程；经济预测：预测的含义及其类型、预测的步骤与方法；决策：决策的作用与原则、决策程序、决策方法；组织的含义及作用、组织的类型及组织工作原则、组织结构；人员配备、管理人员的选聘、管理人员的考评、管理人员的培训；领导者、领导者素质及领导班子构成、领导理论及领导方式、领导艺术；激励：激励理论、激励模式、激励方法；控制的基础理论、控制的基本内容、控制的基本过程；控制方法：质量控制方法、预算控制方法、成本控制方法；协调：信息沟通、协调的作用和原则、协调的内容与方式。

关于本书

考虑到高职教育突出技能性和实用性的特点和要求，本教材围绕现代管理实务操作的相关知识、技能要求进行编写。突出以质量管理岗位和工作任务所需的知识、技能要求进行教材内容体系的架构，即按现行企业相关管理岗位和管理项目所需要的实务操作技能和必备知识要求编写。采用通俗易懂的语言，既注重理论与方法的系统介绍，又穿插一些小案例、知识链接和小思考，增强趣味性。着重介绍怎么做、如何做，力求通俗易懂，注重案例和图表的运用。每章均以管理案例引入，后面附有思考题、技能训练和案例分析。

本书可供高职高专院校经济管理类及其他专业学生使用，同时也可作为企业管理人员培训参考书，在教学中可以根据实际情况进行取舍。

如何使用本书

本书内容可按照 50~68 学时安排，推荐学时分配为：第 1 章 4 学时，第 2 章 4 学时，第 3 章 8 学时，第 4 章 8 学时，第 5 章 8 学时，第 6 章 8 学时，第 7 章 8 学时，第 8 章 4 学时，第 9 章 8 学时。教师可根据不同的专业灵活安排学时，课堂重点讲解每个实训模块的引导案例，设计实训项目，指导学生实训。分组讨论、模拟实训可安排在实训室进行，实训报告的写作可由学生在课后完成。教师可以根据本校的实际情况对教学内容进行取舍。

本书编写队伍

本书由阮喜珍、金泽龙、杜志琴担任主编，邓小红、张明勇、盛强担任副主编，由阮喜珍负责本书的总体设计以及最后统稿。

本书在编写过程中，还参考和引用了国内外相关的文献资料，吸收和听取了国内外许多资深商务人士的宝贵经验和建议。在此谨向对本书编写、出版提供过帮助的人士表示衷心的感谢！

由于编者水平有限，编写时间仓促，书中难免存在不妥之处，敬请广大读者批评指正。您的宝贵意见请反馈到电子信箱 ruanxizhen@163.com。

编　者
2017 年 5 月

CONTENTS **目 录**

第1章 | 管理学概述

知识目标

在学习完本章之后，你应该能够：

◎ 理解管理及管理学的含义；

◎ 明确管理的特点及作用；

◎ 了解管理者的工作环境；

◎ 掌握管理的性质、职能、管理学的内容、管理者的类型及技能。

技能目标

◎ 能用所学知识对组织管理状况进行分析；

◎ 能结合组织具体情况提出如何进行管理的一些措施；

◎ 提高有关管理案例分析的能力。

【引例】

培训部负责人辞职

北京某公司王总，工龄有三十多年，在行业内也算是前辈，工作态度非常严谨仔细。对公司组织的培训工作非常重视，从培训课程内容设置、培训讲师选聘、培训酒店场地签订到培训证书印制、培训现场条幅悬挂、培训期间餐饮订单等，事无巨细，从头抓到尾，尽管有专门的培训部。他经常亲自蹲点于培训教室现场，中间还不时打断讲师指正讲授内容；由于公司人员排队签字，不时召唤秘书奔走往返来培训现场办理公文处理文件。

一次，王总突然指示培训部下周举办经销商销售顾问培训班和市场经理培训班，完全脱离培训工作实施规划。培训部不得不马上开始确定培训讲师，拟制培训日程表，商谈培训教室，拟订培训通知等事项。由于某种原因，报到实际人数没有达到理想状态，王总在培训报到现场，果断指示将两个班合并为一个班举办，以节省开销。尽管前期已经安排妥当，培训讲师林教授也强调培训对象不同，培训内容侧重点不一样，最关键的是报到时间也不同。王总置之不理。结果经销商参训学员得知培训安排突然变更，怨声载道，全部怪罪培训部。王总竟然也在众人面前大声斥责培训部负责人，为什么培训工作做得一塌糊涂，然后命令公司其他所有部门负责人全部到场蹲点，这下更热闹了，培训工作不光王总亲自指导，各部门负责人也不时指东道西，甚至连总经理秘书也插手指挥。可想而知，一个简单的培训活动最终搞得乱七八糟。培训结束第二天，培训部负责人打了辞职报告。

这一案例表明：类似王总这样的公司管理者在我们周围并不少见。该案例反映出公司管理者存在的诸多问题：管理者角色定位不明确，工作计划性不强，管理跨度不合理，企业文化建设不成功，管理监控不力等等。公司管理者应该懂得授权的必要性，明确作为公司管理者的角色定位；应该知人善任，根据员工的爱好、特长安排合适的岗位；应该合理配置人力资源，实现人尽其才，才尽其用。

1.1 管理及管理学概述

1.1.1 管理的含义、性质及作用

1. 管理的含义

管理是在社会活动中，一定的人和组织依据其拥有的权利，通过一系列职能活动，对人力、物力、财力及其他资源进行协调或处理，以实现预期目标的活动过程。

管理是基于人性和人群差异性基础上的民主化、科学化操作，以达到预期目标的活动过程。管理是组织中维持集体协作行为延续发展的有意识的协调行为。管理者在一定的环境条件下，对组织所拥有的资源（人力、物力和财力等各项资源）进行计划、组织、领导、控制和协调，以有效地实现组织目标的过程。广义的管理：应用科学的手段安排组织社会活动，使其有序进行。其对应的英文是 administration 或 regulation。狭义的管理：为保证一个单位全部业务活动而实施的一系列计划、组织、协调、控制和决策的活动，对应的英文是 manage 或 run。

广义的管理中包含着经营，不过因为经营很重要，就单独列出。这样，"管理"和"经营"就被赋予特定的含义。

由于管理概念本身具有多义性，它不仅有广义和狭义的区分，而且还因时代、社会制度和专业的不同，产生不同的解释和理解。随着生产方式社会化程度的提高和人类认识领域的拓展，人们对管理现象的认识和理解的差别还会更为明显。

长期以来，许多中外学者从不同的研究角度出发，对管理一词作了不同的解释，然而，不同学者在研究管理时出发点不同，因此，他们对管理一词所下的定义也就不同。直到目前为止，管理还没有一个统一的定义。特别是 20 世纪以来，各种不同的管理学派，由于理论观点的不同，对管理概念的解释更是众说纷纭。管理学者是这样定义"管理"的。泰勒：确切知道要别人去干什么，并注意他们用最好最经济的方法去干；法约尔：管理是所有的人类组织（不论是家庭、企业还是政府）都有的一种活动，这种活动由五项要素组成：计划、组织、指挥、协调和控制。管理就是实行计划、组织、指挥、协调和控

制；孔茨：管理就是设计和保持一种良好环境，使人在群体里高效率地完成既定目标；彼得·德鲁克：归根到底，管理是一种实践，其本质不在于"知"而在于"行"，其验证不在于逻辑，而在于成果；其唯一权威就是成就。

管理的定义可以列举很多，以上几种具有一定的代表性，综合分析上述各种不同观点，总的来说，它们各有真知灼见，也各有不足之处，但这些定义都着重从管理的现象来描述管理本身，那么，如何对管理这一复杂的概念进行比较全面和一般地概括呢？

让我们对管理活动先做一下剖析。我们知道管理是一种行为，作为行为，首先应当有行为的发出者和承受者，即谁对谁做；其次，还应有行为的目的，即为什么做。因此，形成一种管理活动，首先要有管理主体，即说明由谁来进行管理的问题；再次要有管理客体，即说明管理的对象或管理什么的问题；最后要有管理目的，即说明为何而进行管理的问题。

有了以上三个要素，就具备了形成管理活动的基本条件。同时，我们还应想到，任何管理活动都不是孤立的活动，它必须在一定的组织、环境和条件下进行。

以上分析说明，任何一种管理活动都必须由以下四个基本要素构成，即：管理主体——回答由谁管的问题；管理客体——回答管什么的问题；组织目的——回答为何而管的问题；组织环境或条件——回答在什么情况下管的问题。

既然管理行为本身就是由上述这四个管理要素决定的，构成管理行为的这四个管理要素当然应在管理的定义中首先得到体现。由于要真正进行管理活动，还必须运用为达到管理目的的管理职能和管理方法，即解决如何进行管理的问题。这一点也应该在管理的定义中能够得到体现。管理的定义应该反映管理活动的一般的、本质的特征，或者说，管理的定义中一定要反映管理的本质，即追求效率。

综合各种观点，对管理的比较系统的理解应该是：管理是管理者或管理机构，在一定范围内，通过计划、组织、控制、领导等工作，对组织所拥有的资源（包括人、财、物、时间、信息）进行合理配置和有效使用，以实现组织预定目标的过程。这一定义有四层含义：第一，管理是一个过程；第二，管理的核心是达到目标；第三，管理达到目标的手段是运用组织拥有的各种资源；第四，管理的本质是协调。

2. 管理的性质

（1）管理的两重性

管理的两重性是马克思主义关于管理问题的基本观点。管理的两重性体现着生产力和生产关系的辩证统一关系。西方的管理理论、技术和方法是人类长期从事生产实践的产物，是人类智慧的结晶。管理总是在一定生产关系下进行的，因此体现着一定的统治阶级的意志。管理方法、管理技术和手段是同生产力水平及其他一切情况相适应的。

（2）管理的科学性和艺术性

管理的科学性是管理作为一个活动过程，其间存在着一系列基本客观规律。人们经过无数次的失败和成功，通过从实践中收集、归纳、检测数据，提出假设，验证假设，从中抽象总结出一系列反映管理活动过程中客观规律的管理理论和一般方法。人们利用这些理论和方法来指导自己的管理实践，又以管理活动的结果来衡量管理过程中所使用的理论和方法是否正确和行之有效，从而使管理的科学理论和方法在实践中得到不断的验证和丰富。因此说，管理是一门科学，是指它以反映管理客观规律的管理理论和方法为指导，有一套分析问题、解决问题的科学的方法论。

管理的艺术性就是强调其实践性，没有实践则无所谓艺术。这就是说，仅凭停留在书本上的管理理论，或背诵原理和公式来进行管理活动是不能保证其成功的。主管人员必须在管理实践中发挥积极性、主动性和创造性，因地制宜地将管理知识与具体管理活动相结合，才能进行有效的管理。所以，管理的艺术性，就是强调管理活动除了要掌握一定的理论和方法外，还要有灵活运用这些知识和技能的技巧和诀窍。

从管理的科学性与艺术性可知，卓有成效的管理艺术是以对它所依据的管理理论的理解为基础的。因此，两者之间不是互相排斥，而是互相补充的。如没有掌握管理理论和基本知识的主管人员，在进行管理时必然是靠碰运气，靠直觉或过去的经验办事，很难找到对管理问题的可行的、令人满意的解决办法。所以，管理的专业训练不可能培训出"成品"的主管人员，但却是为通过实践进一步培训主管人员的一个良好的开端，它为培养出色的主管人员在理论知识方面打下坚实的基础。当然，仅凭理论也不足以保证管理的成功，人们还必须懂得如何在实践中运用它们，这一点也是非常重要的。

【知识链接】

管理和领导

在现代社会中，领导这一现象随处可见：每个国家都离不开执政党和政府机构的领导，企业离不开董事长、总裁、总经理和部门经理等各级领导者的领导，军队离不开各级军官的领导，即使是在非正式组织中，也存在一个相对权威的人领导着组织内的成员。

在现实生活中，不少人认为管理与领导是同一个概念，它们之间没有什么不同，似乎领导过程就是管理过程，两者之间没有明确的界限。实际上，管理和领导是两个不同的概念，两者既有联系又有区别。管理与领导两者的目的都是实现组织目标，但两者的区别却是显著的：

领导和管理并不完全属于同一范畴。领导是管理的一个职能，一般称为领导职能，但管理的其他职能，则不属于领导。比如组织中的参谋人员所从事的工作是管理工作，但不是领导工作。管理是指管理行为，而领导工作既包括管理行为，也包括业务行为。比如，作为企业的领导者会见重要人物，参与谈判，出席一些公共活动。

领导与管理的范畴既有包含的部分，又有互相区别的部分，但一般而言领导主要是对人的领导，主要是处理人与人的关系，特别是上下级关系，这是管理活动中的核心问题；除对人的管理之外，管理的对象还包括财、物，管理不仅要处理人与人之间的关系，还要处理财与物、物与人、人与财的关系。管理涉及的范围比领导要广泛得多。

领导和管理相互区别，但密切相关。领导和管理属于两个不同的行为层次，但是它们密切相关、难以分离。领导活动的重点在于做出决策，确立奋斗目标、规划，以及制定相应的政策，为本地区本部门本单位的工作指引前进的方向等，领导从整体发展的目标出发，着重于争取赢得良好的外部环境；而管理是为了保证完成领导确定的目标，着重于维护和加强组织的正常秩序。

3. 管理的作用

管理有照管、料理的意思，同时包含着一定程度的约束性。有人群的活动就有管理，有了管理，组织才能进行正常有效的活动，简而言之，管理是保证组织有效地运行所必不可少的条件。组织的作用依赖于管理，管理是组织中协调各部分的活动，并使之与环境相适应的主要力量。一方面，所有的管理活动都是在组织中进行，有组织，就有管理，即使一个小的家庭也需要管理；另一方面，有了管理，组织才能进行正常的活动，组织与管理都是现实世界普遍存在的现象。不过，当组织规模还比较小的时候，管理对组织的影响还不大。组织中的管理活动还比较简单，并未形成独立的管理职能，因而也就显现不出管理的特别重要性。如对于小生产企业来说，可以凭借经验，维持自身的发展。但随着人类的进步和组织的发展，管理所起的作用越来越大。概括起来说，管理的作用主要表现在以下两个方面：

管理使组织发挥正常功能。管理是一切组织正常发挥作用的前提，任何一个有组织的集体活动，不论其性质如何，都只有在管理者对它加以管理的条件下，才能按照所要求的方向进行。组织是由组织的要素组成的，组织的要素互相作用产生组织的整体功能。然而，仅仅有了组织要素还是不够的，这是因为各自独立的组织要素不会完成组织的目标，只有通过管理，使之有机地结合在一起，组织才能正常地运行与活动。组织要素的作用依赖于管理。管理在组织中协调各部分的活动，并使组织与环境相适应。一个单独的提琴手是自己指挥自己，一个乐队就需要一个乐队指挥，没有指挥，就没有乐队。在乐队里，一个不准确的音调会破坏整个乐队的和谐，影响整个演奏的效果。同样，在一个组织中，没有管理，就无法彼此协作地工作，就无法达到既定的目的，甚至连这个组织的存在都是不可能的。集体活动发挥作用的效果大多取决于组织的管理水平。组织对管理的要求和对管理的依赖性与组织的规模是密切相关的，共同劳动的规模越大，劳动分工和协作越精细、复杂，管理工作也就越重要。一般来说，在手工业企业里，要进行共同劳动，就要有一定的分工协作，管理就成为进行生产所不可缺少的条件。但是，如果手工业企业的生产规模较小，生产技术和劳动分工也比较简单，管理工作就比较简单。现代化大工业生产，不仅生产技术复杂，而且分工协作严密，专业化水平和社会化程度都高，社会联系更加广泛，需要的管理水平就更高。工业如此，农业同样如此，一个规模大、部门多，分工复杂、物质技术装备先进、社会化专业化商品化水平高的农场，较之规模小、部门单一、分工简单、以手工畜力劳动为主、自给或半自给的农业生产单位，就要求有高水平、高效率的管理。总而言之，生产社会化程度越高，劳动分工和协作越细，就越要有严密的科学的管理。组织系统越庞大，管理问题也就越复杂，庞大的现代化生产系统要求有相当高的管理水平，否则就无法正常运转。

管理的作用还表现在实现组织目标上。组织是有目标的，组织只有通过管理，才能有效地实现组织的目标。在现实生活中，我们常常可以看到这种情况，有的亏损企业仅仅由于换了一个精明强干、善于管理的厂长，很快就扭亏为盈；有些企业尽管拥有较为先进的设备和技术，却没有发挥其应有的作用；而有些企业尽管物质技术条件较差，却能够凭借科学的管理，充分发挥其潜力，反而能更胜一筹，从而在激烈的社会竞争中取得优势。通过有效的管理，可以放大组织系统的整体功能。因为有效的管理会使组织系统的整体功能大于组织因素各自功能的简单相加之和，起到放大组织系统的整体功能的作用。在相同的物质条件和技术条件下，由于管理水平的不同而产生效益、效率或速度的差别，这就是管理所产生的作用。在组织活动中，需要考虑到多种要素，如人员、物资、资金、环境等，它们都是组织活动不可缺少的要素，每一要素能否发挥其潜能，发挥到什么程度，都会对管理活动产生不同的影响。有效的管理，正在于寻求各组织要素、各环节、各项管理措施、各项政策以及各种手段的最佳组合。通过这种合理组合，就会产生一种新的效能，可以充分发挥这些要素的最大潜能，使人尽其才，物尽其用。例如，对于人员来说，每个人都具有一定的能力，但是却有很大的弹性。如能积极开发人力资源，采取有效的管理措施，使每个人的聪明才智得到充分的发挥，就会产生一种巨大的力量，从而有助于实现组织的目标。

【情景模拟】

以客户管理为例，经常会遇到这样一种情况，你向某公司的客服打了一个电话，讲述你在产品使用中遇到了一个麻烦，她很可能含糊其辞，告诉你随后处理，但是你等了很久，也不见回音，为什么呢？她早就忘在脑后了。管理者会针对这种情况，设计"问题追踪表单"，要求客户服务人员必须对打进来的任何一个电话都进行记录，逐项解决并纳入考核，每天下午五点半，对未解决完毕的问题全部汇总上报，以最快速度将所有客户提出的问题解决，这张"问题追踪表单"的建立就创造了令客户最满意的服务效果，进一步，可以据此来设计管理软件。

【案例分析】

泰勒切削实验

以最早的泰勒切削实验为例。为了找出能在最快时间内完成工作的方法，车床的转速多快才算合适？进刀量多深才算最佳？泰勒花了 26 年，陆续配备了 10 台实验机器，记录了 3 万~5 万次实验，把 80 万磅重量的钢铁切成了碎屑，共耗费了 15 万~20 万美元的经费。根据实验数据，由数学家巴思设计了一个专用的快速计算尺，使用这个计算尺，任何车工，不论他是否懂得科学，都能在半分钟内确定切削金属的最佳方法。

分析：把工作设计交给工人，是极其不负责任的做法。按理说，每个车工都应该使用最佳方法操作，但是，泰勒的这个实验，为了找出最佳方法整整花费了 26 年的时间，还配合了大量专家的研究，这是车工自己根本不可能办到的。任何人如果单凭经验，只能达到"会做"，但不能达到"最佳"。所以，对于管理的计划、安排，以及操作动作设计，是不能由员工自己进行的，这是企业管理层的工作，必须由懂得管理和科学技术的专家进行。没有高素质的管理人员，科学管理根本无法进行。

总之，管理可以增强组织的运作效率；可以让组织有明确的发展方向；可以使每个员工都充分发挥他们的潜能；可以使组织财务清晰，资本结构合理，投融资恰当；可以向顾客提供满意的产品和服务；可以更好地树立企业形象，为社会多作实际贡献。

1.1.2 管理的基本职能

管理的职能是管理过程中各项活动的基本功能，又称管理的要素，是管理原则、管理方法的具体体现。管理职能的划分有许多方法，法国管理学者法约尔最初提出把管理的基本职能分为计划、组织、指挥、协调和控制。后来，又有学者认为人员配备、领导、激励、创新等也是管理的职能。何道谊依据业务过程把管理分为目标、计划、实行、检馈、控制、调整六项基本职能，加之人力、组织、领导三项人的管理方面的职能，系统地将管理分为九大职能。现在最为广泛接受的是将管理分为四项基本职能：计划、组织、领导、控制。

1. 计划

计划（planning）是为实现组织既定目标而对未来的行动进行规划和安排的工作过程。在具体内容上，它包括组织目标的选择和确立，实现组织目标方法的确定和抉择，计划原则的确立，计划的编制，以及计划的实施。计划是全部管理职能中最基本的职能，也是实施其他管理职能的条件。计划是一项科学性极强的管理活动。计划确立组织目标，制定实现目标的策略。计划决定组织应该做什么，包括评估组织的资源和环境条件，建立一系列组织目标。而一旦确立了组织目标，管理者就必须采取相应的战术实现这些目标，并建立监督运行结果的决策制定过程。计划有以下三个方面的内容：研究活动条件，包括内部环境研究和外部环境研究；制定业务决策，是指在活动条件研究基础上，根据这种研究所揭示的环境变化中可能提供的机会或造成的威胁，以及组织在资源拥有和利用上的优势和劣势，确定组织在未来某个时期内的宗旨、方向和目标，并据此预测环境在未来可能呈现的状态；编制行动计划，将决策目标在时间和空间上分解到组织的各个部门和环节，对每个单位和成员的工作提出具体要求。

2. 组织

为实现管理目标和计划，就必须设计和维持一种职务结构，在这一结构里，把为实现目标所必需的各种业务活动进行组合分类，把管理每一类业务活动所必需的职权授予主管这类工作人员，并规定上下左右的协调关系，为有效实现目标，还必须不断对这个结构进行调整，这一过程即为组织（organising）。组织为管理工作提供了结构保证，它是进行人员管理、指导领导和控制的前提。组织确定组织机构，分配人力资源。组织是决策目标如何实现的一种技巧，这种决策需要建立最合适的组织结构并训练专业人员，组织通信网络。管理者必须建立起与顾客、制造商、销售人员和技术专家之间的沟通渠道。组织要完成下述工作：组织机构和结构设计；人员配备，将适当的人员安置在适当的岗位上，从事适当的工作；启动并维持组织运转；监视运转。

3. 领导

领导（leading）就是对组织内每名成员的行为进行引导和施加影响的活动过程，其目的在于使个体和群体能够自觉自愿而有信心地为实现组织既定目标而努力。领导所涉及的是主管人员与下属之间的相互关系。指导与领导是一种行为活动，目前已形成了专门的领导科学，成为管理科学的一个新分支。领导运用影响力激励员工以便促进组织目标的实现。同时，领导也意味着创造共同的文化和价值观念，在整个组织范围内与员工沟通组织目标和鼓舞员工树立起谋求卓越表现的愿望。领导激励并管理员工，组建团队。领导是完成组织目标的关键，是利用组织赋予的权力和自身的能力去指挥和影响下属，"创造一个使员工充分参与实现组织目标的内部环境"的管理过程，包括管理者为实现组织目标对员工的指导和激励，制订一系列计划，采取相应的措施来组织员工努力工作，保持良好的士气。

4. 控制

控制（controlling）是对员工的活动进行监督，判定组织是否正朝着既定的目标健康地向前发展，并在必要的时候及时采取矫正措施。控制是按既定目标和标准对组织的活动进行监督、检查，发现偏差，采取纠正措施，使工作能按原定计划进行，或适当调整计划以达预期目的。控制工作是一个延续不断的、反复发生的过程，其目的在于保证组织实际的活动及其成果同预期目标相一致。控制是为了保证系统按预定要求运作而进行的一系列工作，包括根据标准及规则，检查监督各部门、各环节的工作，判断其是否发生偏差并纠正偏差。控制职能在整个管理活动中起着承上启下的连接作用。管理职能循序完成，并形成周而复始的循环往复，这就是管理的基本过程，其中每项职能之间是相互联系、相互影响的，以构成统一的有机整体。

四项管理职能之间的关系从逻辑关系来看，通常是按一定的先后顺序发生，即先计划，继而组织，然后领导，最后控制；从管理过程来看，在控制的同时，往往要编制计划，或对原计划进行修改，并开始新一轮的管理活动；从职能的作用看，计划是前提，组织是保证、领导是关键、控制是手段。四个职能之间是一个相辅相成、密切联系的整体，不能片面地强调某一职能，而否定其他职能作用。

1.1.3　管理学的特点、内容及其研究方法

1. 管理学的特点

一般来说，管理学具有这样几个特点：

（1）一般性。管理学作为一般管理学，它区别于"宏观管理学"和"微观管理学"。它是研究所有管理活动中的共性原理的基础理论学科，无论是"宏观管理学"还是"微观管理学"，都需要管理学的原理作为基础来加以学习和研究。管理学是各门具体的或专门的管理学科的共同基础。

（2）多科性，或综合性。管理学的综合性表现为：在内容上，它需要从社会生活的

各个领域、各个方面以及各种不同类型组织的管理活动中概括和抽象出对各门具体管理学科都具有普遍指导意义的管理思想、原理和方法；在方法上，它需要综合运用现代社会科学、自然科学和技术科学的成果，来研究管理活动过程中普遍存在的基本规律和一般方法。管理活动是很复杂的活动，影响这一活动的因素是多种多样的。搞好管理工作，必须考虑到组织内部和组织外部的多种错综复杂的因素，利用经济学、数学、生产力经济学、工程技术学、心理学、生理学、仿真学、行为科学等的研究成果和运筹学、系统工程、信息论、控制论、电子计算机等的最新成就，对管理进行定性的描述和定量的预测，从中研究出行之有效的管理理论，并用以指导管理的实际工作。所以从管理学与其他学科的相互关系来看，可以说，管理学是一门交叉学科或边缘学科，但从它要综合利用上述多种学科的成果，才能发挥自己的作用来看，它又是一门综合性的学科。

（3）历史性。任何一种理论都是实践和历史的产物，管理学尤其如此。管理学是对前人管理实践、经验和管理思想、理论的总结、扬弃和发展。割断历史，不了解管理历史发展和前人对管理经验的理论总结，不进行历史考察，就很难理解建立管理学的依据。

（4）实用性，或实践性。管理学是为管理者提供从事管理的有用的理论、原则和方法的实用性学科。管理的实践性表现为它具有可行性，而它的可行性标准是通过经济效益和社会效益来加以衡量的。因此，管理学又是一门实用学科，只有把管理理论同管理实践相结合，才能真正发挥这门学科的作用。

【知识链接】

现代管理学的共性

纵观管理学各学派，虽各有所长，各有不同，但不难寻求其共性。管理学的共性实质上也就是现代管理学的特点，可概括如下。

强调系统化。这就是运用系统思想和系统分析方法来指导管理的实践活动，解决和处理管理的实际问题。系统化，就要求人们认识到一个组织就是一个系统，同时也是另一个更大系统中的子系统。所以，应用系统分析的方法，就是从整体角度来认识问题，以防止片面性和受局部的影响。

重视人的因素。由于管理的主要内容是管人，而人又是生活在客观环境中，虽然他们也在一个组织或部门中工作，但是，他们在思想、行为等方面，可能与组织不一致。重视人的因素，就是要注意人的社会性，对人的需要予以研究和探索，在一定的环境条件下，尽最大可能满足人们的需要，以保证组织中全体成员齐心协力地为完成组织目标而自觉作出贡献。

重视"非正式组织"的作用，即注意"非正式组织"在正式组织中的作用。非正式组织是人们以感情为基础而结成的集体，这个集体有约定俗成的信念，人们彼此感情融洽。利用非正式组织，就是在不违背组织原则的前提下，发挥非正式群体在组织中的积极作用，从而有助于组织目标的实现。

广泛地运用先进的管理理论和方法。随着社会的发展，科学技术水平的迅速提高，先进的科学技术和方法在管理中的应用越来越显得重要。所以，各级主管人员必须利用现代的科学技术与方法，从而促进管理水平的提高。

加强信息工作。由于普遍强调通信设备和控制系统在管理中的作用，对信息的采集、分析、反馈等的要求越来越高，即强调及时和准确。主管人员必须利用现代技术，建立信息系统，以便有效、及时、准确地传递信息和使用信息，促进管理的现代化。

把"效率"（efficiency）和"效果"（effectiveness）结合起来。作为一个组织，管理工作不仅仅是追求效率（当然也不是不讲效率），更重要的是要从整个组织的角度来考虑组织的整体效果以及对社会的贡献。因此，要把效率和效果有机地结合起来，从而使管理的目的体现在效率和效果之中，也即通常所说的绩效（performance）。

重视理论联系实际。了解管理学在理论上的研究和发展，进行管理实践，并善于对实践归纳总结，找出规律性的东西，所有这些是每个主管人员应尽的责任。现代管理理论来自人们的实践，并将不断发展。主管人员要乐于接受新思想、新技术，并将其运用于自己的管理实践，把诸如质量管理、目标管理、价值分析、项目管理等新成果运用于实践，并在实践中创造出新的方法，形成新的理论，促进管理学的发展。

强调"预见"能力。强调要有很强的"预见"能力来进行管理活动。社会是迅速发展的，客观环境在不断变化，这就要求人们用科学的方法进行预测，以"一开始就不出差错"为基点，进行前馈控制，从而保证管理活动的顺利进行。

强调不断创新。要积极促变，不断创新，管理就意味着创新，就是在保证"惯性运行"的状态下，不满足于现状，利用一切可能的机会进行变革，从而使组织更加适应社会条件的变化。

强调权力集中。使组织中的权力趋向集中，以便进行有效的管理。电子计算机的应用，现代通信设备的使用，使组织的结构趋向平面化，即减少了层次。权力统一集中，使最高主管人员担负的任务更加艰巨。因此，主管人员必须通过有效的集权，把组织管理统一化，以达到统一指挥、统一管理的目的。

2. 管理学的研究内容

管理学的研究有三个侧重点：

从管理的二重性出发，着重从三个方面研究管理学：从生产力方面：研究如何合理配置组织中的人、财、物，使各要素充分发挥作用的问题；研究如何根据组织目标的要求和社会的需要，合理地使用各种资源，以求得最佳的经济效益和社会效益的问题。从生产关系方面：研究如何正确处理组织中人与人之间的相互关系问题；研究如何建立和完善组织机构以及各种管理体制等问题；研究如何激励组织内成员，从而最大限度地调动各方面的积极性和创造性，为实现组织目标而服务。从上层建筑方面：研究如何使组织内部环境与其外部环境相适应的问题；研究如何使组织的规章制度与社会的政治、经济、法律、道德等上层建筑保持一致的问题，从而维持正常的生产关系，促进生产力的发展。

着重从历史的方面研究管理实践、思想、理论的形成、演变、发展，知古鉴今。

着重从管理者出发研究管理过程，主要有：管理活动中有哪些职能；职能涉及哪些要素；执行职能应遵循哪些原理，采取哪些方法、程序、技术；执行职能会遇到哪些困难，如何克服。

3. 管理学的研究方法

比较研究法：通过对不同管理理论或管理方法异同点的研究，总结其优劣以借鉴或归纳出具有普遍指导意义的管理规律的方法。

定量研究法：运用自然科学知识，把握管理活动与管理现象内在的数量关系，寻求其数量规律的方法。

历史研究法：对前人的管理实践、管理思想和管理理论予以总结概括，从中找出带有规律性的东西，实现古为今用的方法。

案例研究法：通过对现实中发生的典型管理事例进行整理并展开系统分析，从中把握不同情况下处理问题的不同手段，以达到掌握管理原则，提高管理技能的方法。

理论联系实际方法：把现成的管理理论与方法运用到实践中去，通过实践来检验这些理论与方法的正确性与可行性，并在实践中不断概括总结新的理论与方法。

1.2 管理者及管理者的工作

1.2.1 管理者的定义和类型

1. 管理者的定义

管理者（managers）是具有能动性、社会性、又追求把握性的人。不具备能动性，就不能对管理对象产生作用和影响；不具备社会性，其活动就没有价值和意义；不追求把握性，其活动就不能算是管理活动。管理者通过别人来完成工作。他们做出决策、分配资源、指导别人的活动从而实现工作目标。管理者是这样的人，他通过协调其他人的活动达到与别人一起或者通过别人实现组织目标的目的。管理者是借力，充分运用他人的聪明才智和有限的资源为整个组织服务，从而实现组织目标。现代观点强调管理者必须对组织负责，而不仅仅是拥有权力。与管理者相对应的是非管理者。

2. 管理者的类型

管理者可分为基层管理者、中层管理者和高层管理者。基层管理者是指那些在组织中直接负责非管理类员工日常活动的人。基层管理者的主要职责是直接指挥和监督现场作业人员，保证完成上级下达的各项计划和指令。他们主要关心的是具体任务的完成。基层管理者的称谓主要有：督导、团队主管、教练、轮值班长、系主任、部门协调人、部门组长等。

中层管理者是指位于组织中的基层管理者和高层管理者之间的人。他们的主要职责是正确领会高层的指示精神，创造性地结合本部门的工作实际，有效指挥各基层管理者开展工作，他们注重的是日常管理事务。中层管理者的称谓主要有：部门主管、机构主管、项目经理、业务主管、地区经理、部门经理、门店经理等。

高层管理者是指组织中居于顶层或接近于顶层的人。他们对组织负全责，主要侧重于沟通组织与外部的联系和决定组织的大政方针。他们注重良好环境的创造和重大决策的正确性。高层管理者的称谓主要有：总裁、副总裁、行政长官、总经理、首席运营官、首席执行官、董事会主席等。一个组织中主管人员的三个层次如图 1-1 所示。

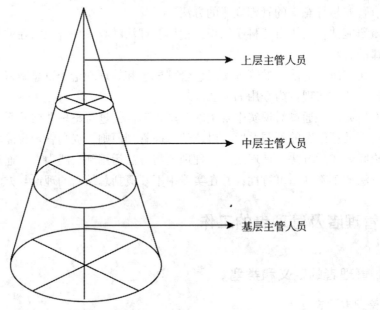

图 1-1　一个组织中主管人员的三个层次

1.2.2　管理者的技能

不管什么类型的组织中的管理者，也不管他处于哪一管理层次，所有的管理者都需要有一定的管理技能。罗伯特·李·卡茨列举了管理者所需的三种素质或技能，海因茨·韦里克对此进行了补充。综合来说，管理者需要具备的素质或管理技能主要有：

1. 技术技能

技术技能是指对某一特殊活动——特别是包含方法、过程、程序或技术的活动——的理解和熟练。它包括专门知识、在专业范围内的分析能力以及灵活地运用该专业的工具和技巧的能力。技术技能主要是涉及"物"（过程或有形的物体）的工作。

2. 人事技能

人事技能是指一个人能够以小组成员的身份有效地工作的行政能力，并能够在他所领导的小组中建立起合作的努力，也即协作精神和团队精神，创造一种良好的氛围，以使员工能够自由地无所顾忌地表达个人观点的能力。管理者的人事技能是指管理者为完成组织目标应具备的领导、激励和沟通能力。

3. 思想技能

思想技能包含把企业看成一个整体的能力，包括识别一个组织中彼此互相依赖的各种职能，一部分的改变如何能影响其他各部分，并进而影响个别企业与工业、社团之间，以及与国家的政治、社会和经济力量这一总体之间的关系，即能够总揽全局，判断出重要因素并了解这些因素之间关系的能力。

4. 设计技能

设计技能是指以有利于组织利益的种种方式解决问题的能力，特别是高层管理者不仅要发现问题，还必须像一名优秀的设计师那样具备找出某一问题切实可行的解决办法的能力。如果管理者只能看到问题的存在，并只是"看到问题的人"，他们就是不合格的管理者。管理者还必须具备这样一种能力，即能够根据所面临的现状找出行得通的解决方法的能力。

5. 概念技能

概念技能也称构想技能，指"把观念设想出来并加以处理以及将关系抽象化的精神能力"。通俗地说，概念技能是指管理者对复杂事物进行抽象和概念化的能力。具有概念技能的管理者能够准确把握工作单位之间、个人和工作单位之间以及个人之间的相互关系，能够深刻认识组织中任何行动的后果以及正确行使管理者的各种职能。

6. 人际技能

人际技能也叫人际关系技能，是指成功地与别人打交道并与别人沟通的能力，就是处理人与人之间关系的能力。作为一名管理者，必须具备良好的人际技能，这样才能建立组织良好的团队精神。

这些技能对于不同管理层次的管理者的相对重要性是不同的。技术技能、人事技能的重要性依据管理者所处的组织层次从低到高逐渐下降，而思想技能和设计技能则相反。对基层管理者来说，具备技术技能是最为重要的，具备人事技能在同下层的频繁交往中也非常有帮助。当管理者在组织中的组织层次从基层往中层、高层发展时，随着他同下级直接接触的次数和频率的减少，人事技能的重要性也逐渐降低。也就是说，对于中层管理者来说，对技术技能的要求下降，而对思想技能的要求上升，同时具备人事技能仍然很重要。但对于高层管理者而言，思想技能和设计技能特别重要，而对技术技能、人事技能的要求相对来说则很低。当然，这种管理技能和组织层次的联系并不是绝对的，组织规模大小等一些因素对此也会产生一定的影响。

高层管理者尤其需要较强的概念技能；中层管理者更多地需要人际技能和概念技能。

【知识链接】

管理者应具备的六大能力

（1）沟通能力。为了了解组织内部员工互动的状况，倾听职员心声，一个管理者需要具备良好的沟通能力，其中又以"善于倾听"最为重要。唯有如此，才不至于让下属离心离德，或者不敢提出建设性的提议与需求，而管理者也可借由下属的认同感、理解程度及共鸣，得知自己的沟通技巧是否成功。(2) 协调能力。管理者要能敏锐地觉察部属的情绪，并且建立疏通、宣泄的管道，切勿等到对立加深、矛盾扩大后，才急于着手处理与排解。此外，管理者对于情节严重的冲突，或者可能会扩大对立面的矛盾事件，更要果决地加以排解。即使在状况不明、是非不清的时候，也应即时采取降温、冷却的手段，并且在了解情况后，立刻以妥善、有效的策略化解冲突。只要把握消除矛盾的先发权和主动权，任何形式的对立都能迎刃而解。(3) 规划与统整能力。管理者的规划能力，并非着眼于短期的策略规划，而是长期计划的制订。换言之，卓越的管理者必须深谋远虑、有远见，不能目光如豆，只看得见现在而看不到未来，而且要适时让员工了解公司的远景，才不会让员工迷失方向。特别是进行决策规划时，更要能妥善运用统整能力，有效地利用部属的智慧与既有的资源，避免人力浪费。(4) 决策与执行能力。在民主时代，虽然有许多事情以集体决策为宜，但是管理者仍需经常独立决策，包括分派工作、人力协调、化解员工纷争等，这往往考验着管理者的决断能力。(5) 培训能力。管理者必然渴望拥有一个实力坚强的工作团队，因此，培养优秀人才，也就成为管理者的重要任务。(6) 统驭能力。有句话是这样说的："一个领袖不会去建立一个企业，但是他会建立一个组织来建立企业。"根据这种说法，当一个管理者的先决条件，就是要有能力建立团队，才能进一步建构企业。但无论管理者的角色怎么复杂多变，赢得员工的信任都是首要的条件。

1.2.3 管理者的性质及角色

1. 管理者的性质

管理者是具有职位和相应权力的人。管理者的职权是管理者从事管理活动的资格，管理者的职位越高，其权力越大。组织或团体必须赋予管理者一定的职权。如果一个管理者处在某一职位上，却没有相应的职权，那么他是无法进行管理工作的。韦伯认为管理者有三种权力：传统权力：传统惯例或世袭得来，比如帝王的世袭制；超凡权力：来源于别人的崇拜与追随，带有感情色彩并且是非理性的，不是依据规章制度而是依据以往所树立的威信；法定权力：法定权力即法律规定的权力，通过合法的程序所拥有的权力，比如通过直接选举产生的总统。但实际上，在管理活动中，管理者仅具有法定的权力，是难以做好管理工作的，管理者在工作中应重视"个人影响力"，成为具有一定权威的管理者。所谓"权威"，是指管理者在组织中的威信、威望，是一种非强制性的"影响力"。权威不是法定的，不能靠别人授权。权威虽然与职位有一定的关系，但主要取决于管理者个人的品质、思想、知识、能力和水平；取决于同组织人员思想的共鸣，感情的沟通；取决于相互之间的理解、信赖与支持。这种"影响力"一旦形成，各种人才和广大员工都会被吸引到管理者周围，心悦诚服地接受管理者的引导和指挥，从而产生巨大的物质力量。

管理者是负有一定责任的人。任何组织或团体的管理者，都具有一定的职位，都要运用和行使相应的权力，同时也要承担一定的责任。权力和责任是一个矛盾的统一体，一定的权力又总是和一定的责任相联系的。当组织赋予管理者一定的职务和地位，从而形成了一定的权力时，相应地，管理者同时也就担负了对组织一定的责任。在组织中的各级管理人员中，责和权必须对称和明确，没有责任的权力，必然会导致管理者用权不当，没有权力的责任是空泛的、难于承担的责任。有权无责或有责无权的人，都难以在工作中发挥应有的作用，都不能成为真正的管理者。

责任是对管理者的基本要求，管理者被授予权力的同时，应该对组织或团体的命运负有相应的责任，对组织或团体的成员负有相应的义务。权力和责任应该同步消长，权力越大，责任越重。比较而言，责任比权力更本质，权力只是尽到责任的手段，责任才是管理者真正的象征。如果一个管理者仅有职权，而没有相应的责任，那么他是做不好管理工作的。管理者的与众不同，正因为他是一位责任者。如果管理者没有尽到自己的责任，就意味着失职，等于放弃了管理。

2. 管理者的角色

管理者的角色是指管理者应该具备的行动或行为所组成的各种的特定类型。

在信息角色中，管理者负责确保和其一起工作的人员具有足够的信息，从而能够顺利完成工作。它由管理责任的性质决定。管理者既是所在单位的信息传递中心，也是组织内其他工作小组的信息传递渠道。整个组织的人依赖于管理结构和管理者以获取或传递必要的信息，以便完成工作。管理者必须扮演的信息角色，具体又包括监督者、传播者、发言人三种角色。监督者角色。管理者持续关注组织内外环境的变化以获取对组织有用的信息。管理者通过接触下属来收集信息，并且从个人关系网中获取对方主动提供的信息。根据这种信息，管理者可以识别组织的潜在机会和威胁。传播者角色。管理者把他们作为信息监督者所获取的大量信息分配出去。发言人角色。管理者必须把信息传递给单位或组织以外的个人。

在决策角色中，管理者处理信息并得出结论。如果信息不用于组织的决策，这种信息就失去了其应有的价值。决策角色具体又包括企业家、干扰对付者、资源分配者、谈判者四种角色。企业家角色。管理者密切关注组织内外环境的变化和事态的发展，以便发现机会，并对所发现的机会进行投资以利用这种机会。干扰对付者角色要求管理者必须善于处理冲突或解决问题，如平息客户的怒气，同不合作的供应商进行谈判，或者对员工之间的争端进行调解等。资源分配者角色。管理者决定组织资源用于哪些项目。谈判者角色。管理者把大量时间花费在谈判上，管理者的谈判对象包括员工、供应商、客户和其他工作小组。

1.2.4 管理工作的环境

管理环境是指影响管理系统生存和发展的一切要素的总和，它包括外部环境和内部环境两个方面。管理的外部环境是存在于管理系统之外，并对管理系统的建立、存在和发展产生影响的外界客观情况和条件。管理的内部环境则是存在于管理系统之内的、作为管理系统存在和发展的客观条件的总和。

任何组织都是在一定环境中从事活动的；任何管理也都要在一定的环境中进行，这个环境就是管理环境。管理环境的特点制约和影响管理活动的内容和进行。管理环境的变化要求管理的内容、手段、方式、方法等随之调整，以利用机会，趋利避害，更好地实施管理。尤其对于行政管理来说，管理环境的影响作用更是不可忽视。这是由行政环境的特点所决定的。

管理环境分为外部环境和内部环境，外部环境一般有政治环境、社会文化环境、经济环境、技术环境和自然环境。内部环境有人力资源环境、物力资源环境、财力资源环境以及内部文化环境。

外部环境是组织之外客观存在的各种影响因素的总和。它是不以组织的意志为转移的，是组织的管理必须面对的重要影响因素。

对非政府组织来说，政治环境包括一个国家的政治制度、社会制度、执政党的性质、政府的方针、政策、法规法令等。文化环境包括一个国家或地区的居民文化水平、宗教信仰、风俗习惯、道德观念、价值观念等。经济环境是影响组织，特别是企业的重要环境因素，它包括宏观和微观两个方面。宏观经济环境主要指一个国家的人口数量及其增长趋势，国民收入、国民生产总值等。这些指标能够反映国民经济发展水平和发展速度。微观经济环境主要指消费者的收入水平、消费偏好、储蓄情况、就业程度等因素。科技环境反映了组织物质条件的科技水平。科技环境除了直接相关的技术手段外，还包括国家对科技开发的投资和支持重点；技术发展动态和研究开发费用；技术转移和技术商品化速度；专利及其保护情况等。自然环境，包括地理位置、气候条件及资源状况。地理位置是制约组织活动的一个重要因素。

不同的组织有一般的共同环境，同时也要在一定的特殊领域内活动。一般环境对不同类型的组织均产生某种程度的影响，而与具体领域有关的特殊环境则直接、具体地影响着组织的活动。如企业需要面对的特殊环境包括现有竞争对手、潜在竞争对手、替代品生产情况及用户和供应商的情况。

外部环境与管理相互作用，一定条件下甚至对管理有决定作用。外部环境制约管理活动的方向和内容。无论什么样的管理目的，管理活动都必须从客观实际出发。脱离现实环境的管理是不可能成功的。"靠山吃山，靠水吃水"在一定程度上反映了外部环境对管理活动的决定作用。同时外部环境影响管理的决策和方法。当然，管理对外部环境具有能动的反作用。

内部环境是指组织内部的各种影响因素的总和。它是随组织产生而产生的，在一定条件下内部环境是可以控制和调节的。人力资源对于任何组织都始终是最关键和最重要的因素。人力资源的划分根据不同组织、不同标准有不同的类型。比如企业人力资源根据他们所从事的工作性质的不同，可分为生产工人、技术工人和管理人员三类。物力资源是指内部物质环境的构成内容，即在组织活动过程中需要运用的物质条件的拥有数量和利用程度。财力资源是一种能够获取和改善组织其他资源的资源，是反映组织活动条件的一项综合因素。财力资源指的是组织的资金拥有情况、构成情况、筹措渠道、利用情况。财力资源的状况决定组织业务的拓展和组织活动的进行等。文化环境是指组织的文化体系，包括组织的精神信仰、生存理念、规章制度、道德要求、行为规范等。

内部环境随着组织的诞生而产生，对组织的管理活动产生影响。内部环境决定了管理活动可选择的方式方法，而且在很大程度上影响到组织管理的成功与失败。

任何组织都存在于一定的环境之中，环境不仅是组织系统建立的客观基础，而且是其生存和发展的必要条件。组织具有不断地与外界环境进行物质、能量、信息交换的性质和功能，组织和环境进行的物质交换不断地改变组织，从而影响到管理行为的改变。环境本身并不会直接影响管理行为，而是通过对组织的影响来影响管理行为，环境对管理行为的影响是间接性的。环境间接影响管理行为，具体地说，表现为以下几个方面：

1. 环境是组织系统生存和发展的必要条件

环境因素对组织的生存和发展至关重要。有利的环境条件能够促进组织结构的完善和功能的充分发挥，能够促进管理效率的提高，从而促进整个组织系统的发展，加速管理目标的实现；不利的环境条件则会阻碍管理活动的运行，延缓管理过程，甚至使管理活动完全中止。环境为组织的存在和发展提供了机会与可能，同时，环境的变化也会给组织带来威胁。在某些时候，环境因素的突然变化会导致组织发生重大变化，甚至质的变化。从一定意义上说，组织系统对环境变化的适应能力如何，关系到该系统的生存、稳定和发展，关系到组织目标能否实现。只有对环境有及时的认识、理解、反应能力和较强适应能力的组织，才能取得长远的发展，才能取得成功。管理者要获得成功和胜利，要实现预期的组织目标，就不能不重视对环境的研究。

2. 环境制约组织系统的内容

一个组织系统的性质和特点、结构和功能是由组织目的决定的，但是，环境的影响也是不可忽视的，甚至有的时候环境对组织系统的性质和特点、结构和功能起着决定性的作用。环境是人们活动的必要条件，人的一切活动都不能脱离这个条件，人们在组织中从事任何活动，要想取得成功，就必须因地制宜。也就是说，建立什么样的组织结构、从事什么样的管理活动，实现什么样的组织目标，都必须从客观实际情况出发，以现实条件为依据。在市场经济条件下，企业组织结构的设计则必须考虑市场经济的客观要求，以适应面向市场的需要。

3. 环境对管理过程具有巨大的影响作用

管理者在建立一个组织时，除了需要重视组织的结构和组织的整体功能外，对环境因素也必须做充分的估计和考虑。

● **基本训练**

□ 知识题

1.1 阅读理解

1. 举例阐述管理的含义。
2. 管理的职能有哪些？
3. 管理学有哪些特点？
4. 什么叫管理者？组织的管理者有哪些层次？

5. 管理者应具备哪些技能？

1.2　知识应用

一、单项选择题

1. 管理者密切关注组织内外环境的变化和事态的发展，以便发现机会，并对所发现的机会进行投资以利用这种机会，这属于(　　)。

　　A. 企业家角色　　B. 决策者角色　　C. 信息传播角色　　D. 发言人角色

2. 认为管理是"确切知道要别人去干什么，并注意他们用最好最经济的方法去干。"的是(　　)。

　　A. 法约尔　　B. 泰勒　　C. 孔茨　　D. 彼得·德鲁克

3. 管理为实现组织既定目标而对未来的行动进行规划和安排的工作过程的职能是(　　)。

　　A. 协调　　B. 组织　　C. 计划　　D. 领导

4. 管理学是为管理者提供从事管理的有用的理论、原则和方法的实用性学科，这说明管理学具有(　　)。

　　A. 实践性　　B. 艺术性　　C. 原则性　　D. 综合性

5. 管理者成功地与别人打交道并与别人沟通的能力属于(　　)。

　　A. 技术技能　　B. 人际技能　　C. 概念技能　　D. 思想技能

二、判断题

1. 外部环境对管理过程不产生任何影响。(　　)

2. 管理的含义可以从不同的角度研究。(　　)

3. 高层管理者不需要概念技能。(　　)

4. 管理就是领导。(　　)

5. 管理者只拥有权力没有责任。(　　)

□ 技能题

(1) 参观本地 1~2 家企业，要求学生写一份参观报告，报告内容包括企业的经营模式、经营内容、企业性质、类型等情况。

实训目的： 要求学生了解企业生产经营状况。

实训要求： 仔细观察，认真听讲解，结合所学知识解决实际问题。

(2) 查阅知名管理网站，写出 3~4 个网址，就某一自己感兴趣的网页栏目的话题写一篇关于管理体会的 1000 字左右的文章。

实训目的： 对管理的重要性有进一步认识，掌握一些企业的管理经验。

实训要求： 认真思考，结合所学知识，用自己的语言写出自己的体会。

● **综合案例**

百年老院的现代管理启蒙

　　北京同仁医院是一所以眼科闻名中外的百年老"店"，走进医院的行政大楼，其大堂的指示牌上却令人诧异地标明：五楼 MBA 办公室。目前该医院已经从北大清华聘请了十一位 MBA，另外还有一名学习会计的研究生，而医院的常务副院长毛羽就是一位留美的医院管理 MBA。

内忧外患迫使同仁下定决心引进职业经理人并实施规模扩张，他们希望建立一套行政与技术相分离的现代医院管理制度。

根据我国加入世贸组织达成的协议，圣新安医院管理公司对国内数十个城市的近 30 家医院及其数千名医院职工进行了调查访谈，得出结论：目前国内大部分医院还处于极低层次的管理启蒙状态，绝大多数医院并没有营销意识，普遍缺乏现代化经营管理常识。更为严峻的竞争现实是：医院的服务市场不属于那种单纯通过营销可以扩大规模的市场——医院不能指望通过市场手段刺激每年病人数量的增长。

同仁显然是同行中的先知先觉者。医院领导层在职代会上对同仁医院的管理做过"诊断"：行政编制过大、员工队伍超编导致流动受限；医务人员的技术价值不能得到体现；管理人员缺乏专业培训，管理方式、手段滞后，经营管理机构力量薄弱。同时他们开出药方：引入 MBA，对医院大手笔改造，涉及岗位评价及岗位工资方案、医院成本核算、医院工作流程设计、经营开发等。

目前，国内几乎所有的医院都没有利润的概念，只计算年收入。但在国外，一家管理有方的医院，其利润率可高达 20%。这也是外资对国内医疗市场虎视眈眈的重要原因。

同仁要在医院中引入现代市场营销观念，启动品牌战略和人事制度改革。树立"以病人为中心"的服务观念：以病人的需求为标准，简化就医流程，降低医疗成本，改善就医环境；建立长期利润观念，走质量效益型发展的道路；适应环境，发挥优势，实行整合营销；通过扩大对外宣传，开展义诊咨询活动，开设健康课堂等形式，有效扩大潜在的医疗市场。

同仁所引进的 MBA 背景各异，绝大多数都缺乏医科背景。他们能否胜任医院的管理工作？医院职业化管理至少包括市场营销管理、人力资源管理、财务管理、科研教学管理、全面医疗质量管理、信息策略应用及管理、流程管理等 7 个方面的内容。这些职能管理与医学知识相关但非医学专业。

同仁医院将 MBA 们"下放"到手术室 3 个月之后，都悉数调回科室，单独辟出 MBA 办公室，以课题组的形式，研究医院的经营模式和管理制度。医院引入的企业化管理，主要包含医院经营战略、医疗市场服务营销、医院服务管理、医院成本控制、医院人力资源、医疗质量管理、医院信息系统和医院企业文化等多部分内容。其中，医院成本控制研究与医院人力资源研究是当务之急。

几乎所有的中国医院都面临着成本控制的难题，如何堵住漏洞，进行成本标准化设计，最后达到成本、质量效益的平衡是未来中国医院成本控制研究的发展方向。另外，现有医院的薪酬制度多为"固定工资+奖金"的模式，而由于现有体制的限制，并不能达到有效的激励效果，医生的价值并没有得到真实的体现，导致严重的回扣与红包问题。如何真正体现员工价值并使激励制度透明化、标准化成为当前首先要解决的问题。

这一切都刚刚开始。指望几名 MBA 就能改变中国医院管理的现状是不可能的。

不过，医院管理启蒙毕竟已经开始，这就是未来中国医院管理发展的大趋势。

问题：

1. 结合案例说明你对管理及管理职能的理解。

2. 同仁为什么要引进如此多的 MBA？你认为 MBA 们能否胜任医院的管理工作？

● 综合实训

以小组为单位，对某一企业进行调研，了解各层次管理者的管理过程和主要的管理方法。

实训目的：对组织管理的重要性有进一步认识，了解管理状况，有哪些值得借鉴的经验，哪些方面存在不足。

实训要求：认真听讲解；仔细观察。结合所学知识要求学生写一份调研报告。

第2章 管理理论和当代的管理问题与挑战

知识目标

在学习完本章之后，你应该能够：

◎ 了解管理思想的含义、形成与发展；

◎ 掌握古典理论与人际关系理论的主要思想；

◎ 掌握现代管理理论的主要思想及最新管理趋势。

技能目标

◎ 运用科学的管理理论和思想处理实际管理问题；

◎ 从发展的角度看待和分析我国当代企业管理状况。

【引例】

古代中西管理思想和成就光芒万丈

中国有许多世界历史上的伟大工程，长城就是其中最令人赞叹不已的例子。早在春秋战国时，各国为了互相防范，在形势险要的地方开始修筑长城，后来经过秦、明历代修缮，于明万历年间（1573年）终于形成了西起嘉峪关，东至山海关，总长六千七百多公里，连为一体的万里长城。这一工程历时两千多年，投入的劳动力达数百万人，动用的土石方如筑成一条一米高一米宽的墙可以绕地球13.5圈。筑城所用的砖都按统一规格由全国各地烧制后运送到工地。为了监督检查制砖的质量，每块砖上都刻有制造州府县及制造者的名字。要完成如此浩大的工程，在科学技术尚不发达的当时，其计划、组织、领导、控制等管理活动的复杂程度是现代人难以想象的。西方文化起源于希腊、罗马、埃及、巴比伦等文明古国，他们在公元前六世纪左右即建立了高度发达的奴隶制国家，在文化、艺术、哲学、数学、物理学、天文学、建筑等方面都对人类作出了辉煌的贡献。埃及金字塔、罗马水道、巴比伦"空中花园"等伟大的古代建筑工程堪与中国的长城并列为世界奇观。这些古国在国家管理、生产管理、军事、法律等方面也都曾有过许多光辉的实践。公元三世纪后，随着奴隶制的衰落和基督教的兴起，基督教《圣经》中所包含的伦理观念和管理思想，对以后西方封建社会的管理实践起着指导性的作用。

该案例表明：管理的思想和管理的方法可以追溯于很久之前，现代的管理思想和管理方法得益于前人奠定的基础。所以，要学好管理学的理论和方法，就必须知道管理理论的发展和演进。

2.1　典型的管理理论

2.1.1　古典管理理论

19 世纪末 20 世纪初，由泰勒发起的科学管理革命导致了古典管理理论的产生。古典管理理论的代表人物泰勒、法约尔、韦伯从三个不同角度，即车间工人、办公室总经理和组织来解决企业和社会组织的管理问题，为当时的社会解决企业组织中的劳资关系、管理原理和原则、生产效率等方面的问题，提供了管理思想的指导和科学理论方法。

1. 科学管理理论

科学管理理论的创始人是泰勒，但科学管理并不等于"泰勒制"，为科学管理理论作出贡献的还有巴思、甘特、吉尔布雷斯夫妇、福特等。泰勒是最早突破传统经验型管理，将管理科学化的第一人，在管理学领域被誉为"科学管理之父"。

弗雷德里克·泰勒，1856 年出生于美国费城，西方古典管理理论主要代表人物之一，科学管理运动的创始人，被公认为"科学管理之父"，也有人称他为"理性效率的大师"。泰勒的科学管理思想深深地扎根在一系列科学实验的基础上，使之成为一门真正的科学。当代许多重要的管理理论是在泰勒的科学管理理论的基础上的继承和发展。此外，泰勒本人还是一位发明家。他在技术上有许多发明创造，总共拥有 100 多项专利权。《科学管理原理》出版于 1911 年，标志着一个管理新时代的到来。至今，这本书仍然带给管理人无穷的启示，是不可不读的管理经典。泰勒的科学管理理论的主要内容有以下几个方面。

（1）为了提高劳动生产率，必须选择"第一流的工人"。泰勒认为，为了提高劳动生产率，必须为工作选择"第一流的工人"，泰勒认为，所谓"第一流的工人"应该包括两个方面：一方面是该工人的能力最适合做这种工作；另一方面是该工人必须愿意做这种工作。泰勒认为"那些能够工作而又不想工作的人不能成为'第一流的工人'"。泰勒提出的"第一流的工人"是一个适合于完成其工作而又有进取心的人，而将工人培训成为"第一流的工人"是企业管理当局的责任。

（2）实施标准化管理。泰勒认为，在科学管理的情况下，要想用科学知识代替个人经验，一个很重要的措施就是使工人掌握标准化的操作方法，使用标准化的工具、机器和材料，并使作业环境标准化。为此，必须用科学方法对工人的作业方法、工作定额、使用工具、劳动和休息时间的搭配以及设备的摆放和作业环境的布置进行分析，消除各种不合理的因素，把各种最好的因素结合起来，形成一种最好的作业方式。通过动作研究与时间研究确定最佳的、标准的作业方法。与此同时，用标准的作业方法对作业人员进行训练，并因人制宜地给他们安排最适当的职务，以使每个作业人员都能最大限度地发挥其工作能力。

（3）制定工作定额。科学管理的中心问题是提高劳动生产率。泰勒认为，提高劳动生产效率的意义非常大。为发掘工人们劳动生产率的潜力，就要研究出有科学依据的每个工人合理的日工作量。

泰勒的科学管理首先是从制定工作定额开始的。他在伯利恒钢铁公司进行了著名的"搬运铁块实验"和"铲铁实验"。他把工人的作业分解成许多基本动作，并把他们的每一项工作、每一道工序所使用的时间记录下来，从而找到了一种完成这项作业的"最优的工作方法"，并使其标准化。然后，把测定的每一项动作、每一道工序所需要的时间合在一起，再加上必需的休息时间和不可避免的其他延误时间，就得出完成该项工作所需要的总时间，依此制定出一个工人的"合理日工作量"，从而确定了工作定额，这就是所谓工作定额原理。

（4）实行差别计件工资制。泰勒认为，工人磨洋工的主要原因之一是报酬制度不合理，他提出实行刺激性的付酬制度，即"差别计件工资制"。这种付酬制度包括三方面的内容：一是通过工时分析制定出一个有科学依据的定额标准；二是根据工人完成不同的工作定额采用不同的计件工资率；三是根据工人的实际工作表现支付工资。

（5）强调工人与雇主双方都来一次"精神革命"。工人和雇主都必须认识到提高劳动生产率对双方都有利，要相互协作，共同为提高劳动生产率而努力。过去许多企业中的劳资纠纷是由劳资双方的兴趣和注意力都集中在如何分配盈利问题上而引起的。为了解除双方的争吵、对立和矛盾，泰勒认为劳资双方必须在思想上进行合作，即来一次"伟大的思想革命"。

（6）主张计划职能与执行职能分开，变原来的经验工作法为科学工作法。泰勒认为，过去劳动生产效率低的原因之一是计划职能与执行职能混合在一起。在过去的管理中，生产中的大部分工作往往由工人负责完成，管理当局只告诉工人做什么，而不告诉工人怎样做（只有全新的工作例外）。工人是凭个人的习惯、经验选择工具和决定操作方法。工作效率的高低取决于工人所采用的操作方法是否合理、所使用的工具是否合适以及工人的技术熟练程度。事实上，即使专业工人很熟悉情况，要想同时在机器旁执行职能和在办公桌上完成计划都是不可能的。泰勒深信这不是最高效率，必须用科学的方法来改变。为此，泰勒主张"由资方按科学规律去办事，要均分资方和工人之间的工作和职责"，要把计划职能与执行职能分开并在企业设立专门的计划机构。所以，泰勒所谓计划职能与执行职能分开，实际是把管理职能与执行职能分开；所谓设置专门的计划部门，实际是设置专门的管理部门；所谓"均分资方和工人之间的工作和职责"，实际是说让资方承担管理职责，让工人承担执行职责。这也就进一步明确了资方与工人之间、管理者与被管理者之间的关系。

（7）实行职能工长制。泰勒主张实行"职能管理"，即将管理的工作予以细分，使所有管理者只承担一种管理职能。事实证明：实行职能工长制，一个工人要同时接受几个职能工长的多头领导和指挥，容易引起混乱，这就破坏了统一指挥原则。因此，这种职能工长制后来没有得到推广。但是，这种职能管理的思想为以后职能部门的建立和管理专业化

23

提供了基础。

（8）在管理控制上实行例外原则。泰勒认为，小规模的企业可采用职能管理原理，但规模比较大的企业除此之外，还必须运用例外管理原则。所谓例外管理，就是企业的高级管理人员为了减轻处理纷乱烦琐事务的负担，把一般的日常事务授权给下级管理人员去处理，而自己只保留对例外事项（即重要事项）的决策权和控制权，如有关企业的重大政策和重要的人事任免等。

泰勒第一次系统地把科学方法引入管理实践创立了科学管理理论，首开西方管理理论研究的先河，使管理从此真正成为一门科学并得到发展。直到今天，泰勒科学管理理论的许多基本原则在管理实践中仍然被广泛应用。

2. 管理过程理论

管理过程理论的主要代表人物是法国的管理学先驱法约尔。法约尔最早提出了经营与管理的区别，并明确划分了管理的职能，描述了管理的过程。因此，人们习惯将他的理论称为"管理过程理论"。由于他在管理理论发展史上独树一帜，而被称为"现代经营管理之父"。

法约尔的管理过程理论与泰勒的科学管理理论不同。泰勒作为一个技术工程师，一直从事基层的管理工作，他只能自下而上地观察管理问题，这就决定了他只能把研究的重点放在直接生产过程中的作业管理上；而法约尔几乎终生担任公司的高层管理者，这使他有自上而下观察管理问题的基础，考虑任何管理也总是从高层管理者的角度出发，最关心的是企业整体管理效率的提高。因此，他一直从大型企业的整体角度研究管理体制问题，并把管理过程理论作为他的重要研究方向。

法约尔对古典管理理论的主要贡献在于他首次提出了管理的职能，并确立了管理的基本原则。法约尔管理过程理论的主要内容可以归纳为下述几项。

（1）企业职能不同于管理职能。任何企业都有六种基本活动或职能，即技术活动、商业活动、财务活动、安全活动、会计活动和管理活动。前五种活动不负责制订企业的总经营计划，不负责组织，不负责协调各方面的力量和行动，而这些至关重要的职能应属于管理。因此，法约尔定义的管理活动又有五种职能，即计划、组织、指挥、协调、控制。

（2）管理教育的必要性和可能性。法约尔认为，企业对管理知识的需要是普遍的，而单一的技术教育适应不了企业的一般需要。因此，应尽快建立管理理论，并在学校中进行管理教育，使管理教育能起到像技术教育那样的作用。

（3）十四条管理原则。法约尔在 1925 年出版的《工业管理与一般管理》一书中，正式提出了十四条管理原则。

劳动分工原则。他认为这不仅是经济学家研究有效地使用劳动力的问题，而且也是各种机构、组织、团体中进行管理活动所必不可少的工作。

权力与责任原则。他认为职权是发号施令的权力和要求服从的欲望。职权与职责是相互联系的，委以责任而不授予相应的权力就是组织上的缺陷。

纪律原则。他认为纪律是管理必需的，组织内所有成员通过成文协议对自己在组织内的行为进行控制。

统一指挥原则。组织内每一个人只能服从一个上级并接受他的命令。

统一领导原则。统一领导原则主要是指一个集团，为了同样目的的行动，只能有一个领导，一个计划。

个人利益服从整体利益原则。个人和小集体的利益不能超越组织的利益。

人员的报酬原则。报酬与支付的方式要公平，给雇员与雇主以最大可能的满足。

集权原则。集权反映下属的参与程度，应视管理者的素质、下属的可靠性、组织规模等情况而定。

等级制度原则。管理机构中，从最高一级到最低一级应该建立关系明确的职权等级。

秩序原则。每个组织中的人员应该规定其各自的岗位。

公平原则。管理人员对其下属仁慈和公平，就可能使其下属人员对上级表现出忠诚和热心。

人员稳定原则。管理者要制定规范的人事计划，保证组织所需的人员能够长期为其服务。

首创精神原则。这是提高组织内各级人员工作热情的主要源泉。

集体精神原则。工作中注重人与人之间的关系，维护集体中团结、协作、融洽的工作氛围。

法约尔的管理过程理论是西方管理思想和理论发展史上的一个里程碑，特别是管理职能的划分及统一指挥、统一领导、等级制度等管理原则，对后来管理理论的发展具有非常深远的影响。他跳出了泰勒以实践为基础研究管理原理的局限，在理论上第一次将管理的要素和管理的原则系统地加以概括，勾勒出了管理理论的基本框架，为推广管理学教育奠定了基础，使管理具有一般的科学性。

3. 理想行政组织理论

马克斯·韦伯是德国著名的社会学家，他对经济、社会和管理思想的发展均有贡献。他对管理理论的研究主要集中在组织理论方面，提出了所谓"理想行政组织体系"。他的代表作《社会和经济组织的理论》是这一理论的集中反映。因他对古典管理理论的杰出贡献，故被称为"组织理论之父"。

韦伯组织理论的核心是，行政组织机构的活动是通过"公职"或职位而不是通过个人或"世袭"地位来管理的，这样的行政组织机构对于任何组织形式来说都是"理想的"。在分析组织形式的过程中，韦伯分析了作为组织管理基础的权力。权力可分为合法合理的权力、传统的权力、个人魅力型的权力。合法合理的权力是由依照一定法律而建立的一套等级制度赋予的；传统的权力是由历史沿袭下来的惯例、习俗而规定的权力；个人魅力型的权力是以对某人特殊的、神圣的、英雄主义或模范品质的忠诚、热爱与崇拜为依据而规定的权力。

理想行政组织理论的实质在于以科学确定的、法定的制度规范作为组织协作行为的基本约束机制，依靠外在于个人的、合理合法的理性权威实施管理。韦伯的理想行政组织特征可归纳为以下六个方面的内容。

（1）任务分工：组织内存在明确的分工，每个职位的权力和责任都应有明确的规定。

（2）等级系统：组织内的各个职位，按照等级原则进行法定安排，形成自上而下的等级系统。

（3）人员任用：根据职务的要求，人员的任用通过正式的考评和教育训练来实行。

（4）职业管理人员：管理人员有固定的薪金和明文规定的升迁制度，是一种职业管理人员。

（5）组织关系：组织中成员之间的关系。

（6）组织制度：管理人员必须严格遵守组织中规定的规则和纪律。

韦伯认为，这种高度结构的、正式的、非人格化的理想行政体系是对人们进行强制控制的最合理的手段，是达到目标、提高劳动生产率的最有效的形式。在精确性、稳定性、纪律性和可靠性方面优于其他组织，对后来的管理学者们，特别是组织理论学家们有很大影响。

2.1.2　行为管理理论

行为科学作为一种管理理论，起源于 20 世纪 20 年代末 30 年代初的霍桑实验，而真正发展却在 20 世纪 50 年代。它将人类学、社会学、心理学和经济学等知识综合起来，主要研究人们在工作中的行为以及这些行为产生的原因，以协调组织内部人际关系，达到提高工作效率的目的。它推翻了古典管理理论"经济人"假说的研究前提，将管理的重点转向管理中最积极最活跃的因素——人。

1. 霍桑实验

1924 年至 1932 年，美国国家研究委员会和西方电气公司合作，在西方电气公司的霍桑工厂进行了一项有关工作条件、社会因素与生产效率之间关系的研究实验。由于该项研究是在西方电气公司的霍桑工厂进行的，后人称之为"霍桑实验"。历时 8 年，研究人员先后进行了五个阶段的实验，获得了大量的第一手资料，为人际关系理论的形成以及后来的行为科学打下了基础。

第一阶段：车间照明实验

时间从 1924 年 11 月至 1927 年 4 月。当时关于生产效率的理论占统治地位的是劳动医学的观点，认为影响工人生产效率的是疲劳和单调感等，于是当时的实验假设便是"提高照明度有助于减少疲劳，使生产效率提高"。可是两年多的实验发现，照明度的改变对生产效率并无影响。研究人员面对此结果感到茫然，失去了信心。从 1927 年起，以梅奥教授为首的一批哈佛大学心理学工作者将实验工作接管下来，继续进行。

第二阶段：福利实验

时间从 1927 年 4 月至 1929 年 6 月。实验目的总的来说是查明福利待遇的变换与生产效率的关系。但两年多的实验发现，不管福利待遇如何改变（包括工资支付办法的改变、优惠措施的增减、休息时间的增减等），都不影响产量的持续上升，甚至工人自己对生产效率提高的原因也说不清楚。进一步的分析发现，生产效率上升的主要原因包括：参加实验的光荣感和成员间良好的相互关系。

第三阶段：访谈计划实验

研究者在工厂中开始了访谈计划。此计划最初是规定好内容的访谈,但工人们认为重要的事情并不是研究者事先规定的访谈内容,了解到这一点后,研究者将访谈计划改为事先不规定内容,每次访谈的平均时间从30分钟延长到1~1.5个小时,多听少说,详细记录工人的不满和意见。访谈计划持续了两年多。工人的产量大幅提高。工人们长期以来对工厂的各项管理制度和方法存在许多不满,无处发泄,访谈计划的实行恰恰为他们提供了发泄机会。发泄过后心情舒畅,士气提高,使产量得到提高。

第四阶段:群体实验

在这个实验中选择14名男工人在单独的房间里从事绕线、焊接和检验工作。实验表明,为了维护班组内部的团结,工人们可以放弃物质利益的引诱。由此研究人员提出了"非正式群体"的概念,认为在正式的组织中存在着自发形成的非正式群体,这种群体有自己特殊的行为规范,对人的行为起着调节和控制作用。同时,加强了内部的协作关系。

第五阶段:态度实验

对两万多人进行态度调查,规定实验者必须耐心倾听工人的意见、牢骚,并作详细记录,不作反驳和训斥,而且对工人的情况要深表同情,结果产量大幅提高。因为谈话内容缓解了工人与管理者之间的矛盾冲突,形成了良好的人际关系,从而得出人际关系比人为的措施更有力的结论。

【小思考】

UPS公司的快捷运送体系

美国联合邮包服务公司(United Parcel Service,UPS)在世界四大快递公司中排名第一,其经营管理有非常独到之处。UPS公司雇佣了15万名员工,平均每天将900万个包裹发送到美国各地和180个国家。为了实现他们的宗旨:"在邮运业中办理最快捷的运送",UPS的管理当局系统地培训他们的员工,使他们以尽可能高的效率从事工作。

UPS的工程师们对每一位司机的行驶路线都进行了时间研究,并对每种送货、暂停和取货活动都设立了标准。这些工程师们记录了红灯、通行、按门铃、穿过院子、上楼梯、中间休息喝咖啡的时间,甚至上厕所的时间,将这些数据输入计算机中,从而给出每一位司机每天工作中的详细时间表。每个员工必须严格遵循工程师设定的程序工作,才能完成每天的定额任务。这种刻板的时间表是不是有效呢?毫无疑问!效率专家们公认,UPS是世界上效率最高的公司之一。例如,联邦捷运公司(Federal Express)平均每人每天不过取送80件包裹,而UPS却是130件!

资料来源:http://www.doc88.com/p-8691607813032.html.

课堂小思考:结合上述案例谈谈UPS在管理中运用了什么管理理论。

2. 人际关系理论

霍桑实验的研究结果否定了传统管理理论对于人的假设,表明工人不是被动的、孤立的个体，影响生产效率的最重要的因素不是待遇和工作条件，而是工作中的人际关系。据此，梅奥于 1933 年出版了《工业文明中人的问题》一书，提出了以下几点新见解。

（1）职工是"社会人"。梅奥认为：工人是"社会人"，而不是科学管理理论所描述的"经济人"。霍桑实验证明了金钱刺激并不是激发人们工作热情的唯一动力，工人不仅追求金钱收入，他们还追求人与人之间的友情、安全感、归属感和受人尊重等。工人是具有复杂需要的"社会人"，影响工人工作效率的各种因素中，除了经济方面的因素外，还有社会心理方面的因素。这一结论与古典管理理论的"经济人"假说形成对立，它开始把人们的注意力转向研究管理中的社会因素，这是霍桑实验最有意义的结论。

（2）企业中存在着"非正式组织"。由于人是社会高级动物，在共同工作的过程中，人们之间必然发生相互联系，因此，共同的社会感情形成了非正式组织。在这种无形的组织里，有它的特殊感情、规范和倾向，并且左右着群体里每一位成员的行为。古典管理理论仅注重正式组织的作用，忽视了"非正式组织"对职工行为的影响，显然是不够的。非正式组织与正式组织是相互依存的，对生产率的提高有很大影响。

（3）满足工人的社会欲望，提高工人的士气，是提高生产效率的关键。传统的科学管理理论认为，生产效率与作业方法、工作条件之间存在着单纯的因果关系。但霍桑实验表明，这两者之间并没有必然的直接的联系。生产效率的提高，关键在于工人的工作态度，即士气的提高。而士气的高低则主要取决于职工的满足度，这种满足度首先体现为人际关系，例如，职工在企业中的地位是否被上司、同事和社会所承认等；其次才是金钱的刺激。职工的满足度越高，士气越高，生产效率也就越高。

梅奥的人际关系理论为管理思想的发展开辟了新的领域，也为管理方法的变革指明了方向，引发了管理上的一系列改革，其中许多措施至今仍是管理者们所遵循的信条。

3. 行为科学理论

继梅奥等人创建的人际关系学说——早期的行为科学以后，经过三十年的大量研究工作，1949 年在美国芝加哥召开的一次跨学科的会议上，人们首次提出了"行为科学"这一名称，由此进一步形成和完善了行为科学理论。20 世纪 60 年代，为了避免同广义的行为科学相混淆，出现了"组织行为学"这一名称，专指管理学中的行为科学。组织行为学实质就是包括早期行为科学——人际关系学说在内的狭义的行为科学。目前组织行为学从它研究的对象和所涉及的范围来看，可分成三个层次：个体行为理论、团体行为理论、领导行为理论。

（1）个体行为理论。个体行为理论是指有关人的需要、动机和激励的理论。行为科学认为，提高效率的关键在于激励士气。人的各种行为，都出于一定的动机，动机又产生于人的需求，只有需求满足了，才会实现目标，这个过程就是激励。个体行为理论代表性的理论主要有：马斯洛的需求层次论、赫茨伯格的双因素理论、麦格雷戈的 X-Y 理论、弗鲁姆的期望理论等。

（2）团体行为理论。团体行为是指介于个体和组织之间的行为，领导者必须正确掌握和处理团体间的关系，充分发挥团体的作用。团体行为理论主要包括团体动力、信息交流和团体及成员的相互关系三个方面的内容。

（3）领导行为理论。领导是一种动态的影响下属行为的过程，领导者通过实施领导行为去引导和激励下属实现组织目标。领导行为理论主要包括领导理论、组织变革和组织发展理论。

2.2 现代管理理论及当代的管理问题

2.2.1 现代管理理论

现代管理理论是指 20 世纪 60 年代开始至今的管理理论，它是科学管理、行为科学和管理科学三阶段演进之后的必然产物，同时又具有不同于前者的特征。这种特征首先在于时代的特征与现代企业的发展状况。

1. 现代管理理论的发展

由于现代组织管理上的新问题、新情况、新要求，企业界和理论界纷纷尝试与创新相适应的管理思路、方式、方法和手段。于是，第二次世界大战后管理学说、管理实践呈现出一派欣欣向荣的景象，其中最著名的管理学思潮与流派有：程序学说、人际行为学说、经验管理学说、社会系统学说、决策管理学说、数理学说。

（1）现代管理理论发展的特点。综合地说，现代管理理论的发展特点主要体现在以下五个方面。

方面一：管理内涵进一步拓展。现代管理理论的内容不只限于成本的降低、产出的增加，而更重视人的管理、人的潜力的开发，更重视市场、顾客的问题，管理的核心更侧重于决策的正确与否、迅速与否。

方面二：管理组织的多样化发展。管理组织的形式多种多样，除了不断推出新的有效组织形式，例如，事业部制、矩阵制、立体三维制等以适应现代企业组织管理的要求，还创设了与资产一体化控股、参股相适应的管理组织，以及提出了组织行为等一系列组织管理理论。

方面三：管理方法日渐科学。现代管理虽然不摒弃传统的有效管理方法，但为了适应大规模的产销活动引入了现代科学技术，发展了现代管理方法，其中有投资决策、线性规划、排队论、博弈论、统筹方法、模拟方法、系统分析等方法，试图从生产资源的有效整合方面进一步提高管理的效果。

方面四：管理手段自动化。现代企业组织面临更复杂的环境，需要接收和处理大量信息，需要迅速寻找解决问题的方案，并更多地节约日益高涨的劳动力费用。为此，现代管理在管理手段的研究和使用方面有了突破性进展，例如，办公设备的自动化，信息处理机的发明，电子计算机在企业管理的市场研究、产品设计、生产组织、质量控制、物资管理、人事财务管理等领域的应用。

方面五：管理实践的丰富化。随着竞争环境的日益复杂和多变，已经没有一套固定的管理模式能适应各种组织的发展，每个组织必须根据自己的特点、根据现代管理的基本法则来创造性地形成自己的管理特色。于是就有了日本式管理与松下公司管理的差异，以及美国式管理与国际商业机器（IBM）公司管理的差异。管理实践的丰富化更进一步推动了管理理论、方式方法和手段的发展。

现代管理理论实为一个综合性的管理理论体系，它广泛吸收了社会科学和自然科学的最新成果，把组织看作一个系统，进行多方面有效管理，从而有效整合组织资源，实现组织既定目标并承担应负的责任。现代管理科学性的强化，使管理的预见性、综合性和可靠性有了很大的提高，基本适应了战后现代企业和经济发展的需要。

（2）现代管理理论的最新思潮。进入 20 世纪 90 年代，现代管理理论的最新思潮当数公司再造和学习型组织。有人甚至认为这是管理的革命，将导致传统管理理论与实践出现全面革新，迎来全新的管理天地。

思潮一：非理性主义倾向与企业文化。20 世纪 70 年代末 80 年代初，由于经营风险增大，竞争激烈，管理日趋复杂，在西方管理理论界出现了一种非理性主义倾向和重视企业文化的思潮。

思潮二：战略管理理论。20 世纪 70 年代前后，世界进入科技、信息、经济全面飞速发展的时期，同时竞争加剧，风险日增。为了谋求企业的长期生存发展，各企业开始注重构建竞争优势。这样，在经历了长期规划、战略规划等阶段之后，形成了较为系统的战略管理理论。

思潮三：企业再造理论。20 世纪七八十年代，市场竞争日趋激烈，美国企业为挑战来自日本、欧洲的威胁而展开探索。1993 年，原麻省理工学院教授迈克尔·哈默博士与詹姆斯·钱皮提出了企业再造理论。企业再造是指对企业战略、增值营运流程，以及支撑它们的系统、政策、组织、结构的快速、彻底、急剧的重塑，以达到工作流程和生产率的最优化。

思潮四："学习型组织"理论。"学习型组织"的基本思想是，"未来真正出色的企业，将是能够设法使各阶层人员全心投入，并有能力不断学习的组织"。在学习型组织中，有五项新的技能正在逐渐汇集起来，即自我超越、改善心智模式、建立共同愿景、团队学习和系统思考，这五项技能被称为"五项修炼"。

【案例分析】

上海宝钢电厂的发展

上海宝钢电厂与一般电厂一样，由机、电、炉三部分组成，宝钢电厂硬是花了三年半时间分批让这三部分工人都分别学会另外两种技术，也就是说，一个人可以做三种不同的事情，经考核合格者才可以上岗，通过学习，原有机、电、炉三组，每班只剩下 13 人，比日本某世界先进水平的电厂还少 1 人。宝钢电厂的做法在宝钢集团也得到了应用，宝钢成立时，年产量 670 万吨，工人 4 万多人，现在年产量 882 万吨，提高了 1/3，工人减少到 1 万人。

资料来源：http：//wenwen.sogou.com/z/q608484869.htm? sw =% 26quot% 3B% E5% AD% A6% E4%B9% A0% E5% 9E% 8B% E7% BB% 84% E7% BB% 87% 26quot% 3B% 20% E7% 90% 86% E8% AE% BA&ch = new. w. search. 1&&ch = 2.

分析：学习对于组织管理和组织发展是至关重要的。

2. 管理理论丛林

现代管理理论的学派很多，但综合各学派的主要观点，国内外多数学者同意将其划分为六大学派。它们在历史的渊源和论述的内容上都是彼此交叉、融合的，各个学派之间相互影响、相互渗透，又各自有自己的研究特色，这就构成了西方现代管理理论丛林。

（1）社会系统学派。社会系统学派的代表人物是美国的管理学家切斯特·巴纳德。巴纳德使用社会的、系统的观点分析管理问题，在管理理论丛林中独树一帜。巴纳德将社会学的概念用于管理上，在组织的性质和理论方面作出了杰出的贡献。巴纳德的代表作有《经理的职能》（1938年），他在该书中详细论述了自己的组织理论。他的主要著作还有《领导的性质》（1940年）、《组织与管理》（1948年）等。巴纳德的组织理论涉及的理论问题极其广泛，它对后来决策理论学派、系统管理学派等的形成产生了重要影响。

（2）决策理论学派。决策理论学派的主要代表人物是美国的赫伯特·西蒙。西蒙倡导的决策理论，是以社会系统理论为基础，吸收古典管理理论、行为科学和计算机科学等的内容而发展起来的一门边缘学科。由于他在决策理论方面的突出贡献，他被授予1978年度诺贝尔经济学奖。决策理论学派的主要内容包括：管理就是决策；决策阶段的划分；决策原则的重新确立；程序化决策与非程序化决策的划分；决策制约着组织机构的设置；决策的技术和方法。

决策理论的提出大大丰富了西方现代管理理论的内容。它适应了社会生产力发展的需要，特别是适应了大型垄断企业的经营管理和跨国公司急剧扩张的需要。比起其他管理理论学派，决策理论的视角更为广阔，研究更加全面深入。但它过分地强调了决策在管理活动中的地位，这成为一些西方学者批评这一学派的焦点。

（3）经验主义学派。经验主义学派的代表人物有彼德·德鲁克、欧内斯特·戴尔等。德鲁克的代表著作有《管理的实践》（1954年）、《有效的管理者》（1966年）、《管理：任务、责任、实践》（1973年）。戴尔的主要著作有《伟大的组织者》（1960年）、《组织中的参谋工作》（1960年，与厄威克合著）等。

经验主义学派认为，管理学就是研究管理经验。通过研究管理实践中成功的经验和失败的教训，经过反复学习和实践自然就能领会和应用最有效的管理方法。因此，这一学派的主要特色是注意理论研究与实践的结合。它重点分析成功管理者实际管理的经验，并加以概括，总结出他们成功经验中具有的共性东西，然后使之系统化、合理化，并据此向管理人员提供实际建议。它分析了管理的性质和任务，认为管理的基本任务有两个：一是合理配置资源；二是协调组织的当前利益和长远利益。

（4）权变理论学派。权变理论的主要代表人物是美国的弗雷德·卢桑斯。卢桑斯的主要著作有《权变管理理论：走出丛林的道路》（1973年）、《管理导论：一种权变学说》（1976年）。

权变理论的主要意思是：权宜应变。因此，该理论又被称为"情景管理理论"、"形势管理理论"和"情况决定论"。权变管理理论的核心是，在现实中不存在一成不变、普遍适用的理想化的管理理论和方法，管理应随机应变，即采用什么样的管理理论、方法及技术应取决于组织的环境。

卢桑斯将现存的管理理论划分为四种学派，即管理过程学派、计量学派（或称管理科学学派）、行为科学学派和系统管理学派。他将自己的理论视为对上述理论的发展。他的管理理论重点突出了将管理与环境妥善结合起来，并使管理理论更贴近管理实践的观点。他认为管理过程学派的管理因变量包括计划、组织、指挥、沟通和控制；计量学派的管理因变量包括决策模式、计量模型和计算方法等；行为科学学派的管理因变量包括学习、行为的改变、激励方式与手段、领导风格、团体动力、组织环境与发展等；系统管理学派的管理因变量包括一般系统论、系统设计与分析、管理信息系统等。

（5）管理科学学派。学术界对管理科学的形成时代有比较一致的看法，认为它产生于 20 世纪 20 或 30 年代，但却难以确认第一个把数学应用于管理理论的学者是谁。因此，一般认为管理科学的代表人物是一支庞大的学者群。

管理科学学派又被称为管理数量学派或管理计量学派，这些别称体现了管理科学学派的主要特色。这一学派认为，管理是制定和运用数学模型与程序的系统，即用数学符号和数学关系式表示计划、组织和控制等活动，通过定量分析，为选择最优方案提供数量上的依据，以实现组织的目标。因此，他们认为，管理学就是制定用于管理决策的数学和统计模式，并将这些模式通过电子计算机应用于管理实践中。

管理科学学派的出现，标志着管理从定性阶段转到定量阶段，它将数学、统计学、系统学、技术科学等自然科学和社会科学结合起来应用于管理的研究，在解决实际管理问题方面取得了明显的成效。

（6）系统管理学派。社会系统学派的代表人物巴纳德最早提出了协作系统的概念，并指出管理的职能就在于保持组织同外部环境的平衡。在 20 世纪 30 年代，福莱特也明确地提出了管理的整体性思想，她把企业组织视为一个不断运动着的统一整体，指出管理必须着眼于整体内部的协调。此后，管理科学学派也把系统分析作为一种基本方法用于解决某些工程项目的规划和复杂管理问题的决策。但是，应用一般系统理论建立一种管理理论并形成一个学派，则是 20 世纪 60 年代的事情。

【案例分析】

管理理论真能解决实际问题吗

海伦、汉克、乔、萨利四个人都是美国西南金属制品公司的管理人员。海伦和乔负责产品销售，汉克和萨利负责生产。他们刚参加过在大学举办的为期两天的管理培训学习班，在培训班里主要学习了权变理论、社会系统理论和一些有关职工激励方面的内容。他们对所学的理论有不同的看法，现正展开激烈的争论。

乔首先说："我认为社会系统理论对于像我们这样的公司是很有用的。例如，如果生产工人偷工减料或做手脚的话，如果原材料价格上涨的话，就会影响到我们的产品销售。系统理论中讲的环境影响与我们公司的情况很相似。我的意思是，在目前这种经济环境中一个公司会受到环境的极大影响。在油价暴涨时期，我们当时还能控制自己的公司。现在呢？我们要想在销售方面每前进一步，都要经过艰苦的战斗。这方面的艰苦，你们大概都深有体会吧？"萨利插话说："你的意思我已经知道了。我们的确有过艰苦的时期，但是我不认为这与社会系统理论之间有什么必然的内在联系。我们曾在这种经济系统中受到过伤害。当然，你可以认为这与系统理论是一致的。但是我并不认为我们有采用社会系统理论的必要。我的意思是，如果每个东西都是一个系统的话，而所有的系统都能对某一个系统产生影响的话，我们又怎么能预见到这些影响所带来的后果呢？所以，我认为权变理论更适用于我们。如果你说事物都是相互依存的话，系统理论又能帮我们什么忙呢？"

海伦对他们这样的讨论有不同的看法。她说："对社会系统理论我还没有很好地考虑。但是，我认为权变理论对我们是很有用的。虽然我以前也经常采用权变理论，但是我却没有认识到自己是在运用权变理论。例如，我有一些家庭主妇顾客，她们经常讨论关于孩子和如何度过周末之类的问题，从她们的谈话中我就知道她们要采购什么东西了。顾客也不希望我们逼他们去买他们不需要的东西。我认为，如果我们花上一两个小时与他们自由交谈的话，那肯定会扩大我们的销售量。但是，我也碰到一些截然不同的顾客，他们一定要我向他们推荐产品，要我替他们在购货中做主。这些人也经常到我这里来走走，但不是闲谈，而是做生意。因此，你们可以看到，我每天都在运用权变理论来应付不同的顾客。为了适应形势，我经常改变销售方式和风格，许多销售人员也是这样做的。"

汉克显得有点激动，他插话说："我不懂这些被大肆宣传的理论是什么东西。但是，关于社会系统理论和权变理论问题，我同意萨利的观点。教授们都把自己的理论吹得天花乱坠，他们的理论听起来很好，但是他们的理论却无助于我们的实际管理。对于培训班上讲的激励要素问题我也不同意。我认为泰勒在很久以前就对激励问题有了正确的论述。要激励工人，就是要根据他们所做的工作付给他们报酬。如果工人什么也没有做，则就用不着付任何报酬。你们和我一样清楚，人们只是为钱工作，钱就是最好的激励。"

资料来源：http://wenku.baidu.com/view/06fe08d5360cba1aa811da95.html.

分析： 从该案例看出，任何一种管理理论都可以用于不同的环境中。

3. 现代管理理论的共性

现代管理理论是近代所有管理理论的综合，是一个知识体系，是一个学科群，它的基本目标就是要在不断急剧变化的现代社会面前，建立起一个充满创造活力的自适应系统。要使这一系统能够得到持续、高效率的输出，不仅要求有现代化的管理思想和管理组织，而且还要求有现代化的管理方法和手段来构成现代管理科学。纵观管理学各学派，虽各有所长，各有不同，但不难寻求其共性，可概括为以下几方面。

（1）强调系统化。这就是运用系统思想和系统分析方法来指导管理的实践活动，解决和处理管理的实际问题。系统化要求人们认识到一个组织就是一个系统，同时也是另一个更大系统的子系统。所以，应用系统分析的方法，就是从整体角度来认识问题，以防止片面性和受局部的影响。

（2）重视人的因素。由于管理的主要内容是人，而人又是生活在客观环境中的，虽然他们也在一个组织或部门中工作，但是他们在思想、行为等诸方面，可能与组织不一致。重视人的因素，就是要注意人的社会性，对人的需要予以研究和探索，在一定的环境条件下，尽最大可能满足人们的需要，以保证组织中全体成员齐心协力地为完成组织目标而自觉作出贡献。

（3）重视"非正式组织"的作用。非正式组织是人们以感情为基础而结成的集体，这个集体有约定俗成的信念，人们彼此感情融洽。利用非正式组织，就是在不违背组织原则的前提下，发挥非正式群体在组织中的积极作用，从而有助于组织目标的实现。

（4）广泛地运用先进的管理理论与方法。随着社会的发展，科学技术水平的迅速提高，先进的科学技术和方法在管理中的应用越来越重要。所以，各级主管人员必须利用现代的科学技术与方法，促进管理水平的提高。

（5）加强信息工作。由于普遍强调通信设备和控制系统在管理中的作用，对信息的采集、分析、反馈等的要求越来越高，即强调及时和准确。主管人员必须利用现代技术，建立信息系统，以便有效、及时、准确地传递信息和使用信息；促进管理的现代化。

（6）把"效率"和"效果"结合起来。作为一个组织，管理工作不仅仅是追求效率，更重要的是要从整个组织的角度来考虑组织的整体效果以及对社会的贡献。因此，要把效率和效果有机地结合起来，从而使管理的目的体现在效率和效果之中，也即通常所说的绩效。

（7）重视理论联系实际。重视管理学在理论上的研究和发展，进行管理实践，并善于把实践归纳总结，找出规律性的东西，所有这些是每个主管人员应尽的责任。主管人员要乐于接受新思想、新技术，并将其用于自己的管理实践中，把诸如质量管理、目标管理、价值分析、项目管理等新成果运用于实践，并在实践中创造出新的方法，形成新的理论，促进管理学的发展。

（8）强调"预见"能力。社会是迅速发展的，客观环境在不断变化，这就要求人们运用科学的方法进行预测，进行前馈控制，从而保证管理活动的顺利进行。

（9）强调不断创新。要积极改革，不断创新。管理意味着创新，就是在保证"惯性运行"的状态下，不满足现状，利用一切可能的机会进行变革，从而使组织更加适应社会条件的变化。

2.2.2　我国管理思想

我国管理思想研究的出发点和落脚点都在国家治理。司马谈在《论六家之要指》中说："天下一致而百虑，同归而殊途。夫阴阳、儒、墨、名、法、道德，此务为治者也。"

1. 我国管理思想的人本观

人一直处于管理的核心地位，无论是内在的还是外在的。"道之以政，齐之以刑，民免而无耻；道之以德，齐之以礼，有耻且格"，这是管理思想的最高纲领，也是这种人本观的理论基础。

2. 我国管理思想的整体观

我国管理思想中有"道法自然"的说法，这在本质上是一种系统的、整体的观念，力求达到人与自然、管理系统与外部环境、管理组织内各种组成和状态的最佳和谐为目标，把管理的各个要素和功能组成一个统一的有序结构。

3. 我国管理思想的协和观

这种协和观以追求管理系统的协调、和谐、稳定为目标。在生产管理上实现"天人合一"，在社会管理上实现"天下一家"，在人事管理上实现"知行合一"和"情理合一"。因此，这就要求人做到"内圣"而"外王"，"修身"、"齐家"、"治国"、"平天下"浑然于一身。

4. 我国管理思想的经权观

变通是中国人思想中根深蒂固的一部分，自古以来，无论是《易经》，还是儒家的经典中都在阐述变化的道理，"穷则变，变则通，通则久"，德治礼治的恒久之道正是由于不断的变通才得以持久，得以实现的。

5. 中国管理思想要点

（1）顺"道"。中国历史上的"道"有多种含义，属于主观范畴的"道"，是指治国的理论；属于客观范畴的"道"，是指客观经济规律，又称为"则"、"常"。这里用的是后一含义，指管理要顺应客观规律。

《管子》认为自然界和社会都有自身的运动规律，"天不变其常，地不易其则，春秋冬夏，不更其节"，"万物之于人也，无私近也，无私远也"。司马迁把社会经济活动视为由每个人为了满足自身的欲望而进行的自然过程，在社会商品交换中，价格贵贱的变化，也是受客观规律自然检验的。他写道"贱之征贵，贵之征贱"，人们为求自身利益，"以得所欲"，"任其张，竭其力"，"各劝其业，乐其表，若水之趋下，日夜无休时，不召而民自来，不求而民出之，岂非道之所符，而自然之验邪"？对于社会自发的经济活动，他认为国家应顺其自然，少加干预，"故善者因之"，顺应客观规律，符合其"道"，乃治国之善政。"顺道"，或者"守常"、"守则"、"循轨"，是中国传统管理活动的重要指导思想。

（2）重人。"重人"是中国传统管理的一大要素，包括两个方面：一是重人心向背，二是重人才归离。要夺取天下，治好国家，办成事业，人是第一位的，故我国历来讲究得人之道，用人之道。

得人才是得人的核心。要得人才，先得民心，众心所归，方能群才荟萃，故《管子》把从事变革事业，注重经济建设，为人民办实事，视为聚拢优秀人才的先决条件，叫做"德以合人"，"人以德使"。我国素有"求贤若渴"一说，表示对人才的重视。能否得贤能之助，关系到国家的兴衰和事业的成败。诸葛亮总结汉的历史经验时说："亲贤臣，远小人，此先汉之所以兴隆也；亲小人，远贤臣，此后汉之所以倾颓也。"《晏子春秋》则把对人才"贤而不知"，"知而不用"、"用而不任"视为国家的"三不祥"，其害无穷。

【案例分析】

曹操的故事与神偷退兵

官渡之战后，许多"许下及军中人"与袁绍暗通的书信被发现，有人提出要查清之后收而杀之，曹操却说："当绍之强，孤亦不能自保，况他人乎？"遂命"皆焚之"。又如陈琳，原是袁绍的部下，曾为其起草讨曹檄文，直骂到曹操祖宗三代。但归附曹操之后，仍然受到重用，并未遭受报复。再如张绣，与曹操有杀子之仇。但张绣归降后，曹操不计前嫌，仍拜他为扬武将军，并结为儿女亲家。官渡之战中，张绣力战有功，后又击破袁谭，曹操论功行赏，增邑二千户。

《淮南子·道应训》记载，楚将子发爱结交有一技之长的人，并把他们招揽到麾下。有个其貌不扬，号称"神偷"的人，也被子发待为上宾。有一次，齐国进犯楚国，子发率军迎敌。交战三次，楚军三次败北。子发旗下不乏智谋之士、勇悍之将，但在强大的齐军面前，简直无计可施了，这时神偷请战。他在夜幕的掩护下，将齐军主帅的睡帐偷了回来。第二天，子发派使者将睡帐送还给齐军主帅，并对他说："我们出去打柴的士兵捡到您的帷帐，特地赶来奉还。"当天晚上，神偷又去将齐军主帅的枕头偷来，再由子发派人送还。第三天晚上，神偷连齐军主帅头上的发簪子都偷来了，子发照样派人送还。齐军上下听说此事，甚为恐惧，主帅惊骇地对幕僚们说："如果再不撤退，恐怕子发要派人来取我的人头了。"于是，齐军不战而退。

资料来源：http://wenku.baidu.com/view/d12517a0770bf78a65295459.html.

分析：无论是治理国家还是管理企业，人的管理都很重要。要重视人才，珍惜人才。

(3) 人和。"和"就是调整人际关系，讲团结，上下和，左右和。对治国来说，和能兴邦；对治生来说，和气生财。故我国历来把天时、地利、人和当作事业成功的三要素。孔子说："礼之用，和为贵。"求和的关键在于当权者，只有当权者严于律己，严禁宗派，不任私人，公正无私，才能团结大多数。

近代成功的企业家也都注重人和，创办申新纱厂的大企业家荣德生治厂以"《大学》之'明德'，《中庸》之'明诚'对待属下"，"管人不严，以德服人"，"使其对工作不生心，存意外"，"自治有效"。他说用人"必先正心诚意，实事求是，庶几有成。若一味唯利是图，小人在位厂……不自勤俭，奢侈无度，用人不当，则有业等于无业也"。

(4) 守信。治国要守信，办企业要守信，办一切事业都要守信。信誉是人们之间建立稳定关系的基础，是国家兴旺和事业成功的保证。孔子说："君子信而后劳其民。"他对弟子注重"四教：文、行、忠、信"。治理国家，言而无信，政策多变，出尔反尔，从来是大忌。

(5) 利器。生产要有工具，打仗要有兵器，中国历来有利器的传统。孔子说："工欲善其事，必先利其器。"《吕氏春秋·任地》篇说，使用利器可达到"其用日半，其功可使倍"的效果。及至近代,魏源提出"师夷长技以制夷"的口号。孙中山实业救国的核心是技术革命,实现现代化,"用机器去制造货物……把国家变成富庶",争取驾乎英美日之上。可见,"利器说"贯乎古今,成为兴邦立业的重要思想。

(6) 求实。实事求是,办事从实际出发,是思想方法和行为的准则。儒家提出"守正"原则,看问题不要偏激,办事不要过头,也不要不及,"过犹不及",过了头超越客观形势,犯冒进错误;不及于形势又错过时机,流于保守。两种偏向都会坏事,应该防止。《管子》提出"量力"原则和"时空"原则。凡事量力而行,"动必量力,举必量技","不为不可成,不求不可得"。

(7) 对策。我国有一句名言:"运筹策帷帐之中,决胜于千里之外。"说明在治军、治国、治生等一切竞争和对抗的活动中,都必须统筹谋划,正确研究对策,以智取胜。研究对策有两个要点:一是预测:凡事预则立,不预则废;二是运筹:战国时期田忌赛马的故事就是运筹成功运用的案例。

(8) 法治。我国的法治思想起源于先秦法家和《管子》,后来逐渐演变成一整套法制体系,包括田土法制、财税法制、军事法制、人才法制、行政管理法制、市场法制等。韩非在论证法治优于人治时,举了传说中舜的例子,舜事必躬亲,亲自解决民间的田界纠纷和捕鱼纠纷,花了三年时间纠正三个错误。韩非说这个办法不可取,"舜有尽,寿有尽,天下过无已者。以有尽逐无已,所止者寡矣"。如果制定法规公之于众,违者以法纠正,治理国家就方便了。

2.2.3 当代的管理问题与挑战

在全球化背景下,组织的生存和发展环境发生了巨大的变化,同时,对组织的管理也发生了质的变化。这些变化是机遇也是挑战,如果对组织进行管理的方式能够适应环境并适时地做出变革,那么组织将会取得优势并持续发展下去。

管理的本质是一个组织为了实现组织的目标,通过决策、计划、组织、领导、控制和创新等工作,对组织所拥有的资源进行合理配置和有效使用,以实现组织预定目标的过程。任何管理都离不开组织,而组织则在一定的环境中存在,可以说环境是组织生存的土壤。那么,换个角度思考,一方面环境为组织的活动提供条件,为组织的发展提供机会。另一方面也会对组织活动起到制约作用,严重的还会带来威胁。

21世纪的综合发展让组织的管理遭到了全球环境的挑战。在跨国公司、世界贸易组织和欧盟、东盟、北美自由贸易协定等区域性贸易联盟的共同推动下,全球化成为一股不可抵挡的潮流,这使管理不再局限于某个国家。如德国、美国的汽车开始在中国沈阳和上海生产,可口可乐与百事可乐由在世界各地的国家共同生产,各种组织都面临着全球环境下管理的挑战和机遇。

1. 当代管理的问题与挑战

当代全球环境对管理的要求和挑战突出表现在以下四个方面:

(1) 管理创新的挑战。创新性管理不同于传统型管理,它是把创新贯穿于整个管理过程,使管理随着技术、市场及组织内外条件、环境的变化而变化。同时,它也要求整个组织及其组成人员必须是创新型的，把创新作为其各种活动的主旋律。创新既是一个国家兴旺发达的不竭动力，也是一个组织赢得竞争胜利和保持竞争优势的可靠保障。可以预言，创新管理是未来组织生存和发展的根基，有助于组织促进全面创新，使创新活动由单项创新转向综合创新、个人创新转向群体创新。创新必将是未来组织在竞争中取胜的公开秘密。

（2）全球化与网络化的挑战。全球化与网络化的趋势，促使组织挑战电子商务，也使人们陷入迷茫的境地。科学有序的管理所依赖的因果关系渐渐变得复杂，让人难以捉摸。在当代，金融危机自肇始已有好久，但很多金融专家、各国政要或经济学者尚不能真正剖析出金融危机产生的原因。科学研究最基本的思维就是因果关系。然而，关于金融危机的因果关系至今并不澄明。还有就是电子商务会推动组织的变化。主要表现在从重点的内部管理转向市场，我们需要有一个完整的企业管理信息系统即从财务核算转向财务管理从而来推动电子商务。此外，我们的组织管理的信息系统目前还不是太完善，有的刚刚起步，这是推行网络管理的极大障碍，这些都是全球化、网络化时代给各国管理带来的极大挑战。

（3）知识与学问竞争的挑战。知识会为任何一方面的管理提供很好的管理优势。同时也是组织核心竞争力的重要来源。谁首先掌握某一特定的知识，谁就能在国际国内的竞争中占得优势，最终在竞争中名列前茅。此外，知识经济时代后，信息资源全球化也使知识管理重心前移成为必要，由组织微观知识向全球化宏观知识转移。因此，知识管理方面应培养更多的国际型人才，提高科学教育水平。

（4）人力资源管理的挑战。全球化主宰着竞争的市场，蕴涵着新市场、新产品、新观念、新的竞争力和对经营的新思考方式。人力资源管理需要新流程和创建新的模式来培养全球性的高效率和强的竞争力。这就需要组织建立一个有效的全球人才资源开发系统，同时也需要选拔、引导和培养员工以国际化的管理思维来管理工作程序和思考问题。面对许多突然到来的挑战，任何组织都需要作出及时的管理变革，应根据知识外部环境和内部条件的变化，对其进行适时有效的调整，以便增强对全球环境的适应性。

2. 对当代管理问题与挑战的解决对策

针对以上全球环境中管理的挑战，组织需要有以下几种对策：

（1）重新认识管理。市场经济下的组织管理和计划经济时代的组织管理有很大的差异，后者只强调内部管理，而前者的内涵更加丰富，它包含组织的经营、运行。而经济全球化环境下的管理，外延进一步扩大，内容也更加丰富、充实，包括风险管理、人本管理、组织管理、战略管理、动态管理、全球管理等新的管理内容和方式。我们只有对管理进行重新的认识、了解，才能提高企业的管理水平。要想重新认识管理，必须重新学习。组织不能满足过去的计划、生产、质量等方面的基础知识管理，要学习新的管理知识，如网络管理、现代知识管理、动态管理、资产经营等方面的管理知识，还要学习与管理有关的知识，如人文知识、专科知识、国际经济知识、法律知识等，并在实施中进行管理创新。

（2）推行电子商务。组织推进电子商务，首先要认识电子商务给组织带来的机会。

电子商务将会实现组织管理功能的标准化，使组织成本大幅度降低；电子商务带来的信息使组织运作效率提高，使经营范围从地区扩展至全球。其次要制定推行电子商务的步骤和方法。先建立部门的信息管理，再建立组织管理信息系统，然后建立基于互联网的组织管理信息系统。最后，推动电子商务发展，还应做到与组织发展目标相结合、与组织的核心竞争力结合、与组织的管理基础结合、与组织的管理模式相结合。

（3）加大全球化人才开发和培养力度。在当代，知识、学问及人力资源管理带来挑战的加剧，管理方面应通过发展事业、增进感情、优化环境、改革制度、提高待遇来吸纳和稳定人才，特别是一些优秀的国际化人才；聘用应具有较多的灵活性，以防止国际化竞争中人才的流失，从而使组织在国际竞争中立于不败之地。另外，组织要建设规范化的人力资源管理体系；建立以绩效为中心的绩效管理体系；促进人力资源的市场化、信息化、国际化；加强人才的技能开发和国际化能力培养。组织的管理要借助现代人力资源管理平台，与国际化接轨，才能获得同国外组织同台竞技的机会，使管理更完善。

（4）更新经营观念。更新经营观念是企业组织发展的当务之急，是企业组织成功的关键所在，在新环境下的企业组织要有新的变革，这就是注重消费者的满意度。由于技术的提高，社会的发展，商品种类繁多，经济迅速增长，人们的消费观念也在变化，从理性消费时代向感性消费时代变化，再向感情消费发展。因此，组织应在新技术上加大管理，使消费者乐意购买。在此科学分析的基础上，推出新的产品，这样才能使产品被广大消费者接受，也才能使企业长盛不衰，使企业管理更优更好。此外，现代企业管理目标应当是"持续发展能力最大化"，这样才能满足各方利益要求。因为各利益主体间是"合作伙伴"关系，强调的是"双赢"。无论制定何种管理政策都必须合理兼顾企业所有者利益与其他主体的利益，决不能厚此薄彼，更不能顾此失彼。所以，管理好人才重要，管理好经营也重要，这样有利于促进现代企业制度建立，有利于企业实现可持续发展的目标。

（5）在管理上，组织要增强求变心理。新知识经济的特点是技术进步日新月异，产品开发周期短。经济全球化还促进生产要素在全球流动，重组更加普遍。这一切都在告诉我们，组织外部环境不仅复杂多样，而且瞬间多变，管理也应随之变化，这也就要求经营者有较强的求变心理。组织管理变革在网络时代是一种无可避免的行为，但很多人对管理变革存在错误的理解，认为管理变革是组织在经营失败后的"垂死挣扎"，更多的人把变革作为一种扭亏的神圣方法。其实，这些想法都是错误的。变革使组织对善变的外部环境做出了灵敏的反应，以保证组织竞争上的优势。变革要贯穿在组织运行的整个过程中。变革的内容是广泛的，技术要变，不断开发核心技能，增强企业核心能力；同时产品种类应多一些，让新产品拓展新市场；管理方式要变，推动动态管理、柔性管理、风险管理、投资市场管理、效率管理、质量管理。这样的管理才能使组织在市场中生存得更好，才能使管理更彰显它的价值性、重要性。

● 基本训练

□ 知识题

1.1 阅读理解

1. 简述科学管理理论的主要内容。

2. 简述人际关系理论的主要内容。

3. 简述现代管理理论发展的主要特点。

4. 试述新经济时代的主要管理思想。

1.2　知识应用

一、单项选择

1. 下列哪位管理学者提出了管理就是决策的主张（　　）？

　　A. 赫伯特·A. 西蒙　　　　　　　B. 彼得·F. 德鲁克

　　C. 弗雷德·E. 费德勒　　　　　　D. 弗里蒙特·E. 卡斯特

2. 管理的核心是（　　）。

　　A. 处理组织内部资源的稀缺问题　B. 处理与组织外部的关系

　　C. 处理各种人际关系　　　　　　D. 处理组织内部与组织外部的一致性关系

3. 管理具有与生产关系、社会制度相联系的一面，这是指（　　）。

　　A. 管理的自然属性　　　　　　　B. 管理的社会属性

　　C. 管理的科学性　　　　　　　　D. 管理的艺术性

4. 管理者必须因地制宜地将管理知识与具体管理活动相结合，这里强调的是（　　）。

　　A. 管理的科学性　　　　　　　　B. 管理的艺术性

　　C. 管理学的历史性　　　　　　　D. 管理学的实用性

5. X-Y 理论的代表人物是（　　）。

　　A. 麦格雷戈　　　B. 赫兹伯格　　　C. 梅奥　　　D. 马斯洛

6. 社会系统学派的代表人物是（　　）。

　　A. 法约尔　　　　B. 西蒙　　　　C. 巴纳德　　　D. 卢桑斯

7. 系统与权变理论把人看作是（　　）。

　　A. 经济人　　　　B. 社会人　　　C. 自我实现人　　D. 复杂人

8. 决策理论学派的代表人物是（　　）。

　　A. 巴纳德　　　　B. 西蒙　　　　C. 卡斯特　　　D. 卢桑斯

二、多项选择

1. 管理的二重性是指（　　）。

　　A. 管理的自然属性　　　　　　　B. 管理的社会属性

　　C. 管理的科学性　　　　　　　　D. 管理的艺术性

2. 下列关于管理过程的描述，正确的有（　　）。

　　A. 管理过程和管理职能是统一的　B. 管理过程和管理职能是分离的

　　C. 管理过程是动态中的管理　　　D. 管理过程是静态中的管理

　　E. 管理过程也是信息变换的过程

3. 管理学具有以下特征：（　　）。

　　A. 一般性　　　B. 综合性　　　C. 历史性　　　D. 实用性

　　E. 艺术性

4. 从科学的定义上讲，存在管理必须具备以下条件：（　　）。

　　A. 必须是两个人以上的集体活动　B. 必须是具有盈利动机的集体活动

    C. 必须是正式组织　　　　　　　D. 必须是非正式组织

    E. 必须具有一致认可的、自觉的目标
5. 以下哪些内容是法约尔提出的管理原则(　　)。

    A. 统一指挥　　　B. 统一领导　　　C. 职能管理　　　D. 人员的团结
6. 行为科学的代表人物是(　　)。

    A. 德鲁克　　　B. 马斯洛　　　C. 麦格雷戈　　　D. 西蒙
7. 古典管理理论的代表人物是(　　)。

    A. 泰罗　　　　B. 法约尔　　　C. 梅奥　　　　D. 李嘉图

三、判断题

1. 管理就是由一个或若干个人通过行使各种管理职能，使组织中以人为主体的各种要素合理配置，从而达到实现组织目标而进行的活动。(　　)

2. 管理作为一项任务，就是设计和维持一种体系，使这一体系中共同工作的人们有效率地实现组织既定的目标。(　　)

3. 主管人员由于在组织中所处的层次不同，他们所履行的管理职能数量有多有少。(　　)

□ 技能题

由任课老师介绍，或者学生自己寻找任意一个管理学理论深入了解其背景及学说产生的缘由，然后对该理论在社会活动中影响企业生产与个人行为的情况进行观察，获取相应信息，并运用所学知识分析，得出该理论学说的主要应用方向与类别。

实训目的：

1. 熟练掌握管理学理论的主要内容；
2. 能够将管理学理论运用于现代企业管理中。

实训要求：

1. 每小组要深入掌握相关管理学理论的主要内容。
2. 应充分查阅资料，举出相关管理学理论在企业中运用的案例。
3. 可在班级组织交流。

● 综合案例

从乔家大院看企业治理中的人才激励战略

曾经在全国各地热播的《乔家大院》，让学管理的或是做管理的人精神为之一振——许多今天被视为企业改革中的重点、难点问题，在明清年代数百年间，在我们中国山西这块大地上，曾经得到广泛的实践和应用。从《乔家大院》我们看到了中国传统文化的精髓和荣耀被淋漓尽致地融入管理中。其实，博大精深的管理文化的源头就在我们中国人手里。我们不应只是一味吹捧西方的教科书，而是应该把我们宝贵的传统管理文化的精髓发扬光大。

以下谨以《乔家大院》中乔致庸"用（人）才管（人）才"为例，探讨乔家的激励战略对现代人力资源管理的启示。

1. 不拘一格降人才——乔致庸的用人原则

在用人之前，首先要选人——找正确的人做正确的事。按现在的录用标准，第一关自然是硬件关。所谓的硬件，指的是员工的学历、工作经验等。但乔致庸并非囿于这些硬件的束缚，而是不拘一格用人才。给一些的确有真才实学的人以一展抱负的机会，不论他的出身地位，只要确定是人才，只要把人留下来，就一定重用，这就是乔致庸的胆识。

乔家包头"复字号"生意起死回生之后，其中一个最能干的"跑街"（相当于今天企业的基层业务代表）的伙计马荀向乔致庸提出辞呈。乔致庸十分欣赏马荀的能力，便问这位能干的伙计为什么要走，得到的解释说这是惯例，徒弟满师后都要离开，因为别处给的薪金更高。乔致庸又纳闷掌柜的为什么没人辞呈，回答是掌柜的在生意里顶着一份身股，不但平日里拿薪金，到了四年账期还可以领一份红利。乔致庸问马荀，若他是"复字号"的大掌柜，这生意该怎么做？马荀就说自己若是大掌柜，要把生意做出包头，做到蒙古大草原上去，用内地布匹、铁器还有日用品和草原上的牛马做交易，这样既能使牧民得到便利，也能使内地得到蒙古的牛马与皮张。乔致庸大为震撼，对马荀非常信服。然后，他大刀阔斧地重修店规，同时聘请马荀接任大掌柜，鼓励他将"复字号"的生意做到蒙古大草原上去。这件事震动了"复字号"内外，也震动了整个包头商界。28 岁的马荀深为乔致庸的知遇之恩所感动，上任之始着手整顿各号，清除害群之马，带领乔家"复字号"进军蒙古。历史上真正的马荀几乎是个文盲，自己的名字都写不好。商号能写会算的人有的是，一般不会让一个文盲管一个大商号，但乔致庸却不拘一格用人才，打破常规，把马荀直接从伙计"提拔"成大掌柜（后来又给了一定股份之后就相当于今天很多企业的总经理）。古人云：士为知己者死。知遇之恩，涌泉相报。马荀最终不负所托，把"复字号"发扬光大。

从这件事，可以推导出乔致庸值得我们学习的用人之道：第一，乔致庸平时对员工基本上还是比较关注的，对表现出色的员工也早有了解。否则，乔老板只是单纯地听马荀在异想天开地描绘战略构想就破格提拔其为总经理便会显得非常滑稽。第二，最基层的业务员来辞职，乔致庸作为日理万机的最高领导，他完全可以不管而是推给其他人例行公事地做个"离职访谈"。但乔老板能非常冷静地听取来自基层的最真实心声。否则，即便是马荀再敢于直言，如果遇到一个暴躁的老板，也肯定不会如此认真地听马荀胡言乱语的。第三，在员工面前，乔致庸展现出了他作为一个大老板非常平和的一面。试想如果乔老板问完辞职原因之后很"官腔"地打发马荀说"这件事我知道了，你先下去吧"。那么下面也就没戏了。直接从最基层破格提拔一个优秀业务员上来，此举给公司所有员工的公平晋升起到了非常宝贵的正面示范作用。这样的晋升激励机制，怎能不极大地发挥优秀员工的潜力呢？

千里马长有，伯乐不常有，乔致庸就是出色的伯乐。他看中了赶着毛驴卖花生米的落魄秀才孙茂才，高薪聘请，以上宾待之，并且在很多时候听得进去这个怪人的逆耳忠言。孙茂才其实就是今天的职业经理人，工作职责就是制订市场拓展计划和安渡危机的方案。乔致庸前期的成功很大程度上归功于足智多谋、深谋远虑的孙茂才。直到后期，孙茂才的金钱欲望日益膨胀，与"董事长"乔致庸的分歧越加激烈——孙茂才的目标就是做生意赚钱，而乔致庸向往的却是做大事，做对国家有利对百姓有利的事，乔致庸才把他驱逐出门的。企业用人，能够长久任用的一定是德为先之人，而有才无德之人也能为企业作出很大贡献，但是需要限制任用。乔致庸以虚怀若谷之心不惜重金任用孙茂才，就是用其所长，在关键时期完成其阶段性的使命。

西方人力资源管理提倡的"以人为本"就是关心、尊重每一个人。乔致庸用人管人的核心就是"以人为本"，善于挖掘人才，培养他的员工具备优秀的素质。他让人才各尽其能，不问出处，真正激发了员工的潜能。

2. 信任与肯定——财东和掌柜权责分离

一般人都以为，所有权与经营权分离、权责明确的企业治理结构来自西方发达国家，是现代企业的重要标志。其实，在明清时代的山西商人就普遍采用了这种方法，尽管在细节和具体操作方法上稍有差异，但他们共同的特点就是"两权严格分离，权责高度明确"。

乔致庸欲聘请潘为严当大掌柜，不料遭到拒绝，理由是：乔致庸这些年来走南闯北，实际上既是东家又是真正的大掌柜，而潘为严自己也是满怀理想一身傲骨，不能完全听命于东家而无自主权，他要的是老板的绝对授权。乔致庸于是全权放手将票号经营交由潘为严掌管，自己不再过问，只等四年一个账期听大掌柜的汇报。面对乔致庸这位老板如此的诚恳和信任，潘为严又怎么会不去努力回报他呢？几十年后，潘为严终于帮助乔致庸完成了汇通天下的心愿。当今企业所有权和经营权分离、战略决策和执行分离的做法居然在清末的晋商中发挥得淋漓尽致。

一旦乔老板选准了人，便对其大胆放权，给予绝对的经营自主权。这个做法使当掌柜的在一个账期内能从容调度人财物，无拘无束地发挥个人才能。掌柜在商号里是绝对的权威，每年底汇集营业报表，造具账册，向财东（老板乔致庸）汇报一次，这时财东对掌柜的经营策略只有建议权，没有决策权。此外，老板连举荐人的权力也没有。在乔家"大德通"商号的规矩里面有这样一条："各连号不准东家举荐人位，如头柜有情由难推者，准其往别号转推。"

我们向乔致庸学习不等于生搬硬套他的两权分离制，而是要取其精华，是学习其有效发挥职业经理人能力的先进性。每个老板都希望通过最少的付出取得最大的收获。如何才能最大限度地提高员工的积极性和创造性呢？答案不是高薪，因为你付得起高薪，别人也有可能支付更高的薪酬。独立经营管理权及绝对的信任是最大限度发挥经理人作用的基本前提。如果说乔致庸善于发现人才，那么他更懂得爱惜人才。他营造了一个宽松和谐的工作环境来拴住员工的心，他用诚恳和信任激励着一个个帮助乔家票号业发展的传奇人物。员工原本积极性不高，不是领导者的责任，但缺乏有效的机制去激发和提高员工的积极性就是领导者的责任了。有效的管理、大胆的授权、良好的沟通以及充分的信任，这些就是乔致庸激励人才的战略精髓。

3. 顶身股——封建时代最先进的物质激励

一般认为，职工持股制度最早起源于美国。1958 年美国经济学家路易斯·凯尔索提出了扩大资本所有权思想，1974 年美国国会通过的《美国职工退休收入保障法案》做出了法律规定。其实早在 19 世纪 20 年代，我国就已初步形成较为完善的股权激励制度。晋商们的商号与票号，其实已经可以看到现代企业的影子。在了解马荀要辞号的原因后，乔致庸为了激励员工们好好干活，给商号里所有学徒期满出师的伙计每人顶一厘的身股，并随着年限而增加。这样一来，每到年底，伙计就可以领几十两甚至几百两银子的红利。从雇工变成了"小股东"，年底有分红，典型的"股权激励"。

"顶身股"其实是晋商在几百年的经商过程中摸索并不断完善的一套行之有效的方法。商号招学徒，通过四年试用期后正式录用。再经过几年的考核，在思想和业务等方面表现良好的才能享有"顶身股"；快者一两年，慢的可能十几年都不能顶股。从 1 厘至 10 厘有 10 个等级，从 1 厘半至 9 厘半有 9 个等级，一共有 19 个等级，这对于已有身股和没有顶上身股的员工来说，都具有极大的吸引力和诱惑力，员工为了登高位、多顶股份，无不努力工作。可见，当时晋商的"股权激励"是根据员工的品质、能力和绩效来决定的。顶身股制的应用，对于晋商的发展壮大起到了积极的作用，归纳有四：其一，它刺激了商号中经理们的经营管理积极性。其二，它刺激了商号中普通职员的能动性与竞争心。其三，它刺激了未顶身股者的劳动积极性。其四，它刺激了商号的身体力行，剧增了财东的利润。剧中，乔致庸新任命的大掌柜马荀宣布："今后凡是在乔家复字号效力 30 年以上的掌柜，一律保留身股养老。"这等于给留任掌柜吃了颗定心丸，只要干得好且能留下来，乔家就能养活他们一辈子。有这样的长期激励和保障机制，他们能不为商号弹精竭虑、创造最佳效益吗？有远见的老板一定会懂得奖勤惩懒，决不会搞大锅饭。给员工股份比涨工资更具激励性，因为股份是有风险的玩意。给员工股份意味着将员工利益与企业盈亏挂上了钩，让员工替老板承担了部分经营风险。

我们在设计激励制度时，不仅要积极学习国外先进理论，也要效先人之法，从我国的辉煌历史中寻求经验。不管是以前的员工持股、管理层持股，还是现在的股权激励、可限制性股票等，只是在形式上或实施方式上不一样，但目标是一样的，都是为了将对员工的业绩评价和激励措施结合起来，将企业的目标转化为员工追求自身利益最大化的目标。至于在实施中出现这样或那样的问题，应该在发展中去规范和完善。

综上所述，从"知人善用，唯才是举"的人才遴选，到委以重任，实行所有制和经营权的分离，再到使用顶身股制激励人才，乔致庸实现了物质激励与精神激励结合，很好地协调劳资关系，调动了员工工作积极性。诚然，《乔家大院》不是商学院的教科书，剧中的乔致庸是个被美化和夸张的人物。人物是否戏剧化不是本文争议之处。追溯传统不是为了回归过去，而是要指导今日实践，着眼于未来。我们看《乔家大院》不是学富豪速成法，而是取长舍短，从历史中吸取精华。在学习西方管理学时我们也无需再妄自菲薄。从乔致庸经商行事中，我们看到他把对人才的激励演绎得淋漓尽致，这就是前人留给我们有价值的实践成果。

资料来源：http://blog.ceconlinebbs.com/BLOG_ARTICLE_57656.HTM.

问题：根据以上的事例，结合自己学习的管理学基础知识，谈谈并分析身边发生的与管理学理论知识能够结合的现象或事件。

- **综合实训**

  一、实训目的

  1. 强化学生对中国管理思想的认知，培养爱国思想；

  2. 从中国管理思想中吸取有益成分，提高学生素养，掌握运用管理理论的技巧。

  二、实训项目安排

  1. 利用书籍或网络资源，查阅我国管理思想；

  2. 根据中国管理理论，寻找其在现代企业中运用的案例；

  3. 6~8 人为一组，总结我国管理理论在现代企业中运用，并写出书面报告。

  三、实训纪律与实训守则

  严格服从学校课程的安排，遵守学校的规章制度，虚心向指导老师学习，吃苦耐劳，团结协作。

  四、实训要求

  1. 探寻中国管理精髓，并将其运用到现代企业管理过程中。

  2. 每小组应查阅丰富的资料；从企业概论、内部问题、外部问题、发展趋势等方面进行方案设计。

  3. 明确方案制订的目的、内容、程序与方法。

  4. 要科学地规划有关要素，报告书的结构要合理、完整。

第3章 决 策

学习目标

在学习完本章之后，你应该能够：

◎ 了解决策的含义、分类及方法；

◎ 掌握决策的原理、程序；

◎ 了解决策中的理性和行为方面；

◎ 掌握群体决策的方法。

技能目标

◎ 运用决策的方法解决问题；

◎ 提高学生的决策能力；

◎ 培养学生的理解能力、分析解决问题的能力和团队合作意识。

【引例】

从华为、中兴薪酬激励看企业决策优劣

IT界两家中国标杆企业华为和中兴都涨薪了。这对在职场摸爬滚打的年轻人来说，真是振奋人心的好消息，一边"羡慕嫉妒恨"，一边期待自己也能"被服务的雇主所激励"。

华为、中兴涨薪，是穿透全球经济不景气的阴霾洒下来的一丝曙光。由于业绩不佳，许多企业包括欧美跨国企业在内，被不断传出的裁员、降薪的不利消息笼罩，士气萎靡不振。华为、中兴逆势而上的加薪之举，无疑是一针"兴奋剂"，让大家感受到了久违的阳光的温暖。

涨薪和降薪是与公司业绩紧密挂钩的。其他跨国企业降薪，说明其业绩呈现滑坡趋势。两大中国IT企业加薪，说明其业绩是在走上坡路。这两年中兴一直在巨亏的泥淖中挣扎度日。2013年上半年财报显示，中兴通过股权转让，扭亏为盈，实现了3亿元人民币的盈利，终于可以松口气了。华为2013年上半年实现销售收入1138亿元人民币，同比增长10.8%，超越了盘踞电信设备行业龙头地位多年的跨国企业爱立

信，站上了一个新起点。业绩向好成为华为、中兴给员工涨薪的直接动力和根源。涨薪是吸引人才的最直接动力，对于目前找工作困难，企业降薪招人，人才降低期望找东家的现实来说，这确实是体现企业实力和社会责任的大义之举。

但如何涨薪却是一门大学问，这体现企业决策的优劣，做得好，是企业的福音；做不好却可能祸起萧墙，为企业的不稳定埋下隐患。

中兴被股权激励的，主要是以资深研发人员、营销人员和中高层管理人员为主的1531名"白骨精"式"特权阶层"——这些人也是中兴安居工程等政策恩泽的对象，在中兴屡被照顾，是属于"少部分先富起来的人"。这对于稳定核心队伍，是有相当作用的。但这种方式存在两大显而易见的缺陷：一是在内部员工中继续拉大贫富差距，让富者更富，穷者更穷，甚至制造人为对立阵营；二是打击广大基层员工队伍的积极性。

中兴目前有九万多员工，受到激励的仅为1531人，不足2%。换句话说，中兴股权激励，激励了不到2%的员工，打击了超过了98%的基本面。中兴内部基层员工谈到这次股权激励，都不约而同地自怨自艾：级别不够。在企业结构里面，基层员工才是中坚力量，是企业创造力和业绩的主要源泉。从中兴数次激励措施中不难看出，在其人力结构金字塔中受到恩惠的永远是管理干部，基层员工不被重视，导致基层员工责任心和集体荣誉感不强，企业凝聚力不足。

华为涨薪平均幅度为25%~30%，优先考虑13—14级基层员工和2014年新招应届毕业生。多数员工涨薪在8月份收入中就会体现。一线城市本科毕业生起薪从6500元上调至9000元，增幅为38%；硕士毕业生从8000元上调至10000元，增幅为25%，优秀毕业生还有不同程度上浮。这种薪酬政策，让毕业生一进入华为，就能感受到"组织的照顾和温暖"，对企业的向心力和认同感从进入华为那一刻起就"与生俱来"，油然而生了。

华为这次涨薪使基层员工在企业发展中受益，调整后员工工资与华为成长为世界级ICT领袖型企业身份相符，在业内具备相当竞争力。华为高级副总裁丁耘称华为薪酬政策始终坚持绩效导向、多劳多得原则。从华为涨薪受惠层面来看，华为是让更多优秀员工和基层员工得到更多实惠，是拉近内部员工贫富差距，最终实现共同富裕。这客观上促进华为在全球范围招揽到更多优秀人才加盟，为华为事业作出贡献。

同为涨薪，但结果或许就迥然不同。中兴股权激励，激励了个别，打击了一大片，结果可能与初衷背道而驰。华为涨薪照顾基本面，在更大范围内团结了公司上下，并成为企业延揽新优秀人才的源头活水，为实现企业可持续发展奠定了良好的人才基础。

华为整体员工流失率低于业内平均水平和每年都有大量优秀应届毕业生和社会人才投奔华为就是薪酬制度优劣的一个明证。所以，建议企业管理决策层在考虑"涨薪"决策时，应从华为获得智慧，多把基本面的基层员工作为考量对象。

资料来源：http://www.tmtpost.com/53869.html.

该案例表明：华为公司在"涨薪"上进行了科学的决策，企业的管理者在经营管理

过程中应制定正确的决策，因为决策是管理的核心，管理决策的优劣对企业的稳定和持续性发展起着至关重要的作用。如果决策失误必然给企业带来损失。管理者的决策范围极其广泛，包括企业的发展战略、组织结构、控制系统和资源部分配等。管理者应在分析企业内外部环境的基础上，识别问题和机会，从而做出相应的决策，并监测其产生的结果，判断是否要追加决策。

正确的决策是保证企业良好发展的关键，那如何做出正确的决策呢？这就需要掌握什么是决策、决策的类型、决策的过程和方法、决策的理性和行为方面以及如何做出群体决策。

3.1　决策的基本要素

3.1.1　决策的含义及类型

1. 决策（decision）的含义

企业的管理活动，从确定目标到组织实施，都面临着大量的决策。科学的决策对管理活动的顺利开展起着重要的作用。决策是人们为了实现一定的目标，从多种可行性方案中选择一个满意方案的分析和判断过程。其含义有以下四层：

（1）决策必须有明确的目标，无目标的决策和模糊的目标是盲目的行动，将会导致危机，同时决策也是为了解决某些问题。

（2）决策必须有两个以上的决策方案，如果只有一个方案，就不存在决策问题。这些决策方案要能达到预先设定的目标和解决存在的问题，并能进行定性和定量的分析，在现有的条件下顺利实施。

（3）决策的结果在于选择"满意"方案，而非"最优"方案。当今企业面临的环境是瞬息万变的，由于决策者在认识能力、信息来源、经验等方面所受的限制，常常不能做出最优的决策。

（4）决策是一个科学的分析、判断和选择的系统。从收集信息到分析、判断，再到实施、反馈活动，是一个完整的过程，经过执行活动的反馈，又将进入下一轮的决策。决策又是一个循环的过程，贯穿于整个管理活动的始终。

【小思考】

你怎样理解决策只是"上级管理者"的事？为什么？

答：决策是各级管理人员的首要工作，但是决策不仅仅是"上级管理者"的事，上至国家领导人，下到基层的班组长，都要做出决策，只是决策的重要程度和影响的范围不同而已。不同管理层次上的决策，其影响不同。同时，决策还要注重各种专家的横向联系、员工的纵向参与，形成合理的人才结构，共同完成决策。因此，如何做出更好、更合理、更有效的决策是每一个管理者都必须面临的问题，改进管理决策、提高决策水平，应当成为各级主管人员经常思考的重要问题之一。

2. 决策的类型

根据决策所要解决问题的实质,可将决策分为不同的类型。决策者应了解决策属于什么类型,才能做到有的放矢,寻找适合该类型的决策方法。

(1) 按决策的重要性程度分类

①战略决策(strategic decision)。战略决策是所有决策中最重要的,主要涉及组织大政方针、战略目标等重大事项的决策活动,是有关组织全局性的、长期性的、关系到组织生存和发展的根本性决策。一般来说,由于战略性决策所要解决的问题牵涉到的范围较广,内容较复杂,思维较抽象,可借鉴的资料不多,需要管理者有高度的敏感力、抽象思维能力、创新能力和丰富的管理经验,对管理者的素质要求非常高,因而,这类决策一般由高层管理者做出。

【案例分析】

跨位战略获"蓝海"

十月妈咪改变传统女装的保守、无个性形象,参照最前沿的时装设计秀场,将两者用"跨位"的方式组织、拼合,形成"时装型的孕妇服饰"定位,色彩上加入红黄绿等亮丽色彩,突破以往只注重功能,不注重符号的特点,将中高收入人群从孕妇市场中切割出来,形成自己的"奶油市场"。这种"孕妇时装"概念流行,让原来的一个客户单件销售,变成了多件销售。在传播上,充分利用新媒体营销,除传统地铁广告外,更多利用 APP 营销、Flash 歌曲、微博,自办刊物《十月妈咪驾到》,9 个月就卖了 4 万本。在渠道上,十月妈咪覆盖了加盟商、淘宝商城和直营店,线上线下一起互动,2011 年电子渠道的销售额就达到 7000 万元。

资料来源:http://www.chinahrd.net/article/2012/11-16/84829-1.html.

分析:十月妈咪正确的战略决策,将传统孕妇装市场扩充成一片蓝海,快速精准抓住目标消费者,牢牢占据品类冠军。

②战术决策(tactical decisions)。战术决策属于执行战略决策过程中的具体决策,旨在实现组织内部各环节活动的高度协调和资源的合理使用,以提高经济效益和管理效能,如企业的生产计划、销售计划、更新设备的选择、新产品的定价、流动资金筹措等方面的决策。战术决策并不直接决定企业组织的命运,但决策行为的质量将在很大程度上影响组织目标的实现程度和组织效率的高低。一般来说,战术决策涉及的问题更具体、更局部化,多数问题的解决方案可以定量化且有参考资源,因此,这类决策一般由中层管理者做出。

③业务决策(business decisions)。业务决策是涉及组织中的一般管理和工作的具体决策活动,直接影响日常工作效率。主要决策内容包括:日常工作任务的分配和检查、工作日程(生产进度)的监督和管理、岗位责任制的制定和执行、企业的库存控制、材料采购等方面的决策。一般来说,业务决策要解决的问题非常明确且带有较强的程序化,属于常见问题,决策者通常也非常清楚决策要达到的目标是什么,可以利用的资源有哪些,实

现的途径有多少，实施的结果是什么。因此，这类决策一般由基层管理者做出。

（2）按决策的重复性程度划分

①程序化决策（programmed decisions）。程序化决策指按原来规定的程序、处理方法和标准进行的决策，又称重复性决策、例行性决策、常规性决策。如订货决策、库存决策等。企业中大量的决策是程序化决策，而且，不同的管理层面对的程序化决策数量不同，如图 3-1 所示。

图 3-1　不同管理层所面对的决策情况

②非程序化决策（non programmed decisions）。非程序化决策指对不经常发生的业务工作和管理工作的决策，即没有决策规范可以遵循的决策，完全依靠决策者的能力和判断来解决，又称一次性决策、非例行化决策、非常规决策。如新产品开发决策、重大的人事变动、组织结构调整等。

（3）按决策的可控性程度划分

①确定型决策（decision making under certainty）。确定型决策指的是每种备选方案中只有一种确定的、可预见的结果的决策，即决策事件未来的自然状态明确，只要比较各方案的结果即能选出最优方案。这类方案一般用净现值、投资回报率、投资回收期等定量化计算方法来进行。

【小思考】

武汉某科技有限公司，为了增加产量而制订了三种设计方案：一是扩大现有工厂，二是再新建一个工厂，三是把增产部分的产品转包给别的厂生产。应采用哪种方案，要看未来一段时期内市场对该产品的需求量如何，这就是自然状态。这三种方案实行后在未来 5 年内预计给企业造成的损益情况如表 3-1 所示：

表 3-1	方案评价（五年内损益）		单位：万元
自然状态 方案	对产品的需求		
	高	中	低
扩大	60	30	−30
新建	80	40	−40
转包	40	20	−3

分析：当决策者肯定未来五年内对产品的需求是高或中，他就会采用新建方案，因为这可以带来最大的效益，即 80 万元或 40 万元。而当他肯定需求将是低，就会采用转包方案，因为亏损额最小，只有 3 万元。

②风险型决策（decision making under risk）。风险型决策指决策者在对未来可能发生的情况无法做出肯定判断的情况下，通过预测各种情况的发生，根据不同概率来进行决策的方法，即决策事件未来的自然状态虽不能预先肯定，但可以测出这种状态出现的概率的决策。风险型决策具有一定的风险性。例如，某人打算炒股票，无法预先知道炒股的结果是获利还是亏损，但是能根据历史资料和对未来股票动向的估计估算出赚钱、亏损还是不盈不亏这三种结果可能出现的概率，再计算出每种状态下的期望值，根据三种情况下期望值的结果进行分析选择，确定是否值得投资股票。

③不确定性决策（decision making under uncertainty）。不确定性决策指决策者在缺乏信息的情况下，能预知出现两种以上的自然状态，但不能肯定将来会出现哪一种状态，也无法估计各种状态出现的概率，在不知道概率的情况下进行决策，风险很大。所以，管理者决策的方法通常依靠的是决策者的经验和胆识。

（4）按决策的主体数量划分

①个体决策（individual decision）。个体决策是指决策由一个人独立做出。

②群体决策（group decision）。群体决策是指决策是由多人、甚至可以是组织内部的所有成员共同参与做出的决策。

群体决策和个体决策相比，各有其优缺点：相比个体决策，群体决策通常质量更高，因为它具有更全面的信息和更多的备选方案。"三个臭皮匠胜过一个诸葛亮"正是验证了群体决策的优势。以群体方式做出决策，增强了员工对决策方案的认同度、接受度和执行性。但是群体决策的效果受到群体大小、成员从众现象等因素的影响，通常费时间、成本高和效率低，责任也不清晰。

（5）按决策的层次划分

①高层决策（high-level decision-making）。高层决策是由企业的最高领导人所做出的决策。高层决策解决的是企业全局、关乎企业命运的决策。

②中层决策（middle-level decision-making）。中层决策是由企业的中层管理人员所做出的决策，如企业的管理决策和业务决策等。

③基层决策（grass roots decision-making）。基层决策是由基层管理人员所做出的决策，主要解决的是作业任务的安排等问题。

一般来说，组织的最高领导所做出的决策倾向于战略型、非常规、非程序化的决策；组织的基层管理人员所做出的决策倾向于战术性、常规性、程序化的决策。高层决策、中层决策和基层决策的比较如表 3-2 所示。

表 3-2　　　　　　　　　　　　　　**高层决策、中层决策和基层决策的比较**

决策种类	高层决策	中层决策	基层决策
决策问题	战略性的多	执行性的多	业务性的多
决策的复杂程度	很复杂	复杂	比较复杂
风险程度	风险大	风险较大	风险较小
决策结果的确定程度	不完全确定	确定	很确定

（6）按决策的时态划分

①静态决策（static decision）。静态决策是指一次性决策，即对所处理的问题一次性敲定处理方法，如公司决定购买一批商品等。

②动态决策（dynamic decision）。动态决策是指对所要处理的问题进行多期决策，如公司分三期进行投资项目的决策等。

3.1.2　决策过程（decision process）

【案例分析】

王华的决策分析过程

王华是一位五年还得不到晋升的基层管理人员。最近，另一个比他晚几年进入该公司的基层管理人员却得到了提拔。这件事使他很不安，他开始收集该公司有关晋升政策的信息。他发现这个组织中管理人员晋升的平均时间为三年。既然自己五年还不能晋升，这表明确实存在问题。他进一步收集信息，归纳出自己得不到晋升的可能原因有：人际关系没搞好，群众对自己意见较多；直接上司对自己没好感；自己工作做得太好，以至于顶头上司不愿失去这样一位得力助手；这家公司中已没有适合于提拔他去担任的职位了。

参照所掌握的情况，他最后确认，同顶头上司的关系没搞好是问题的原因所在。可以肯定，这位上司一定提出过反对他晋升的意见。

怎么办？他提出了解决问题的各种备择方案：

辞职，到其他地方谋职；

在找到另一工作前继续留在该公司；

同顶头上司及上层管理人员好好讨论一下自己的问题；

告知顶头上司和上层管理人员，如近期内仍得不到晋升，他就辞职。

对各方案进行分析后，王华排除了第四个方案，因为进行这种威胁可能会使公司更倾向于解雇他；现在找工作也比较困难，万一在其他地方找不到工作，就会陷入很为难的境地。因此，王华决定采用与上司交换意见的方式。

为此，王华进行了一番计划，确定了谈话的实践、方式等，并据此与领导进行了交谈。

经谈话，王华得知，他原来并没有找到问题的原因，事实上他根本不要指望在这里得到重用。根据反馈，王华采取了一个权变策略：着手在其他地方找工作，在没有找到工作前仍留在原单位继续工作。

分析：每个人不论在何种组织内或组织内部的哪个领域，都在制定决策。人们在制定决策的时候，要遵循一定的程序和步骤。

一般将决策程序分为以下 8 个基本步骤（见图 3-2）。整个过程开始于识别决策问题和确定决策标准，以及为每个决策标准分配权重，然后进入开发、分析、选择备择方案，接下来是实施备择方案以及最终评估决策的结果。这个决策过程既适合于个体决策，也适用于群体决策。

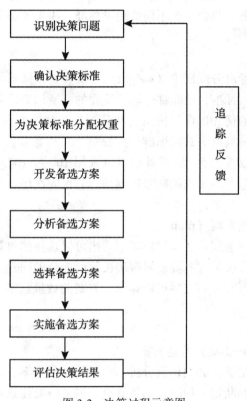

图 3-2 决策过程示意图

1. 步骤 1：识别决策问题 （problem）

决策者必须知道哪里需要行动，因此决策过程的第一步是识别决策问题。管理者通常密切关注与其责任范围有关的各种信息，包括外部信息、报告和组织内部的信息。实际状况和所期望状况的偏差提醒管理者识别决策问题。因为受个人过去经验、外在环境和组织结构复杂性的限制，识别问题对于管理者来说不是一件简单的事情。因此，管理者必须特别注意尽可能精确地识别问题。识别问题的精确程度有赖于信息的精确程度，所以管理者要尽力收集获取精确的、可信赖的信息。

【小思考】

管理者怎样才能正确地识别问题呢?

答：首先确定是否存在问题，这一问题是否需要解决。其次确定问题出在何处，明确真正的问题及其可能的原因。

2. 步骤 2：确认决策标准（principles）

当管理者确定了需要关注的问题后，要想解决问题，管理者就必须确认决策标准（decision criteria），尽可能列出决策所涉及的有利和不利的考虑因素。如采购问题的决策考虑的因素有价格（成本）、品质、交货时间、交货持续性、售后服务、互惠条件、累计折扣等。不同的决策问题，将会考虑不同的决策标准，决策者必须根据特定的问题，考虑衡量标准，以免遗漏。

3. 步骤 3：为决策标准分配权重（weight）

在第二步确认的决策标准，并非都是同等重要的，所以决策制定者必须为每一项标准分配权重，以决定它们的优先次序。决策者在分配权重的时候可以给予最重要的标准 10 分的权重，然后参照这一权重为其他标准分配权重，从而重要性只相当于权重为 10 分的标准的一半的指标，其权重为 5。决策者也可以采用 100 或 1000 或者任何其他的数字作为最高的权重，依据决策者的个人判断来排列指标的优先次序。

4. 步骤 4：开发备选方案（plan）

根据企业的情况，决策制定者应尽可能地列出可供选择的决策方案，以便清楚地加以考察和评估，同时，这些决策方案要能够解决决策所面临的问题，无需对这一步所列出的方案进行评估。提出的可行方案应尽可能详细，方案的数量越多、质量越好，选择的余地就越大。

5. 步骤 5：分析（analyse）备选方案

决策者确认备选方案后，必须认真分析、评价每一种方案，即对每一种方案的评价与决策标准进行比较，以判断每一种方案的优缺点。另外，要注意每种方案之间的可比性和差异性，还要从正反两方面进行比较，考虑方案带来的不良影响和潜在的问题，以权衡利弊得失，得出正确的判断。

6. 步骤 6：选择（select）备选方案

在进行详尽的方案分析和比较后，应选取一个最佳的方案加以实施。但是决策者的经验、价值观、对待风险的态度和审时度势的能力往往决定了备选方案的选择。

7. 步骤 7：实施（implement）备选方案

一旦做出最终决策，就要付诸实施。实施备选方案前应将决策传达给有关的人员和部门，并要求他们承诺做好执行工作。如果执行决策的员工参与了决策的制定过程，那么他们就能更热情、更好地支持决策的执行并取得优良的成果。

8. 步骤8：评估（evaluate）决策结果

评估决策必须是全方位的，并要在方案实施过程中不断地进行追踪。如果在方案实施过程中发现重大差异，应及时采取措施加以调整，以保证决策的效果，若是方案本身有问题，则应会同有关部门和人员修改方案。

反馈是评价决策效果的一个重要环节，通过反馈可对原方案不断地再审查和再改进。实施一个时段后，需要对方案运行及预测的结果做出评价，目的是检查方案是否达到了预先确定的目标或是否解决了问题，随时发现偏差的程度并查明原因，以便及时加以纠正。

【小思考】

按以上步骤做出的决策是否就是正确的决策呢？

答：按科学的程序进行决策并不能保证决策结果是正确的，但是决策失误一般都是因为没有按照这一过程进行决策。决策的正确与否在很大程度上取决于决策时所依据的信息量的大小。

3.1.3　决策方法

【案例分析】

奇妙的决策

有一年，美国北方格外严寒，大雪纷飞，电线上积满冰雪，大跨度的电线常被积雪压断，严重影响通信和电力。过去，许多人试图解决这一问题，但都未能如愿以偿。后来，电讯公司经理尝试应用"头脑风暴法"来解决这一难题。他召开了一个座谈会，要求参加会议的不同专业的技术人员必须遵守以下四项原则：

第一，自由思考。尽可能解放思想，无拘无束地思考问题并畅所欲言，不必顾虑自己的想法或说法是否"离经叛道"或"荒唐可笑"。

第二，延迟评判。即要求与会者在会上不要对他人的设想评头论足，不要发表"这主意好极了""这种想法太离谱了"之类的"捧杀"或"扼杀"言论。

第三，以量求质。即鼓励与会者尽可能多而广地提出设想，以大量的设想来保证高质量设想的提出。

第四，结合改善。即鼓励与会者积极进行智力互补，在增加自己提出的设想的同时，注意思考如何把两个或更多的设想结合成另一个更完善的设想。

按照这种会议规则，大家七嘴八舌地议论开来。有人提出设计一种专用的电线清雪机；有人想到用电热来化解冰雪；也有人建议用振荡技术来清除积雪；还有人提出能否带上几把大扫帚，乘坐直升飞机去扫电线上的积雪。有一个工程师在百思不得其解时，听到用飞机扫雪的想法后，大脑突然受到冲击，一种简单可行且高效率的清雪方法冒了出来。他想，每当大雪过后，依靠直升飞机高速旋转的螺旋桨即可将电线上的积雪迅速扇落。他马上提出"用直升飞机扇雪"的新设想，顿时又引起其他与会者的联想，有关用飞机除雪的主意一下子又多了七八条。不到一小时，与会的 10 名技术人员共提出 90 多条新设想。

　　会后，公司组织专家对设想进行分类论证。最后经过现场试验，发现用直升飞机扇雪真的奏效，一个久悬未决的难题，终于在"头脑风暴"的集会中得到了巧妙的解决。

　　资料来源：www. gotoread. com/s/e/? vo = 3698&p = 19.

分析：这是一个关于"头脑风暴法"的定性决策方法。

企业经营决策的科学性必须以科学的经营决策方法作为保证。科学经营决策方法一般分为定性决策方法和定量决策方法。

1. 定性决策方法（qualitative decision）

定性决策方法，也称主观决策方法，指在决策过程中充分发挥专家集体的智慧、能力和经验，在系统调查研究分析的基础上，根据掌握的情况和资料进行决策的方法。定性决策方法主要有：头脑风暴法、认知冲突法、德尔菲法、淘汰法、环比法、哥顿法和方案前提分析法。

（1）头脑风暴法（brain-storming）

头脑风暴法，又称畅谈会法。其创始人为英国心理学家奥斯本（A. F. Osborn），它是一种邀请专家、内行，针对组织内某一个问题或某一个议题，让大家开动脑筋，畅所欲言地发表个人意见，充分发挥个人和集体的创造性，经过互相启发，产生连锁反应，集思广益，而后进行决策的方法。会议一般邀请 5~12 人，时间在一个小时左右。主持者介绍背景，提出总议题；然后，与会者畅所欲言，形成思想和热情的风暴；最后，形成创意、决策意向或方案。

头脑风暴法的实施要遵循如下四项原则：

①对别人的建议不做任何评价，将互相讨论限制在最低限度内，但可以补充和完善已有的建议；

②建议越多越好，参与者应独立思考，放开思路，不要过多地考虑自己建议的质量，想到什么就说出来；

③倡议参与者多角度分析，鼓励提各种不同方案，想法越新颖、越奇异越好；

④激励参与者相互启发、联想、综合与完善。

头脑风暴法对预测有很高的价值。其缺点和弊端是它受心理因素影响较大，易屈服于权威或大多数人的意见，而忽视少数派的意见。

【情景游戏】

头脑风暴法

发散性地思考问题，迅速转动大脑搜求各种方法解决问题，称为头脑风暴，其意义在于它能激发人们的创造性思维，鼓励他们更有创造力地去解决问题。

游戏规则和程序：

1. 确定一样物品，比如可以是回形针，让学生在 1 分钟内想出尽可能多的关于它的用途。

2.5~7 人为一个小组，每个组选出一人记载本组所想出的主意的数量，在一分钟之后，推选出本组中最新奇、最疯狂、最具有建设性的主意，想法最多、最新奇的组获胜。

3. 参与人数：全班学生

时间：15 分钟

材料：铅笔或其他任何物品。

场地：不限。

应用：

（1）培养产生创造性的观点；

（2）理解创造性思维的意义；

4. 规则：

（1）不许有任何批评意见，只考虑想法，不考虑可行性；

（2）想法越古怪越好，鼓励异想天开；

（3）可以寻求各种想法的组合和改进。

相关讨论：

1. 你是否会惊叹于人类思维的奇特性？惊叹于不同人想法之间的差异性？

2. 头脑风暴法对了解决问题有何好处？它适于解决什么样的问题？

总结：

人的大脑是一个无比奇怪的器官，它所蕴藏的力量是无法估量的。在短时间内，人如果聚精会神地思考某一问题，就可能会提出许多创造性的想法。

不要嘲笑人们想法的异想天开，要知道科技和人类的进步正是建立在一项一项的异想天开的基础上。试想，如果不是古人一直希望像鸟儿一样在天空飞翔，又怎么会有莱特兄弟历经艰辛去制造飞机？如果没有千里传音的想象，又怎么会有电话的产生？

在解决问题的时候，头脑风暴法往往用来解决诸如创意之类的难题，但是它还取决于环境氛围，只有在一个民主、完全放松的环境中，人们才能异想天开地解决问题。所以说，如果有的公司没有发挥好头脑风暴法的作用，那并不是它的员工缺乏创意，而是他们的公司缺乏一个民主的氛围。

（2）认知冲突法

认知冲突法和头脑风暴法的规则正好相反，它要求与会者针对他人提出的见解、方案，直接提出相反的意见或进行否定，并鼓励争论，以求在不同意见与方案的冲突、争论中辨明是非，发现各种方案的缺陷，逐步趋于一致。这种方法主要用于对已有方案的深入分析、评价与选择。

（3）德尔菲法（Delphi method）

德尔菲法是由美国著名的兰德公司首创并用于预测和决策的方法，其又名专家意见法或专家函询调查法，是依据系统的程序，采用匿名发表意见的方式，即团队成员之间不得互相讨论，不发生横向联系，只能与调查人员发生关系，通过反复地填写问卷，以集结问卷填写人的共识及搜集各方意见，使专家小组的预测意见趋于集中，最后做出决策的方法。

因此，德尔菲法本质上是一种利用函询形式进行的集体匿名思想交流过程。它有三个明显区别于其他专家预测方法的特点，即匿名性、多次反馈、小组的统计回答。

运用德尔菲法的关键在于：第一，选择好专家；第二，决定适当的专家人数，一般 10~50 人较好；第三，拟定好意见征询表。

【情景游戏】

德尔菲法

形式：集体参与

时间：约 30 分钟

材料：一罐玉米或类似道具

场地：不限

应用：1. 预测技术
　　　2. 领导艺术

目的：表明在预测的过程中，结构化的方法对获得趋同观点的重要性。

程序：

在一个罐子里装上玉米（事先装好）。将罐子给大家看，并让大家估计玉米的数量。算出平均数、中间数和频数分布，并将结果告诉大家（有时也会告诉大家推导结论的基本原理）。将此过程重复 3 遍（或直到得出一个比较稳定的结果）。宣布正确答案，并请大家比较一下最初的估计和小组最后的结论，看哪个更准确。

讨论：

1. 哪个更准确？个人原先的估计还是最终小组的决定？

2. 为什么小组往往更准确？

3. 为什么大家的答案会趋同？

4. 这种方法在你的工作中有何应用？

总结：使用德尔菲法要注意以下内容：选出一组见识广的专家，每个专家要对手中需要解决的问题真正感兴趣，问题涉及对未来事态的预测（如公司 5 年后的销售额）。要请专家小组尽可能尽最大努力做出推测，也会给他们提供一些反馈信息（小组平均数和频数分布）。这个过程会（以不计名的方式）重复数次，一般会出现一个明显的趋同想法，这个想法后来也会被证实是准确的。

（4）淘汰法

淘汰法即根据一定的标准和条件，把全部备选方案筛选一遍，把达不到要求的方案淘汰，以达到缩小选择范围的目的。淘汰的方法有：①规定最低满意度，达不到满意度的方案予以淘汰；②规定约束条件，不符合约束条件的方案予以淘汰；③根据目标主次筛选方案。

（5）环比法

在所有的备选方案中进行两两比较，优者得 1 分，劣者得 0 分，最后以各方案得分多少为标准选择方案。

（6）哥顿法

哥顿法，又称提喻法，主要针对研究决定一些较为敏感的问题，或为了不限制大家的思路，在会上不讨论决策问题本身，而用类比的方法提出类似的问题，或把决策问题分解为几个局部小问题，主持会议者不讲明讨论的主题，而是围绕主题提出一些相关问题，以启示专家发表见解。最后，把好的见解集中起来形成决策。

（7）方案前提分析法

有些决策的问题，如何进行决策主要取决于其方案的前提假设条件。方案是否正确，关键看它的前提假设是否成立。采用这种方法时，组织者让与会者只分析讨论方案的前提能否成立，据此判定决策方案。

2. 定量决策方法（quantitative decision）

定量决策方法常用于数量化决策，应用数学模型和公式来解决一些决策问题，即运用数学工具建立反映各种因素及其关系的数学模型，并通过对这种数学模型的计算和求解，选择最佳的决策方案。定量决策方法能帮助决策者提高决策的正确性和可靠性。

定量决策方法一般分为确定型决策、风险型决策和不确定型决策。

（1）确定型决策方法

确定型决策方法，即只存在一种确定的自然状态，决策者可依科学的方法做出决策。确定型决策方法很多，这里主要介绍线性规划法和盈亏平衡分析点法。

①线性规划法。线性规划法是在线性等式或不等式的约束条件下，求解线性目标函数的最大值或最小值的方法。运用线性规划法建立数学模型的步骤是：首先，确定影响目标的变量；其次，列出目标函数方程；再次，找出实现目标的约束条件；最后，找出使目标函数达到最优的解，即为该线性规划的最优解。

【案例分析】

某企业生产两种产品，A 产品每台利润 100 元，B 产品每台利润 180 元，有关生产资料如表 3-3 所示，试求企业利润最大时两种产品的产量。

表 3-3　　　　　　　　　　　　　**A、B 产品的生产耗费**

资源名称	单位产品消耗总额		可利用资源
	A 产品	B 产品	
原材料（kg）	120	80	2400
设备（台时）	900	300	13500
劳动力（工时）	200	400	5000

分析计算如下：

确定影响目标的变量：企业利润最大时两种产品的产量。设：X_1 为 A 产品的生产数量；X_2 为 B 产品的生产数量。

列出目标函数方程：

$$\text{Max}\ [P\ (X_i)\ ] = 100X_1 + 180X_2$$

找出实现目标的约束条件：

$$\begin{cases} 120X_1 + 80X_2 \leqslant 2400 \\ 900X_1 + 300X_2 \leqslant 13500 \\ 200X_1 + 400X_2 \leqslant 5000 \end{cases}$$
$$X_1 \geqslant 0 \quad X_2 \geqslant 0$$

找出使目标函数达到最优的可行解，即为该线性规划的最优解。

分别以 X_1、X_2 为横纵坐标，将约束方程绘制于坐标系中，由于有三个约束方程，有三条直线。三条直线共同构成的区域为可行解的区域。目标函数的最大值一定在由约束方程构成的可行解区域的凸点上。

通过计算三个凸点 A（0，12.5）、B（13，6）、C（15，0）所对应的目标函数值，则使目标函数取得最大值的点为 B 点，即当生产 A 产品 13 台、B 产品 6 台时企业获得的利润最大，为 2380 元。

②盈亏平衡分析法。盈亏平衡分析法是研究生产一种产品达到不盈不亏的产量，即确定盈亏平衡点，了解企业生产产品的最低限度的方法。盈亏平衡点一般用实物产量来表示。盈亏平衡点一般通过盈亏平衡分析图确定。

如图 3-3 所示，设产量等于销量（产销率为 100%）。

Q：产量（销量）

C：总成本，分为固定成本 F 和可变成本 VC；

F：固定成本，与产销量无关，为常数；

VC：可变成本，它随产量的变化而变化（$VC = VQ$）；

V：单位产品变动成本（为常数）；

P：产品销售单价；

S：销售收入；

R：利润。

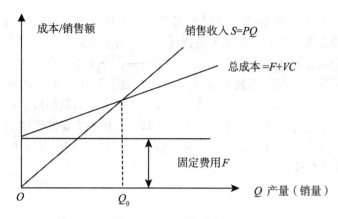

图 3-3　盈亏平衡分析图

$$R = S-C = PQ- (F + VQ)$$

令 $R=0$，得

$$Q_0 = \frac{F}{P - V}$$

Q_0 为盈亏平衡点（保本点）产销量。

销售额减去变动总成本后的余额，补偿了固定成本后剩余的部分即为利润。这个余额为边际贡献。因此，边际贡献是对固定成本和利润的贡献。当总的边际贡献与固定成本相当时，恰好盈亏平衡。

企业盈亏相抵时的业务量即为保本业务量。

【案例分析】

某公司生产某产品的固定成本为 50 万元，单位可变成本为 10 元，产品单位售价为 15 元，其盈亏平衡点的产量如何确定呢？

分析：

据公式计算：
$$Q_0 = \frac{F}{P - V} = \frac{500000}{15 - 10} = 100000(\text{件})$$

（2）风险型决策

风险型决策中，决策者对未来可能出现何种自然状态不能确定，但其出现的概率可以大致估算出来。风险型决策常用的方法是决策树分析法。

①决策树分析法的含义。借助树形分析图，根据各种自然状态出现的概率及方案预期损益，计算与比较各方案的期望值，从而选择最优方案的方法。决策树分析法有很多优点：第一，可以明确地比较各种方案的优劣；第二，可以一目了然地了解某一方案有关的状态；第三，可以表明每个方案实现目标的概率；第四，可以计算出每一方案预期的收益和损失；第五，可以用于某个问题的多级决策分析。

②决策树分析法的基本步骤。第一，从左向右画出决策树图形。首先从左端决策点

（用"□"表示）出发，按备选方案引出相应的方案枝（用"——"表示），每条方案枝上注明所代表的方案；然后，每条方案枝到达一个方案节点（用"○"表示），再由各方案节点引出各个状态枝（也称作概率枝，用"——"表示），并在每个状态枝上注明状态内容及其概率；最后，在状态枝末端（用"△"表示）注明不同状态下的损益值。决策树完成后，再在下面注明时间长度。第二，计算各种方案的期望值。第三，选择最佳方案。将个方案的期望值标在各个方案节点上；然后，比较各方案的期望值，从中选出期望值最大的作为最佳方案，并把最佳方案的期望值写到决策节点方框中，同时减去（用"∥"表示）其他方案枝。

【案例分析】

　　某企业计划未来十年生产某种产品，需要确定产品批量。根据预测估计，这种产品的市场状况概率是：畅销为 0.3；一般为 0.5；滞销为 0.2。现提出大、中、小三种批量的生产方案，求取得最大经济效益的方案。有关数据如表 3-4 所示。

表 3-4　　　　　　　　　　　　**各方案损益值表**　　　　　　　　　单位：万元

方案	投资使用 10 年	产品不同销路情况下的利润		
		畅销（概率 0.3）	一般（概率 0.5）	滞销（概率 0.2）
大批量生产	600	300	150	-50
中批量生产	400	200	120	0
小批量生产	300	100	100	80

　　解析：根据题意，可以绘制如图 3-4 所示的决策树。

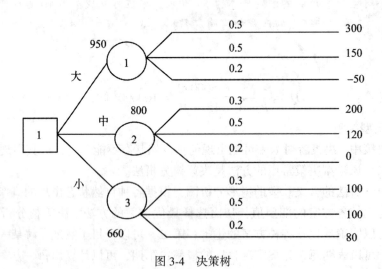

图 3-4　决策树

节点 1 的期望收益值为：（300×0.3+150×0.5−50×0.2）×10−600=950（万元）
节点 2 的期望收益值为：（200×0.3+120×0.5+0×0.2）×10−400=800（万元）
节点 3 的期望收益值为：（100×0.3+100×0.5+80×0.2）×10−300=660（万元）
可见，大批量生产期望值最大（950 万元），故选中该方案。

（3）不确定性决策方法

不确定性决策是在对未来自然状态完全不能确定的情况下进行的。决策主要靠决策者的经验、智慧和风格，便产生了不同的评选标准，因而形成了多种具体的决策方法。

不确定性决策方法主要有：乐观法、悲观法、平均法和后悔值法。

①乐观法。也称为大中取大法。管理者既然决定要开展某活动，就要对未来充满信心，认为未来会出现最好的自然状态。所以，在进行决策时，从每一个方案中选择一个最大值，在这些最大值中再选择最大值，然后把这个最大值对应的方案作为决策的依据。

②悲观法。也称为小中取大法。决策者是从保守的角度考虑做出决策，即在未来会出现的最差的自然状态下做出决策，因此，决策时从每个方案中选择一个最小的收益值，然后再从这些最小的收益值中选取最大值，把这个最大值对应的方案作为最佳方案。

③平均法。它是指管理者在做决策时，假定各种自然状态在未来出现的概率是相等的，在假定的概率保证下进行决策。计算每一个方案的期望值，比较选择期望值最大的方案作为最佳方案。

④后悔值法。也称为最小最大后悔法，决策者在选择方案并组织实施时，如果遇到的自然状态表明采用另外的方案会取得更好的收益，企业就会遭受机会损失，决策者将为此而感到后悔。采用后悔值法就是力求使后悔值尽量小。决策时先计算出各方案在各种自然状态下的后悔值（它是用方案在某种自然状态下的收益值与该自然状态下的最大收益值相比较的差）然后找出每一种方案的最大后悔值，并据此对不同方案进行比较，选择最大后悔值中最小的方案作为实施方案。

【案例分析】

某公司计划生产一种产品。该产品在市场上的需求量有四种可能：需求量较高、需求量一般、需求量较低、需求量很低。对每种情况出现的概率均无法预测。现有 3 种方案：A 方案是自己动手，改造原有设备；B 方案是全部购进新设备；C 方案是购进关键设备，其余自己制造。该产品计划生产 5 年，3 种方案在各自然状态下 5 年内的预期损益情况如表 3-5 所示。

表 3-5　　　　　　　**各个方案在各种自然状态下 5 年内的预期损益表**　　　　单位：万元

	需求量较高	需求量一般	需求量较低	需求量很低
A 方案	70	50	30	20
B 方案	100	80	20	−20
C 方案	85	60	25	5

（1）乐观法：在需求量较高的状态下，A 方案的预期损益是 70 万元；B 方案的预期损益是 100 万元；C 方案的预期损益是 85 万元；所以选 B 方案。

（2）悲观法：在需求量较低的状态下，A 方案的预期损益是 20 万元；B 方案的预期损益是 -20 万元；C 方案的预期损益是 5 万元；所以选 A 方案。

（3）平均法：需求量较高、需求量一般、需求量较低和需求量很低 4 种状态出现的概率均为 1/4，在此概率保证下计算 A、B、C 3 个方案的期望值。

A 方案的期望值 =（70+50+30+20）/4 = 42.5（万元）

B 方案的期望值 =（100+80+20-20）/4 = 45（万元）

C 方案的期望值 =（85+60+25+5）/4 = 43.75（万元）

所以选 B 方案。

（4）后悔值法：计算 A、B、C 3 个方案在需求量较高、需求量一般、需求量较低和需求量很低 4 种状态下的后悔值，然后确定 3 个方案的最大后悔值，比较后取最小值所对应的方案。3 种方案在各种自然状态下的后悔值如表 3-6 所示。

表 3-6　　　　　　　　　**各个方案在各种自然状态下后悔值表**　　　　　　　　单位：万元

	需求量较高	需求量一般	需求量较低	需求量很低	最大后悔值
A 方案	30	30	0	0	30
B 方案	0	0	10	40	40
C 方案	15	20	5	15	20

所以选 C 方案。

3.2　决策与问题解决

【情景导入】

该由谁骑这头驴

一位农民和他年轻的儿子到离村 12 里地的城镇去赶集。开始时老农骑着驴，儿子跟在驴后面走。没走多远，就碰到一位年轻的母亲，她指责农夫虐待他的儿子。农夫不好意思地下了驴，让给儿子骑。走了一公里，他们遇到一位老和尚，老和尚见年轻人骑着驴，而让老者走路，就骂年轻人不孝顺。儿子马上跳下驴，看着他父亲。两人决定谁也不骑。两人又走了四里地，碰到一学者，学者见两人放着驴不骑，走得气喘吁吁的，就笑话他们放着驴不骑，自找苦吃。农夫听学者这么说，就把儿子托上驴，自己也翻身上驴。两人一起骑着驴又走了三里地，碰到一位外国人，这位外国人见他们两人合骑一头驴，就指责他们虐待牲口！

问：你若是那位老农，你会怎么做？

资料来源：http：//iask.sina.com.cn/b/13911151.html。

决策就是需要人们在若干个可行的解决方案中做出抉择。这个案例中，老农就必须决定由谁骑这头驴。

3.2.1　决策的性质

在企业的日常工作中，管理者每天都要做大大小小的各类决策，一般来说，管理层级越高，其所做的决策对企业的影响就越大。很多时候，一个重大的决策甚至能决定企业的生死存亡。

既然每天要做那么多的决策，做的每一个决策都有权益和风险，那么，有哪些内容决定企业决策的性质呢？如何将决策加以划分？如何使正确的人，在正确的时候，做出最有利于企业整体目标的重要决策呢？

著名的管理学家德鲁克对此做了这样的描述：决定任何一项企业决策的性质，主要有以下四个方面。

①决策涉及将来时间的长短。决策涉及将来时间的长短即公司受这项决策的限制会有多长时间？这项决策在多长时间内可能被废弃？

②一项决策对其他职能、其他领域或整个企业的影响。如果一项决策只影响一项职能，它就属于最低级的决策。否则，这项决策就应由较高的管理层次来做出，以便考虑到所有受到影响的各项职能。或者，该项决策应该在与其他受到影响的各项职能的管理人员密切磋商的情况下做出。

我们在判定一项决策的性质时，首先要看这项决策在时间纬度上对企业的影响，如果只是短时间的影响，就不应被划分为重大决策，可以将该决策权尽量下放。同时，我们要再看这项决策对其他部门和整个企业的影响。如果该决策只对某一个部门产生影响，无关其他部门，或影响很有限，那么原则上可以由该部门自行决策，但当该决策看起来不重要，却牵涉到其他部门，甚至企业的整体利益时，当然应该由可以兼顾企业整体利益的更高级别的管理者来牵头，确保与其他相关部门管理者的充分研讨。

③一项决策的性质，还取决于它所包含的定性因素的数目。这些定性因素主要包括：行为的基本原则、伦理价值、社会和政治信念等。

④按照它们是否定期地重复发生或不常发生（甚至是唯一的一次决策）来进行划分，重复发生的决策要求建立一套一般规则，即一套决策原则。不常发生的决策必须作为特殊事件来处理。任何时候一旦出现了这种需要，都必须彻底地认真加以思考。

3.2.2　决策中的理性方面

决策的理性方面起源于传统经济学的理论，传统经济学理论是以"经济人"的假设为前提的，人们在做决策的时候以"经济人"为假设，可以简化分析问题，形成有效的决策分析模型，从而制定最优化决策。

1. 理性决策模型的内容
①决策者面临的是一个既定的问题；
②决策者选择决定的各种目的、价值或目标是明确的，而且可以依据不同目标的重要

性进行排序。

③决策者有可供选择的两个以上的方案，面对着这些方案，通常在逐一选择的基础上选取其中一个。假如方案基本是相同的，通常会做相同的决定。

④决策者对同一个问题会面临着一种或多种自然状态。它们是不以人们的意志为转移的不可控因素，或者可以说决策者的偏好会随着时空的变化而变化。

⑤决策者会将每一个方案，在不同的自然状态下的收益值（程度）或损失值（程度）计（估）算出来，经过比较后，按照决策者的价值偏好，选出其中最佳者。

2. 理性决策分析方法

①建立一套完整的操作目标，并赋予权重。

②准备一套完整的被选方案。

③建立一套其他价值与资源的完整清单，并赋予权重。

④对每一方案的成本/效益进行完整预测。

⑤对每一方案进行净期望值计算。

⑥比较各净期望值，选取净期望值最高的方案。

3. 理性决策模型的评价

从理论角度看，最优决策并不是不可行的，然而社会现实不等于理论假设，理性决策模型的假设条件遭遇到诸多障碍，人们逐渐发现政策实践中的许多现象难以解释。因此它遭到了许多学者的强烈批评。其中最突出的是查尔斯·林德布洛姆与赫伯特·西蒙。

林德布洛姆指出：决策者并不是面对一个既定问题，而只是首先必须找出和说明问题。问题是不同的人会有不同的认识与看法。首先，明确这一问题的症结所在，往往十分困难。其次，决策者受到价值观的影响，选择方案往往会发生价值冲突。比较、衡量、判断价值冲突中的是与非是极其困难的。再次，有人认为"公共利益"可以作为决策标准。最后，决策中的相关分析不是万能的。决策受时间与资源的限制，对复杂决策来说，不会做出无穷尽的、甚至长时间的分析，也不会花费太昂贵的代价用于分析，或者等待一切分析妥当再做决定，否则会贻误时机。

西蒙做了进一步补充。决策过程中要收集到与决策状况有关的全部信息是不可能的。决策者处理信息的能力十分有限，不可能对信息做出最优化的处理与分析，因而不能获得百分之百的最佳决策。

3.2.3　决策中的行为方面

行为决策理论的起步始于阿莱斯悖论和爱德华兹悖论的提出，是针对理性决策理论难以解决的问题另辟蹊径发展起来的。行为决策理论的一般研究范式为：提出有关人们决策行为特征的假设——证实或证伪所提出的假设——得出结论。这就决定了行为决策理论的发展与决策行为的研究及其研究方法应该存在着一些密切的联系。

1. 行为决策的主要内容

①人的理性介于完全理性和非理性之间。即人是有限理性的，这是因为在高度不确定和极其复杂的现实决策环境中，人的知识、想象力和计算力是有限的。

②决策者在识别和发现问题中容易受知觉上的偏差的影响，而在对未来的状况作出判断时，直觉的运用往往多于逻辑分析方法的运用。所谓知觉上的偏差，是指由于认知能力的有限，决策者仅把问题的部分信息当做认知对象。

③由于受决策时间和可利用资源的限制，决策者即使充分了解和掌握有关决策环境的信息情报，也只能做到尽量了解各种备选方案的情况，而不可能做到全部了解，决策者选择的理性是相对的。

④在风险型决策中，与经济利益的考虑相比，决策者对待风险的态度起着更为重要的作用。决策者往往厌恶风险，倾向于接受风险较小的方案，尽管风险较大的方案可能带来较为可观的收益。

⑤决策者在决策中往往只求满意的结果，而不愿费力寻求最佳方案。导致这一现象的原因有多种：决策者不注意发挥自己和别人继续进行研究的积极性，只满足于在现有的可行方案中进行选择；决策者本身缺乏有关能力，在有些情况下，决策者出于个人某些因素的考虑而作出自己的选择；评估所有的方案并选择其中的最佳方案，需要花费大量的时间和金钱，这可能得不偿失。

行为决策理论抨击了把决策视为定量方法和固定步骤的片面性，主张把决策视为一种文化现象。

2. 行为决策理论的特点

①出发点是决策者的决策行为；

②研究集中在决策者的认知和主观心理过程，关注决策行为背后的心理解释，而不是对决策正误的评价；

③从认知心理学的角度，研究决策者在判断和选择中信息的处理机制及其所受的内外部环境的影响，进而提炼出理性决策理论所没有考虑到的行为变量，修正和完善理性决策模型。

3.2.4 组织中的群体与团队决策

【情景导入】

新产品的最佳设计方案

小张是一家大型企业的产品设计部经理，人虽然不算聪明机灵，但富有民主与进取精神，而且愿意听取手下人的意见。在开始下个季度生产之前，需要对一个新产品进行重新设计，于是他要求下属三个团体的领导提交新的设计方案，并要求他们召集团体成员，讨论得出最佳设计方案。但是，小张并不想自作主张从团体方案中挑选自己认为最佳的方案，因为他还不是一个真正够格的方案设计者，而且小张希望百家争鸣、广泛交流。所以小张通知他们，在各自方案拟订以后，每个团体要将其方案交给其他两个团体传阅，在每个团体都有机会了解其他两个方案以后，三个团体的代表聚会协商，挑选出他们看中的最佳方案。小张让每个团体成员都能了解情况，每个团体检阅三种设计方案，这样就可以：（1）得到一个满意方案；（2）三个团体之间增进了相互之间的了解，并能相互沟通、达成一致。

资料来源：http：//www.gongxuanwang.com/view.asp？12106.html.

群体决策对组织的经营管理起着非常重要的作用，群体决策既对组织有积极作用，也对组织有消极作用。

1. 群体决策的定义
群体决策是指决策是由多人、甚至可以是组织内部的所有成员共同参与做出的决策。

2. 产生群体决策的原因
①决策责任分散。群体决策使得参与决策者责任分散，风险共担，即使决策失败也不会由一个人单独承担，加之权责往往不够分明，所以群体决策不如个体决策谨慎，具有更大的冒险性。

②群体气氛。群体成员的关系越融洽，认识越一致，则决策时就缺乏冲突的力量，越可能发生群体转移。

③领导的作用。群体决策往往受到领导的影响，而这些人的冒险性或保守性会影响到群体转移倾向。

④文化价值观的影响。群体成员所具有的社会文化背景和信奉的价值观会被反映在群体决策中，例如，美国社会崇尚冒险，敬慕敢于冒险而成功的人士，所以其群体决策更富于冒险性。

3. 群体决策的利弊
①群体决策的优势。群体决策有利于集中不同领域专家、成员的智慧、经验和背景，利用更多的知识优势，借助于更多的信息，形成更多的可行性方案，应付日益复杂的决策问题；群体决策容易得到普遍的认同，有助于决策的顺利实施；群体决策有利于使人们勇于承担风险。有关学者的研究表明，在群体决策的情况下，许多人比个人决策时更敢于承担更大的风险。

②群体决策的劣势。一是速度、效率可能低下：群体决策鼓励各个领域的专家、员工的积极参与，力争以民主的方式拟定出最满意的行动方案。在这个过程中，如果处理不当，就可能陷入盲目讨论的误区之中，既浪费了时间，又降低了速度和决策效率。二是有可能为个人或子群体所左右：群体决策之所以具有科学性，原因之一是群体决策成员在决策中处于同等的地位，可以充分地发表个人见解。但在实际决策中，这种状态并不容易达到，很可能出现以个人或子群体为主发表意见、进行决策的情况。三是很可能更关心个人目标：在实践中，不同部门的管理者可能会从不同角度对不同问题进行定义，管理者个人更倾向于对与其各自部门相关的问题非常敏感。如果处理不当，很可能发生决策目标偏离

组织目标而偏向个人目标的情况。

4. 群体决策与个人决策的比较（如表 3-7 所示）

表 3-7　　　　　　　　　　　　群体决策与个人决策的比较

类型	优点	缺点	适用范围
个体决策	效率高 责任明确	质量低 接受性差	简单、次要、无需广泛接受的决策
群体决策	质量高 接受性强	效率低 责任不明确 屈从压力	复杂、重要、需广泛接受的决策

5. 影响群体决策的因素

①年龄。韦伯的一项研究显示，年龄影响决策，一般来讲，年龄低的组使用群体决策效果好；随着年龄的增长，群体决策与优秀选择的差距加大。

②人群规模。通常认为 5~11 人能得到比较正确的结论；2~5 人能得到相对一致的意见；人数再多可能双方的意见差距就会显现出来。

③程序。决策过程中采取什么样的程序会影响决策的效果。

④人际关系。团队成员彼此间过去是否存在成见、偏见，或相互干扰的人际因素，也会影响到群体决策的效果。

6. 群体决策的方法

群体决策的方法有头脑风暴法、德尔菲法、名义群体法和阶梯法等。

头脑风暴法和德尔菲法在前一节中已有论述，此处不再赘述。

①名义群体法（nominal group technique），是指在群体决策时对群体成员之间的讨论和人际沟通进行限制，群体成员召开一个会议进行决策时，他们必须首先进行个体决策，分别表达自己的意见，然后再进行群体的讨论。

名义群体法的具体实施步骤是：

- 组成一个小规模的决策群体，一般以 7~10 人为宜；
- 将需要决策的问题呈现给群体成员；
- 群体成员单独写下自己的观点和解决方案；
- 群体成员逐个表达自己的观点和方案；
- 将所有成员的意见用简明的语言列出来；
- 针对每一条意见进行讨论或澄清其中的问题；
- 每个群体成员单独将这些意见按照自己的偏好排出顺序；
- 将群体成员的排序情况汇总，排序在前面的意见作为群体决策的方案。

名义群体法的优点是能够在比较短的时间内解决问题，群体成员有着均等的机会表达自己的观点，每种意见都得到了足够的重视。但是名义群体法还有一些不足之处。首先，这种方法适合解决比较简单的问题。如果是复杂的问题，则需要将问题分解成几个小的问题，通过多次名义群体法加以决策。其次，群体成员进行面对面的讨论。对每个人的观点进行评价，容易给群体成员造成压力。

②阶梯法。阶梯法（stepladder technique）也是用于群体决策的一种方法。这种方法也是为了避免群体成员迫于群体压力不愿直接表达自己观点而采取的一种方法。

在阶梯法中，群体的决策是由每个群体成员的意见不断叠加进去而形成的。这种方法使得群体中的每个成员都有独立决策的机会，每个人都不会受到别人的干扰。但是，这种方法只适合在较小规模的群体中使用，如果群体规模较大，将会耗费很多时间。

7. 群体决策应遵循的原则

由于群体决策成员的价值观和目标的多样化，各自的影响力及拥有的信息存在的差异，为了激发群体决策的创造力，群体决策应坚持以下几个原则：

①努力形成一个以能够促进创造性思考过程的决策者为领导、有与问题相关的不同种类的人才广泛参与的群体结构，以使组织能够获得所有相关领域的知识。

②促使群体中的每个成员扮演和大家一起探索的群体角色。

③不是倾向于与领导交流，而是主动地与群体中的所有其他成员进行沟通；每个群体成员都能够全身心地投入进来。

④创造轻松的、没有压力的群体环境，从问题出发而不是从短期收益出发，培育成员之间相互鼓励的群体风格。

⑤追求一致，但不排除在难以达成共识的情况下接受大多数原则。

【情景游戏】

寒带冬季野外生存练习

游戏情景：一架地方航线的双引擎轻型民航飞机，载着 12 名软件开发团队成员的旅客去度假，于元月 16 日上午 8 点 2 分，从省城机场起飞，目的地是位于北方中俄边境的一座城市。机组由正、副驾驶员组成。飞行 34 分钟后，驾驶员发现航线前方有浓云、大雪及强切变风；必须绕行躲避，又续飞 27 分钟后，通信设备发生故障与地面基地失去联络。气候仍不见好转，能见度很差。驾驶员发现已经迷航，但已无法返航，只好继续北飞，并降低高度。11 点 14 分，机组宣布燃料将尽，只好迫降，并指导大家正确掌握应急着陆时的动作要求，鼓励大家镇静。临窗下望，是莽莽雪原，正驾驶宣布已选下前方一个带状小湖作迫降点，他说估计附近最近的居民点应当在着陆点西北方 35 公里处。11 点 32 分，飞机在小湖水面上硬着陆，湖面冰层撞裂，正、副驾驶员不幸当场身亡，飞机在 63 秒钟后沉入湖底。幸运的是 12 名旅客无一伤亡，并及时安全跨上湖岸，衣着都未被打湿，基本保持干燥。

惊魂未定的 12 位幸存者们发现所在之处是一片丘陵，散布有一丛丛灌木，很少见乔木。地面全覆盖着白雪，高处雪及踝部，低洼处雪深齐膝，且多长条状小湖或小河，水面冻结成冰。

当时有薄云遮日，有时转阴。有人早上从广播听了天气预报说：这一带今日气温最高-25℃，晚间有北风5级左右，最低-40℃。他们穿的全是北方城市里的一般防寒服，没料到要到野外过夜。

这12名旅客在离开飞机时，都各自顺手从飞机中带来一件物品，它们是：1. 一团粗毛线；2. 一只打火机，但已经没油了；3. 一支有满匣子弹的手枪；4. 一垛报纸；5. 半张已破裂的航行地图；6. 一个装有衬衫、内衣裤的箱子；7. 一柄手斧；8. 一块6×6平方米的厚帆布；9. 一大盒巧克力糖；10. 一具磁罗盘；11. 一大听猪油罐头；12. 一瓶60度烧酒；

讨论：

1. 将上述12件物品按重要性递减的顺序列出。

2. 说出你的理由。

情景要求：

1. 个体决策：每个人独立思考，勿相互讨论，形成个人的决策方案。

2. 群体决策：组成4~8人的决策小组，通过小组讨论获得小组的最终决策方案，小组内部要尽量达成一致。

资料来源：http://wenku.baidu.com/link? url=rIJV9ipTcNGJOkSf3i-JlYLc3QzJXIzrXjCqEwrfLqzmr48ir_UaKbcW2TIJrE0y1bLlGT6dltoOeY25qL-THNm0Hd33g7VhCSLfxyM703q.

分析：此管理游戏让学生亲身感受到个人决策和群体决策不同，同时，个人决策和群体决策都是对个人知识、经验能力和思维方式的考验。

【知识链接】

群体决策的八大技巧

1. 让更多人参与进来；

2. 容人，容可容之人；

3. 珍视每一个不同的观点；

4. 避免霍布森法则；

5. 运用SWOT分析法；

6. 要做风险评估；

7. 排除决策干扰；

8. 避免危机决策。

资料来源：http://blog.ceconlinebbs.com/BLOG_ARTICLE_106662.HTM.

● **基本训练**

□ 知识题

3.1 阅读理解

1. 头脑风暴法和德尔菲法的内涵和特点分别是什么？

2. 完全不确定决策的方法有哪些?

3. 决策的程序有哪些?

4. 行为决策与理性决策有哪些区别?

5. 在不断变化的环境中,管理者如何才能持续做出良好的决策?

3.2　知识应用

一、判断题

1. 运用德尔菲法进行决策时,对专家成员的意见采用统计方法予以定量处理,所以说德尔菲法属定量决策。(　　)

2. 没有目标,就没有决策。(　　)

3. 战术决策是指属于日常活动中有关提高效率和效益、合理组织业务活动等方面的决策,多为程序化决策。(　　)

4. 当一个决策方案对应两个或两个以上相互排斥的可能状态,每一种状态都以一定的可能性出现,并对应特定的结果时,这种已知方案的各种可能状态及其发生的可能性大小的决策,可以采用盈亏平衡点法。(　　)

5. 对于决策者而言,决策遵循的是最优原则而不是满意原则。(　　)

二、选择题

1. 某企业试图改变其经营方向,需要企业高层领导做出决策,这种决策属于(　　)。

　　A. 战略决策　　　　B. 战术决策　　　　C. 业务决策　　　　D. 程序决策

2. 在确定决策目标时,要注意把目标建立在(　　)的基础上。

　　A. 需要　　　　　B. 可能　　　　　C. 需要和可能　　　D. 必要的利润

3. 某企业生产某种产品,固定成本为 20 万元,单位可变成本为 100 元,每台售价 200 元,则该产品的盈亏平衡点产量是(　　)台。

　　A. 400　　　　　B. 2000　　　　　C. 4000　　　　　D. 20000

4. 某项决策具有极大的偶然性和随机性,又无先例可循且有大量不确定因素,其方法和步骤也难以程序化和标准化,这项决策就是(　　)。

　　A. 风险型决策　　B. 不确定型决策　　C. 程序化决策　　　D. 非程序化决策

5. 决策程序的首要环节是(　　)。

　　A. 确定决策原则　　B. 确定决策方法　　C. 确定决策目标　　D. 拟定可行方案

6. 越是组织的高层管理者,所做出的决策越倾向于(　　)。

　　A. 战略的、程序化的、确定型的决策

　　B. 战术的、非程序化的、风险型的决策

　　C. 战略的、非程序化的、风险型的决策

　　D. 战略的、非程序化的、确定型的决策

7. 假定请你主持召开一个由公司有关“智囊”参加的会议,讨论公司发展战略的制定问题。如果在会上听到了许多与你观点不同的意见,而且你也知道这些意见有失偏颇是因为发言者掌握的资料不全。对此,你认为最好采取哪一种做法(　　)?

　　A. 视情况谈谈自己对一些重要问题的看法

　　B. 既然是智囊会议,就应允许畅所欲言

    C. 及时提供资料，证明这些意见的错误

    D. 及时打断这些发言以发表自己的高见

8. 张强和王智共同商量解决问题的方法。二人将各自的观点未考虑可行性和可操作性就列出来。他们处于决策制定过程的(　　)阶段。

    A. 开发备选方案　　B. 分析备选方案　　C. 确认决策标准　　D. 选择备选方案

9. 有一种说法认为"管理就是决策"，这实际上意味着(　　)。

    A. 对于管理者来说只要善于决策就一定能够获得成功

    B. 管理的复杂性和挑战性都是决策的复杂性而导致的

    C. 决策能力对于管理的成功具有特别重要的作用

    D. 管理首先需要的就是面对复杂的环境做出决策

● 综合案例

珠海机场的投资失误

    珠海机场位于珠海西区三灶岛西南端，三面环海，净空良好，距市区31公里。该机场严格按照国际一级民用机场标准进行总体规划、设计和施工，其跑道、候机楼、通信系统、供油和安全等均达到国际先进水平。机场建有长4000米、宽60米的跑道和长4000米、宽44米滑行道各一条，可供当今世界上各型客机起降。候机楼建筑面积9.2万平方米，设有综合大厅、候机厅和观景厅，到港与出港旅客分流。机场采用美国和瑞典的计算控制大屏幕航班显示及引道系统、设备控制及管理计算机系统、旅客服务电子计算系统、行李自动分拣系统。

    1995年兴建的珠海机场是全国唯一纯地方政府投资的机场，投资总额为60多亿元。珠海机场按一级民用机场进行总体规划，设计年飞行量10万架次，年旅客吞吐量1200万次，年货邮吞吐量40万吨，规划停机体60万平方米，机位40多个。实际停机体30万平方米，拥有近机位17个，运机位4个，候机站总面积91600平方米，楼前广场停车面积20万平方米，停车位约5000个。

    下面一组数据可反映珠海机场的建设规模与现实经营状况之间的差距。

    9.2万平方米：珠海机场候机楼占地面积，澳门机场客运大楼占地面积4500平方米，不足珠海机场的1/20。

    4000米×60米：珠海机场跑道面积，是中国最长的机场跑道。

    27.7万平方米：停机坪面积，有21个停机位。而澳门机场停机坪只能停靠6架波音747和10架麦道11。

    17363架次：2000年珠海机场起落总架次，不足设计年航空起降架次数的1/5（10万架次）。

    579379人次：2000年客运量，不到设计客流量的1/24（1200万人），不足深圳黄田机场1/10（600万人次），不足北京首都国际机场的1/35（超过2000万人次），不足香港新机场的1/60（超过3200万次）。珠海机场每月客流量只相当于广州白云机场一天的客流量，每年的客流量只相当于香港新机场一周的客流量。

95.6 亿元：机场对外宣称的投资总额。1998 年香港梁振英测量行给珠海机场的评估现值是 110 亿元人民币。1997 年 5 月 31 日深圳机场集团上市时评估后的净资产只有 2.97 亿元，客运量与货运量均超过珠海机场数十倍的澳门机场是澳门最大的一项工程，机场总投资预算也不过 73 亿澳门元（约 75 亿元人民币）。95.6 亿元人民币是 1998 年珠海全年 GDP 的 1/3 强（263.5 亿元人民币），是 1999 年全年 GDP 的 1/3，是 1998 年珠海全年财政收入的 6 倍（16 亿元人民币）。珠海机场拖欠债务 17 亿多元，应债权人请求，所有的经营收入，包括机场建设费、客货销售收入全部被法院冻结；一些设备和物业也被法院查封。珠海机场集团公司是独立的企业法人，按国际惯例，债务人不能按期偿还债务，债权人有权要求法院进行破产清算。目前，天津航道局等债权人已向法院提出了这一要求。有珠海市政府的支持，珠海机场尚不至破产，但当年决策的失误，却已是不争的事实。

分析：

1. 选址不当

珠海机场仅占珠江三角洲的一角，北面是中山和广州，南面是澳门，东面与香港和深圳对望，西面则是广大的粤西地区，地理位置非常优越，但在同一个区域，除了珠海的机场外，同时还有澳门的澳门国际机场，香港的国际机场，广州的白云机场，佛山、惠阳和深圳的黄田机场。在小小的一个珠江三角洲上，就拥有 7 个机场。从经济角度而言，这种布局足以引起决策者对兴建珠海机场论证工作的充分重视。在此航空领域的竞争非常激烈。据统计，90% 以上的货物转运是以香港的国际机场为基地，余下不足 10% 的则分流到其他几个机场。显然市场需求并不旺盛。

2. 决策过程中人为地违背了项目决策程序

珠海机场工程项目决策过程违背项目决策程序最重要的体现在：在工程项目进展过程中，作为项目决策机构的珠海市政府违背项目决策程序，在未征得国家计委和国家民航总局的同意的情况下，自行把机场的定位升格，将原军用机场改建为民用机场的标准改为按国际机场的标准建设，拟先建成国际机场，再申请主管部门补批。正是这种"先斩后奏"直接酿成了决策失误。

3. 建设资金的筹集

由于合作建设机场的方式未能成功，只能由珠海市独自承担建设费用，其压力是巨大的。珠海市政府筹集资金的安排计划是这样的，先由政府投入资金，待机场建成后，再以出让部位股份的方式回收资金以用作基地投资。根据预算，机场总造价预算为 69 亿元人民币，其中，珠海市政府投资 30 亿元，包括周边、电厂、供水和通往机场的道路等配套设施。而其他的 39 亿元则拟向银行贷款。由于对机场收益预期过于乐观，珠海市政府选择了自己出资及向银行借贷的较为快捷的筹资办法。但决策者没有理性地分析，如果收益预期未能达到，不仅政府投资的 30 亿元会面临极大的回收风险，更严重的是，珠海市政府将因财政困难而无力偿还其余 39 亿元的银行贷款利息。然而，决策者仍然用"集体决策"的形式通过了上述建设资金筹集模式。

4. 机场的定位失误

由于合作兴建机场的方式未能实现，而且花费了数年时间，珠海市政府对独自兴建新机场显得急于求成，而且擅自改变了投资规模。有些总结决策经验教训的文章总结到：在决策失误的工程项目中，有些投资主体，在项目审批后，因资金困难擅自缩小建设规模，使项目失去了规模效益，成本相应增加，产品竞争力削弱；也有些投资主体，擅自扩大规模，产量增大，超过了社会需求，产品销路不畅，效益不佳，有的甚至亏损。珠海机场工程就属于后者。当初兴建机场的目的只是在于提供多一种运输渠道，但后来却擅自更改计划，由改建民用机场变成兴建国际机场，完全没有对中央政府同意与否进行预测。这个决策显然是非理性和高风险的。

问题：

（1）珠海机场的决策失误可能原因是什么？

（2）对您提高决策的科学性与有效性有什么启发？

● 综合实训

1. 实训目的

要求学生通过实训：（1）掌握决策的基本原理；（2）强化学生对现实企业的合理化决策的了解；（3）提高学生的沟通能力；（4）提高学生思考问题的能力。

2. 实训安排

在教师的指导下，学生分小组进行。

3. 实训工具（或场地）

校实训室：电脑数台、多媒体装置。

4. 实训内容

【训练背景】

合理的行动

"我希望我的部门的所有管理人员都能进行最优的决策。"唐柯说。他是唐氏玩具公司市场营销部副总裁。他说："我们中的每一个人，无论职位高低，被雇用时都希望成为一名专业的合理化主义者。我希望我们所有的人不仅知道自己在做什么和为什么做，而且知道自己的决策是正确的。我知道有些人曾说过，一名优秀的管理人员仅仅需要做出一半以上正确的决策。但是，这对于我来说还不够。我同意偶然犯一次错误是可以原谅的，尤其是当事情超出了你的控制范围时，但我决不会原谅不合理的行动。"

广告部经理李明说："唐总，我同意你的看法，而且我总是努力实现合理的和合乎逻辑的决策。但是你愿意帮助我解释一下什么是'合理的行动'吗？"

思考问题：

（1）决策遵循的是什么原则？最优决策必须具备哪些条件？

（2）你认为唐柯对管理人员提出的要求合理吗？请简要说明理由。

（3）如果李明说没有方法能使他自己实现决策完全合理化，你认为应该如何进行科学决策？

5. 实训成果

针对案例的情况，组织同学们讨论并写下自己的感想。教师根据每个同学在对话中的表现和课后书面材料进行评估。要求学生以小组为单位做 PPT，择时汇报。

第4章 计 划

学习目标

在学习完本章之后，你应该能够：

◎ 理解计划的概念及地位；

◎ 了解计划的类型、计划编制的影响因素；

◎ 掌握计划编制的原因和程序；

◎ 理解计划的基本过程。

技能目标

◎ 会在动态环境中制订有效的计划；

◎ 能运用目标管理原理开展工作；

◎ 培养学生的理解能力、分析解决问题的能力和团队合作意识。

【引例】

汤姆厂长为什么生气

汤姆担任这家工厂的厂长已经一年多了。他刚看了工厂有关今年实现目标情况的统计资料，厂里各方面工作的进展出乎意料，他为此气得说不出一句话来。他记得就任厂长后的第一件事情就是亲自制定了工厂一系列计划目标。具体地说，他要解决工厂的浪费问题，要解决职工超时工作的问题，要减少废料的运输问题。他具体规定：在一年要把购买原材料的费用降低10%~15%；把用于支付工人超时工作的费用从原来的11万美元减少到6万美元，要把废料运输费用降低3%。他把这些具体目标告诉了下属有关方面的负责人。

然而，他刚看过的年终统计资料却大大出乎他的意料。原材料的浪费比去年更为严重，原材料的浪费竟占总额的16%；职工超时费用也只降低到9万美元，远没有达到原定的目标；运输费用也根本没有降低。

他把这些情况告诉了负责生产的副厂长，并严肃批评了这位副厂长。但副厂长争辩说："我曾对工人强调过要注意减少浪费的问题，我原以为工人也会按我的要求去做的。"人事部门的负责人也附和着说："我已经为削减超时的费用作了最大的努力，只对那些必须支付的款项才支付。"而负责运输方面的负责人则说："我对未能把运输费用减下来并不感到意外，我已经想尽了一切办法。我预测，明年的运输费用可能要上升 3% ~ 4%。"

在分别和有关方面的负责人交谈之后，汤姆又把他们召集起来布置新的要求，他说："生产部门一定要把原材料的费用降低 10%，人事部门一定要把超时费用降到 7 万美元；即使是运输费用要提高，但也决不能超过今年的标准，这就是我们明年的目标。我到明年底再看你们的结果！"

资料来源：http://wenwen. sogou. com/z/q195588230. htm.

该案例表明：制订计划是选择目标和设计实现目标的最好方案的过程。由于计划提供了方向、提供了整体框架、帮助识别机会和威胁、防止随意性和方便控制，制订计划对于各种形式的组织均十分重要。

制订计划的过程是一个循环的过程，包括一些必要的步骤：建立目标，评估当前的环境、条件并预测未来的环境和条件，提出并评价各种可供选择的方案，执行计划并监督检验效果。在一个企业中，计划常常按照层次结构安排，并自上而下逐层细化，计划应该具备系统性。

4.1　计划概述

【情景导入】

王中的苦恼

王中是一个冷冻食品厂厂长，该厂专门生产一种奶油特别多的冰淇淋。在过去的 4 年中，每年的销售量都稳步增长。但是，今年情况发生了很大变化，到 8 月份，累计销量比去年同期下降 17%，生产量比计划少 15%，缺勤率比去年高 20%，迟到早退现象也有所增加。王中认为这种情况的发生，很可能与管理有关，但他不能确定发生这些问题的原因，也不知道应该怎样改变这种情况。

资料来源：http://www. docin. com/p-551818633. html.

思考： 你认为该厂的问题出在哪里？

分析： 冷冻食品厂的主要问题是生产经营计划制订上有问题，没有科学地规划企业的生产经营计划，企业的生产计划应该是以销定产，满足社会需求。即冷冻食品厂没有对市场进行调研，制订的产品生产计划不符合市场需求；而且企业的管理制度不健全，即王中没有很好地履行计划职能，使企业处于困境，要解决目前企业面对的困境，作为厂长的王中应该充分学习和理解管理职能，在此基础上才能制定出适合企业的经营目标。

4.1.1　计划的概念、类型

1. 计划（plan）的概念

计划有名词和动词两层含义。从名词意义上讲，计划是指用文字和指标等形式表达的、在制订计划的过程中所形成的各种管理性文件；从动词意义上讲，计划是指为实现决策目标而制订计划的过程。我们认为，计划是为实现组织目标而对未来行动所做的综合的统筹安排，是未来组织活动的指导性文件。

计划还有广义和狭义之分。广义的计划是指制订计划、执行计划和检查计划的执行情况三个阶段的工作过程。狭义的计划是指制订计划。这里指的主要是狭义的概念。它是指根据环境的需要和组织自身的实际情况，通过科学的预测，确定在未来一定时期内组织所要达成的目标以及实现目标的方法。计划工作就像一座桥梁，它是组织各个层次管理人员保持较高的工作效率的根本保证，能够帮助我们实现预期的目标。

【小思考】

计划与决策的关系如何？

答：计划的过程是决策的组织落实过程；决策是计划的前提，计划是决策的逻辑延续。

计划可从如下两方面来进行理解：

（1）计划的前提是预测

组织在制订计划前要开展调查工作，收集足够多的信息，在对信息进行充分分析的基础上才能制订计划。

（2）计划是对未来活动的具体谋划和安排

计划是首先决定做什么、为什么要做、确定何时做、何地做、何人做，以及如何做，即通常说的"5W1H"，它在管理活动中处于首位。

"5W1H"的具体内容如下：

① What——明确活动的内容及要求；

② Why——明确计划工作的原因及目的；

③ When——规定计划中各项工作的起始时间和完成时间；

④ Where——规定计划的实施地点；

⑤ Who——规定由哪些部门和人员负责实施计划；

⑥ How——制订实现计划的手段和措施。

一个详细的计划应该包括上述六个方面的内容，通过这六项内容明确了做什么、工作的步骤、存在的约束条件、采取的措施，以及最后要完成的目标。

【情景游戏】

蜘　蛛　网

形式：全体学生，13 人一组为最佳；

类型：团队建设

时间：15~20 分钟

材料：用绳子编成的蜘蛛网一张及说明书一份

场地：空地

活动目的：让学生们体会计划的重要性

操作程序：

1. 老师先找一位领导及一位观察员，单独向领导交代任务并给他一份说明书：全体人员必须从网的一边通过网孔过到网的另一边；在整个过程中，身体的任何部位都不得触网；每个洞只能被通过一次，即不能两人过同一个网洞；小组的目的是要获取最好的成绩。

2. 由领导回到小组中传达老师的指令。

3. 老师及观察员开始观察小组在听领导分配任务后的反应及他们的计划能力。

4. 观察员记录小组在执行任务的过程中出现的一些问题，包括计划方面、沟通方面。

有关讨论：你对计划的重要性有什么认识？你认为这次活动的计划做得如何？该游戏最难的地方在哪里？

2. 计划的类型

由于人类及组织活动的复杂性和多元性，计划的种类也变得十分复杂和多样。根据不同的分类标准可将计划分为以下几种：

（1）按计划的期限分类

按计划的期限划分，可把计划分为短期计划、中期计划和长期计划。一般说来，人们习惯把 1 年或 1 年以下的计划称为短期计划；1 年以上到 5 年的计划称为中期计划；而把 5 年以上的计划称为长期计划。这种划分不是绝对的。比如，一个航天发展项目的短期实施计划可能实施 5 年；而一家小小的制衣厂，由于市场变化较快，它的短期计划仅能适用 2 个月。所以，按时间界限来划分短期计划、中期计划和长期计划时，还要看其本身的性质。

【小思考】

有人说："计划总是赶不上变化，因此制订长期计划是无用的。"你同意这种说法吗？

答：不对，因为长期计划能使人们高瞻远瞩，及时察觉环境中的机会与威胁。远大的目标能激励员工的工作积极性。针对环境变化快的因素，我们可以使自己的长期计划制订得比较概略，富于弹性，使之适应环境的变化。

（2）按计划的层次分类

按计划的层次划分，可把计划分为战略计划、战术计划和作业计划。

①战略计划。战略计划是由高层管理者制订的、涉及企业长远发展目标的计划。它的特点是长期性，一次计划可以决定在相当长的时期内大量资源的运动方向；它的涉及面很广，相关因素较多，这些因素的关系既复杂又不明确，因此战略计划要有较大的弹性；战略计划还应思考许多无法量化的因素，必须借助于非确定性分析和推理判断才能对它们有所认识。战略计划的这些特点决定了它对战术计划和作业计划的指导作用。

②战术计划。战术计划是由中层管理者制订的、涉及企业生产经营、资源分配和利用的计划。它将战略计划中具有广泛性的目标和政策，转变为确定的目标和政策，并且制定了达到各种目标的确定时间。战术计划中的目标和政策比战略计划具体、详细，并具有相互协调的作用。此外，战略计划是以问题为中心的，而战术计划是以时间为中心的。一般情况下，战术计划是按年度分别拟定的。

③作业计划。作业计划是由基层管理者制订的。战术计划虽然已经相当详细，但在时间、预算和工作程序方面还不能满足实际实施的需要，还必须制订作业计划。作业计划根据管理计划确定计划期间的预算、利润、销售量、产量及其他更为具体的目标，确定工作流程，划分合理的工作单位，分派任务和资源，以及确定权力和责任。

（3）按计划的对象分类

按计划的对象划分，可把计划划分为综合计划、局部计划和项目计划三种。顾名思义，综合计划所包括的内容是多方面的，局部计划只包括单个部门的业务，而项目计划则是为某种特定任务而制订的。

①综合计划。综合计划一般是指具有多个目标和多方面内容的计划。就其涉及的对象来说，它关联到整个组织或组织中的许多方面。习惯上人们把预算年度的计划称为综合计划，在企业中是指年度的生产经营计划。它主要应该包括：销售计划、生产计划、劳动工资计划、物资供应计划、成本计划、财务计划、技术组织措施计划等。

②局部计划。局部计划限于指定范围的计划。它包括各种职能部门制订的职能计划，如技术改造计划、设备维修计划等；还包括执行计划的部门划分的部门计划。局部计划是在综合计划的基础上制订的，它的内容专一性很强，是综合计划的一个子计划，是为达到整个组织的分目标而确立的。

③项目计划。项目计划是针对组织的特定课题做出决策的计划。例如，某种产品开发计划、企业的扩建计划、与其他企业的联合计划、职工俱乐部建设计划等都是项目计划。项目计划在某些方面类似于综合计划，它的特殊性在于其是为了企业结构的变革，即针对企业的结构问题选择解决问题的目标和方法。它的计划期很可能为1年，这时它包括在年度计划之内；也许它的计划需要几年才能完成，如企业扩建计划，这时年度计划仅包括它的一部分。项目计划是与组织结构的变革相关的。

（4）按计划的明确程度分类

根据计划的明确程度和约束力大小，计划可分为指令性计划和指导性计划。指令性计划是由上级下达的具有行政约束力的计划，它规定了计划执行单位必须执行的各项任务，其规定的各项指标没有讨价还价的余地。指导性计划是由上级给出的一般性的指导原则，在具体执行方面具有较大灵活性的计划。现实生活中，指导性计划没有明确的要求，因而具有较好的灵活性，而且，指导性计划规定了一般性的指导原则，从而使其在复杂多变的环境中具有较好的可控性。指导性计划的灵活性和可控性优点恰恰是指令性计划的局限性所在。

3. 商业计划书（business plan）的撰写

与制订计划相关的一项重要工作是商业计划书的撰写。商业计划书是一份全方位描述企业发展的文件，是企业经营者素质的体现，是企业拥有良好融资能力、实现跨越式发展的重要条件之一。一份完备的商业计划书，不仅是企业成功融资的关键因素，同时也是企业发展的核心管理工具。

商业计划书包括企业融资、企业战略规划和执行等一切经营活动的蓝图与指南，也是企业的行动纲领和执行方案，其目的在于为投资者提供一份创业的项目介绍，向他们展现创业的潜力和价值，并说服他们对项目进行投资。

商业计划书最基本的项目是：封面（标题）、序言、正文（主要包括环境或问题分析、行动目标、工作方案、资源配置等内容）、附件（主要包括计划指标体系、计划进度表及其他相关资料）。

【知识链接】

商业计划书的标准格式及要点

摘要……………………………………………………………………………

第一部分　公司基本情况………………………………………………………

第二部分　公司管理层…………………………………………………………

第三部分　产品/服务……………………………………………………………

第四部分　研究与开发…………………………………………………………

第五部分　行业及市场情况……………………………………………………

第六部分　营销策略……………………………………………………………

第七部分　产品制造……………………………………………………………

第八部分　管理…………………………………………………………………

第九部分　融资说明……………………………………………………………

第十部分　财务计划……………………………………………………………

第十一部分　风险控制…………………………………………………………

第十二部分　项目实施进度……………………………………………………

第十三部分　其他………………………………………………………………

撰写商业计划书应注意以下几个问题：

首先是企业要明白撰写商业计划书的目的。程安静告诉记者，在实际接触企业过程中他们发现，很多企业认为撰写商业计划书的目的就是融资，这是不对的。商业计划书的写作本质是企业对自己经营情况和能力的综合总结和展望，是企业通过全方位展现战略思路及战术执行能力，来突出企业的投资价值。那些善于思考和总结的企业即使不融资也会经常按照商业计划书的模式和要点来反思自身的经营情况,从而提高企业的综合素质。最让投资人感到头疼的是他们经常会收到一些与实际情况不符合、抄袭拼凑、胡乱应付的商业计划书,企业糊弄的其实是他们自己。

其次,商业计划书先要全面介绍企业,然后才是具体项目的介绍。很多企业在商业计划书中花大量篇幅介绍他们要做的一个技术、一个项目或一种业务,从而忽略了对企业的全面介绍。因为对于成熟的投资人来说,他们很多时候要投资的是一个可持续发展的企业,一个有核心团队的日常运营的企业,这个企业需要有可持续的长期推出的项目和技术。项目只是企业发展中的某一个具体的业务形态,不能代表企业自身。所以一定要注意商业计划书的出发点首先是企业而不是具体的技术或项目。

就具体项目而言,应该注意突出以下几点:首先是项目的竞争力要强,不仅要有独创性,更要有可持续性,特别是在实施后,能够为投资人和客户带来可衡量的价值;最好选择市场竞争不是很激烈,而其核心产品又不容易被替代,产品的生命周期足以支持生产收入和利润,能给投资人带来可观回报的项目;其次,创业项目对投资人的投资回报率也是所有风险投资人比较关注的,仅仅通过在计划中确定一个准确的较为具体的投资回报可能比较困难,但可以通过回报的形式,如在国内外资本市场上市来体现,也可以通过项目实施后其真实的营业收入和利润来体现。

值得注意的是:对于商业计划书里面的财务和融资部分,许多企业缺乏基本的认知,以为随便拼凑一些数字就可以表明企业有多赚钱,并且认为融资金额越大越好。但对于专业的投资机构而言,可以很容易地发现企业财务数据的漏洞和对资金的需求实情。所以企业切不可随便编造数据,漫天要价。特别需要注意的是,很多企业在这部分当中常把项目的投资论证当作企业的投资论证,从而偏离了商业计划书的本意,即企业融资,不是项目融资!此外,在财务预测中,夸大销售,夸大利润等等现象比比皆是,投资人早有心理准备,会非常仔细地推敲企业提供的每一个数据。对于融资额,许多企业也是随便给个大数,缺乏科学实际的论证和支持。因此,建议企业在这部分一定要实事求是,态度诚恳,这样反而会得到机构投资人的认同和理解,而且还能和企业一起把财务预测和融资事宜商讨清楚。

对企业来说,最后还要记得商业计划书要言简意赅,切忌长篇大论,粘贴拼凑。一份简练清晰、句句中的的商业计划书也是投资人乐于看到的。

资料来源:http://zhidao.baidu.com/question/448198282.html.

4.1.2 计划工作的过程

计划是计划工作的结果,计划工作则是计划的制订过程。计划的编制一般遵循如下原则并考虑如下因素:

1. 计划编制的原则

(1) 统筹原则

即统一规划,统筹安排。计划的影响因素成千上万,如不全面统筹,适当兼顾,就会造成在执行过程中的混乱和片面发展。计划的目的在于通过系统整体的最优化来实现决策的目标，而整体优化的关键在于通过计划，使系统内部的结构有序且合理，使系统内部同外部的关系协调。

（2）重点原则

在编制计划时，要分清主次，确保重点，着力解决好影响全局的问题。

（3）连锁原则

在编制计划时，一定要把握好因果关系，注意连锁反应。因为在编制计划时一种因素的变化往往影响本企业的发展，这种连锁反应一般都是复杂、多向、多变的。如果管理者缺乏科学的预见性，计划内容就难以符合实际。

（4）发展原则

在编制计划时，要有远见，要能预见到未来的发展，由近及远，以远带近，远近结合。既要把可能的发展反映在计划中，又不能把计划看做是"一劳永逸"的规定，任何计划都要随实际情况及人们认识的新发展做必要的调整，成为一个"滚动前进"的计划。

（5）经济原则

这主要体现在两个方面，一是计划的编制过程是最经济的，即在制订计划的过程中应少花钱，多办事。二是计划的执行结果应能获得最大的经济效益和社会效益。

2. 编制计划要考虑的因素

（1）时间因素

时间因素主要考虑如下几个方面：编制计划所需的时间，取决于计划对象的复杂性及所采用的计划方法的特点；计划的提前期，即从编制计划起到开始实施这一计划所需的时间跨度的长短；计划的实施时间，即全面执行计划所需的时间；计划本身所包含的时间长度。

（2）成本因素

成本因素就是考虑计划的经济性，即为编制计划所需付出的代价。在实现计划确定的目标时，必然要付出一定的成本，为实现组织目标有多种可采取的途径和手段，不同的途径和手段会产生不同的成本，当然对最终实现的目标也有一定的差异，所以在制订计划时要考虑成本问题。

4.2 目标管理

【情景导入】

北斗公司的目标管理

北斗公司刘总经理在一次职业培训中学习到很多目标管理的内容。他对于这种理论逻辑上的简单清晰及其预期的收益印象非常深刻。因此，他决定在公司内部实施这种管理方法。首先他需要为公司的各部门制定工作目标。刘总认为：由于各部门的目标决定了整个公司的业绩，应该由他本人为他们确定较高目标。确定了目标之后，他就把目标下发给各个部门的负责人，要求他们如期完成，并口头说明在计划完成后要按照目标的要求进行考核和奖惩。但是他没有想到的是中层经理在收到任务书的第二天，就集体上书表示无法接受这些目标，致使目标管理方案无法顺利实施。刘总感到很困惑。

根据目标管理的基本思想和目标管理实施的过程，分析刘总的做法存在哪些问题？他应该如何更好地实施目标管理？

分析：该公司实施的并不是目标管理：如总经理对目标管理仅是道听途说，并没有真正领会目标管理的基本原理和实质内容。目标管理是指组织的最高领导层根据组织面临的形势和社会需要制定出一定时期内组织经营活动所需达到的总目标，然后层层落实，要求下属各部门主管人员以至于每个职工根据上级制定的目标，分别制定目标和保证措施，形成一个目标体系，并把目标的完成情况作为各部门和个人考核的依据。

（1）根据目标管理的基本思想和实施程序，我们发现刘总犯了以下几方面的错误：

①对于如何制定合适的目标体系认识错误，他以为目标只需要他一个人制定就行了。

②对于目标到底定多高认识错误，他认为目标越高越好。

③在实施目标管理时，没有给予下属相应的权力。

④没有鼓励下属自我管理、自我控制。

⑤考核和奖酬机构没有制度化，仅停留在口头上，对下属无相应的激励和制约作用。

（2）为了更好地实施目标管理，刘总必须遵循科学的工作程序，并且注意实施中的一些具体方式：

①要有一套完整的目标体系。目标的制定必须是一个上下级反复协商的过程。不是由上级独自决定的。制定的目标不要过高或过低。一般目标要略高于执行者的能力水平。

②组织实施。目标既定，主管人员就应放手把权力交给下级成员，鼓励他们自我管理和自我控制。

③检验结果。对各级目标的完成情况和取得结果，要及时地进行检查和评价，并且根据评价的结果，制定相应的奖惩措施。

④新的循环。再制定新的目标，开展新的循环。

作为管理者要能正确开展目标管理，必须理解目标、使命的定义和目标制定的原则和方法。

4.2.1 使命和目标

1. 使命（mission）

（1）使命的内涵

企业使命是一个企业区别于其他类似企业的持久的目的陈述。企业使命确定了企业经营的产品种类和市场范围，阐明了企业的基本性质和存在理由，说明其宗旨、经营哲学、信念、原则等。企业使命揭示了自身的长期发展愿景，为企业战略目标的制定提供了依据。例如：松下公司的使命是作为工业组织的一个成员，努力改善和提高人们的社会生活水平，要使家用电器像"自来水"那样廉价和充足。苹果电脑公司的使命是致力于为全球140多个国家的学生、教育工作者、设计人员、科学家、工程师、商务人士和消费者提供最先进的个人计算机产品和支持。雅芳公司的使命是成为一家最了解女性需要、为全球女性提供一流的产品以及服务并满足她们自我成就感的公司。简言之，成为一家比女人更了解女人的公司。

企业使命是企业对自身生存发展的"目的"的定位，即它对社会的职责及其所扮演的"个性"角色。这种定位是企业全体员工的共识，是区别于其他企业而存在的原因或目的，也是企业胜利走向未来的精神法宝。

（2）使命定位的三要素

①生存目的定位。就像伟大的管理学家彼得·德鲁克所说："每一位伟大的企业创始人都各有一套有关本企业的明确观念和理论，从而引导其行动和决策。必须回答：我们的企业是什么？它应该是什么？"例如，盛道包装集团的使命是"把一流的产品献给用户，把永不满足留给自己，用信心、高技术和竞争力造福于社会，成为中国杰出、全球知名的包装商。品质至上、奉献美好使我们拥有未来"！

②经营哲学定位。经营哲学是企业战略的意志和经营"真谛"，是企业持久、显著的发展动因。经营哲学是对企业经营活动本质性认识的高度概括，是包括企业的核心价值观、行为准则及企业共同的信仰等在内的管理哲学。它超越了产品或市场的生命周期、技术突破、管理时尚和个人领袖，是组织"遗传密码"的一部分，也是"规范准则"。例如，华为公司的经营哲学是"爱祖国、爱人民、爱事业和爱生活是我们凝聚力的源泉。责任意识、创新精神、敬业精神与团结合作精神是我们企业文化的精髓。实事求是是我们的行为准则。"

③企业形象定位。一个企业不必刻意追求一个伟大的、正确的理念，而要切合自身实际，确立一套能凝聚和激励员工的理念，并贯穿渗透下去，形成全体员工的共识，使它成为能在竞争中取胜的"利器"。例如，哥伦比亚电影公司旨在"提供娱乐活动"，而不是"经营电影业"。

【知识链接】

制定战略首先要确定企业使命

做战略规划时首先要确定企业的使命。最好请企业文化方面的专家帮助，提炼出特别好的口号作为企业的使命。确定干什么就是确定企业的使命。具体的战略可以随时调整，但企业的使命或目标是不变的。

确定企业使命的原则：

● 以顾客的需要为导向，确定企业的使命。

● 卖服务比卖产品重要！"麦当劳"的产品应该说是很简单的，所谓"汉堡包"就是面包切成片，夹上生菜或者果酱等。但是"麦当劳"风靡全球，全世界各个角落都有连锁店。"麦当劳"卖的是服务，而不是产品。

● 顾客永远是企业的老板。顾客买企业的产品，相当于给企业发工资——这是全新的观念。

资料来源：http://www.ceconlinebbs.com/FORUM_POST_900001_900003_862641_0.HTM.

2. 目标（objective）

任何一个组织要有效地运用有限的资源，首先必须明确其目标。没有明确的目标，整个组织的活动就会杂乱无章，更无从评价管理的效率和效果。因此，目标对组织而言非常重要。

（1）目标的含义

目标是体现某种目的要求的具有数量或质量特征的具体化形式。目标是组织及其成员所有行为的出发点与归宿，在组织管理中处于十分重要的地位。完整的目标概念应包括以下含义：

①目标既要有目标项目，又要有达到的标准。如降低成本是目标项目，降低5%则是需达到的标准。只有项目而无标准的目标在管理上是毫无价值的。

②目标是质与量的统一。完整的目标，既有质的规定性，又有量的界限。

③目标是有时间维的。目标的实现一定要有明确的完成时限。

（2）目标的特点

①目标的差异性。目标的差异性主要体现在不同性质的组织目标有所不同，例如服务型组织与有形产品生产组织，企业与事业组织，由于它们的组织宗旨不同，其组织目标也不同，企业更加注重盈利，事业单位则不以盈利为主要目标。即使是相同性质的组织，由于自身资源和外部环境不相同，其组织目标也可能会有不同，如同一行业中的不同企业追求的目标就不完全相同。

②目标的层次性。管理组织是分等级、分层次的，因而管理的目标也是分等级、分层次的，目标的层次性与组织的层次性密切相关。一个组织的总目标确定之后，就要围绕着总目标依次确定下级各个分目标、子目标，从而形成一个有层次的目标管理体系。

③目标的多元性。不同的组织会有不同的目标，在同一个组织内部，不同的部门也会有不同性质的多个目标。彼得·德鲁克提出，凡是成功的企业都会在市场、生产力、发明创造、物质和金融资源、人力资源、利润、管理人员的行为、工人的表现和社会责任方面有自己的一定目标，如表4-1所示。

表4-1　　　　　　　　　　　　　　　　　**组织的多元目标**

组织所面对的公众	基本目标	目标体现
股东	红利	利润
员工	待遇	人均收入
消费者	功能、质量	销售量、质量、品牌
竞争者	市场、资源	占有率、核心能力
供应商	贷款收回	信誉
社区	环境、贡献	捐赠、环保
政府	税收、守法	税款、计划生育
新闻机构	公开、形象	企业形象

同一组织有不同性质的多个目标，组织目标的多元性是组织为了适应内外部环境而导致的必然结果。

④目标的时间性。目标的时间性包括两层含义：一是指要在规定的时间内完成组织目标，所以目标应有完成的时间限制；二是指组织目标应随着时间的变化做相应的调整，特别是当环境发生较大的变化后，原先制定的目标也应有所变化，体现出目标的弹性，而非目标一旦确定，就一成不变。

⑤目标的可考核性。组织完成业绩的好坏是通过目标的实现来衡量的，因而目标是能够考核的。目标考核的途径是将目标量化，但不是所有的目标都适宜定量考核，主管人员在组织中的地位越高，定性目标就可能越多，总之，目标必须具体，便于考核，否则就失去了存在的意义。

【案例分析】

同 路 殊 归

一个管理学家做过一个试验：组织 3 组人，每组有 10 个人，5 个青年人，3 个小孩，2 个老年人，分别步行到 20 公里以外的三个村子。

第一组的人不知道村庄的名字、对村庄没有一个概念，也不知道路程有多远，只告诉他们跟着向导走就好了。10 个人刚走了两三公里就有人叫苦，尤其是 3 个孩子；走了一半的时候 5 个青年人也愤怒了，老年人都不走了，他们开始抱怨，指责向导，问向导何时能到。向导说不知道，大家都不走了。后来在向导的请求下大家走走停停，而且非常痛苦地走到了目的地。

第二组的人知道村庄的名字和路程，但路边没有里程碑，他们不知道自己走了多远，还有他们只能凭时间估计行走的时间和距离，在走了一半路的时候大家都感觉走了很远了，信心也有所降低，这个时候大家都很想知道到底走了多远，还有多远。一个很有经验的人说，已经走了一半了大家加把劲，于是大家又一起向前行。当走了3/4 后，大家都疲惫不堪，感觉到路似乎还很长。一个人说："快到了"，大家又打起精神走到了终点。

第三组的人知道村庄的名字，还有村庄的图片，知道要去的村庄是非常美丽的，有很多新鲜的水果和可口的食物，大家对要去的村庄都非常向往。大家也知道到村庄的距离，而且在路上每一公里都有一个里程碑，大家为了更快地到达目的地，进行了组合，3 个青年人帮助 3 个小孩，2 个青年人帮助 2 个老人。人们边走边看里程碑，而且走的速度不快也不慢，把体力平均地分配。而且每走一公里大家都进行庆祝，庆祝完成了一个目标。在行走的途中，青年人会把孩子背起来，孩子会唱歌给大家听，老年人也会讲故事来减少路途的劳累。而且大家都知道已经走了多少路程，还剩下多少路程，大家都开心快乐地到达了村庄。

资料来源：http://blog.sina.com.cn/s/blog_3d9016580102v71a.html.

分析：目标是人们预期活动的方向和要达到的结果。拥有明确的目标将帮助人们高效地实现目标。因此，目标对于个人以及组织都是非常重要的。

4.2.2 目标制定的原则和方法

组织目标是一个多元递阶的复合系统。目标的制定是一项极为重要的工作，应遵循正确的原则，有可靠的依据并按照科学的程序进行。

1. 目标制定的原则

（1）明确性原则

目标的内容必须清楚明确，不能含糊不清，要让每一个组织成员都能理解设定的目标。

（2）先进合理原则

目标标准的水平必须先进，同时又必须经过努力可以达到，这样才能充分调动组织成员的积极性和创造性。

（3）可行性原则

设立的目标，不但标准是可以达到的，而且目标的数目也不宜过多，并充分考虑主客观条件的限制，具有很强的可操作性。

（4）定量化原则

该原则表示目标的各种指标或标准要尽可能定量化，便于测量。对于一些不好直接量化的，尽可能采用一些方法技术转化为量化指标。

（5）最优化原则

设定的目标要有利于组织资源的最优化配置。组织所拥有的资源是稀缺的，有限的，因此，组织在设定目标时要注意将有限的资源作最有效的配置，充分体现效益最佳原则。

2. 目标制定的依据

组织可从本组织的宗旨出发，结合组织内外部环境的变化以及组织所拥有的资源制定目标，也可依据前一阶段未实现的目标或标准的问题点以及出现的新问题确定目标，或者根据市场竞争的需要、与国内外先进水平比较的差距、上级部门提出的要求以及社会形势的变化制定目标。

3. 目标制定的步骤

制定目标分为以下五步：

第一步，进行内外部环境与条件分析。全面收集、调查、整理外部环境与内部条件的资料，从而对组织的内外环境的现状、发展趋势以及它们对组织的影响程度做出客观的分析和判断，以此作为确定目标的依据。一般地，组织面临的外部环境包括国家政治体制、经济政策和法规、经济发展水平、人均消费能力等，通过对过去若干年来的发展情况和未来可能的变化趋势进行分析，明确组织未来发展过程中可以利用的外部资源条件及可能面临的机会与威胁，即明确组织可以做什么。而组织的内部条件包括组织自身所拥有的物质资源、资金状况、技术条件、人员素质和管理水平等，通过对这些条件的综合分析，明确组织自身的实力，即组织自身的优劣势，也即明确组织能够做什么。

第二步，明确组织自身的愿景和价值观。即明确管理者的价值观、人生观，组织成员的追求以及组织群体的价值观。也就是要了解组织成员愿意做什么，愿意做到什么程度，这是进行目标设定的人的意识形态的体现。

第三步，提出总体目标方案。通过外部环境给予我们的"可以做什么"，内部条件提供的"能够做什么"以及组织成员潜意识的"愿意做什么"来进行组织目标的设定，将三者的选择集合起来，取三者兼而有之的中间范围作为拟定的目标方案。

第四步，评估各种可行方案并确定一个满意方案。按照科学决策的过程进行多方案选择，并确定一个最满意方案作为最终目标的抉择，评估时主要从以下几方面考虑：

①限制因素分析：分析哪些因素会影响目标的实现，影响程度有多大，尤其是通过本组织与竞争对手之间的比较，看能否找到本组织的竞争优势。

②综合效益分析：综合分析每个方案带来的效益，注意分析的效益应是多方面的，除了经济效益外，还要分析社会效益，要使组织的价值最大化。

③潜在问题分析：对实施每一目标方案时可能会发生的问题、困难和障碍进行预测性分析，看组织是否有能力去解决这些可能遇到的困难。

第五步：分解总目标，使其具体化。组织的总体目标确定后，还应将其分解、细化，层层落实，形成一个完整的目标体系。总体目标的具体化体现在两个方面：一是要根据总目标制定出相应的战略目标与战术目标，即首先要明确为了实现总体目标，我们必须做些什么，然后再进一步确定该怎么去做。二是将总体目标分解为部门目标与岗位目标，确定组织中各部门，部门中各成员应当做什么以及相应的权力和承担的责任，做到目标落实到人。

4. 目标制定的方法

目标的制定可以通过传统的目标制定过程进行，也可以采用目标管理方法。

（1）传统的目标制定过程

传统的目标制定过程是首先由最高层设立组织的最高层目标，然后将其分解为每一个组织层次的子目标，并逐级下达到组织的各个层次，以指导和约束每个雇员的工作行为。例如，一家制造公司的总裁，告诉负责生产的副总裁，在明年应将生产成本控制在什么水平上，还告诉负责市场营销的副总裁，明年销售订货应达到什么水平。经过一段时间，总裁会评估工作的绩效，以决定分派的目标是否达到。

在传统的目标制定过程中，最高管理层应注意设立的组织目标不能过于宽泛，如获得足够的利润或提高市场领导地位。宽泛、模糊的组织目标在向下分解时，只会会使每一个层次上的管理者根据自己对组织目标的理解以及偏见来规定具体目标，甚至可能导致目标失去清晰性和一致性。

（2）目标管理

①目标管理的定义。美国管理大师彼得·德鲁克（Peter F. Drucker）于 1954 年在其名著《管理实践》中最先提出了"目标管理"的概念，其后他又提出"目标管理和自我

控制"的主张。德鲁克认为：先有目标才能确定工作，所以"企业的使命和任务，必须转化为目标"。如果一个领域没有目标，则这个领域的工作必然被忽视。

目标管理是一种程序或方法，它强调对工作的关心与对人的关心的结合，它首先由组织中上下级管理人员与员工一起，根据组织的使命确定一定时期内组织的总体目标，再层层落实，制定各自的分目标，并以此形成组织中所有成员的责任和分目标以及其职责范围，最终用这些目标作为组织进行管理、评估和奖惩的依据。

②目标管理的步骤。目标管理包括四个要素：确定目标、参与决策、明确期限和绩效反馈。目标管理强调的是雇员实现与上司共同制定的目标，这会成为对个人努力的一种激励。目标管理方法的主要步骤如表 4-2 所示。

表 4-2	目标管理方法的主要步骤
1. 制定组织的全局目标和战略	
2. 在事业部与功能部门之间分解目标	
3. 部门管理者与其下属单位的管理者共同设定他们的具体目标	
4. 单位管理者与该单位的全体成员共同设定每个人的具体目标	
5. 在管理者与雇员之间就如何实现目标的具体行动计划达成协议	
6. 实施行动计划	
7. 定期检查实现目标的进展情况，并提供反馈	
8. 目标的成功实现得到基于绩效的奖励的强化	

③目标管理的特点。目标管理在指导思想上是以 Y 理论为基础的，即认为在目标明确的条件下，人们能够对自己负责。具体方法上是泰勒科学管理的进一步发展。它与传统管理方式相比有鲜明的特点，可概括为：员工参与管理：目标管理是员工参与管理的一种形式，由上下级共同商定，依次确定各种目标。以自我管理为中心：目标管理的基本精神是以自我管理为中心。目标的实施，由目标责任者自我进行，通过自身监督与衡量，不断修正自己的行为，以达到目标的实现。强调自我评价：目标管理强调自我对工作中的成绩、不足、错误进行对照总结，经常自检自查，不断提高效益。重视成果：目标管理将评价重点放在工作成效上，按员工的实际贡献大小如实地评价一个人，使评价更具有建设性。

④目标管理的优点。对组织内易于度量和分解的目标会带来良好的绩效；有助于改进组织结构的职责分工；目标管理启发了自觉，调动了职工的主动性、积极性、创造性；目标管理促进了意见交流和相互了解，改善了人际关系。

⑤目标管理的缺点。在实际操作中，目标管理也存在许多明显的缺点，主要表现在：目标难以制定。组织内的许多目标难以定量化、具体化；许多团队工作在技术上不可分解；组织环境的可变因素越来越多，变化越来越快，组织的内部活动日益复杂，使组织活

动的不确性越来越大。目标管理的哲学假设不一定都存在。Y 理论对于人类的动机作了过分乐观的假设，实际中的人是有"机会主义本性"的，尤其在监督不力的情况下。目标商定可能增加管理成本。目标商定要上下沟通、统一思想是很费时间的；每个单位、个人都关注自身目标的完成，很可能忽略了相互协作和组织目标的实现。

鉴于上述分析，在实际中推行目标管理时，除了掌握具体的方法以外，还要特别注意把握工作的性质，分析其分解和量化的可能；提高员工的职业道德水平，培养合作精神，建立健全各项规章制度，注意改进领导作风和工作方法，使目标管理的推行建立在一定的思想基础和科学管理基础上。

【小思考】

目标管理适用于什么情况?

答：目标管理的关键是目标、人员。在目标比较确定、具体化程度高时，目标管理的效果好；如果员工的素质较高，比较符合 Y 理论的假设，目标管理的效果就好。

【案例分析】

布朗小姐的目标管理

布朗是销售公司的总经理，她与邮购处经理里卡多刚结束一场目标管理式的讨论。"那么，里卡多，你同意这 8 个项目了?""是的，它们看上去很适合我。""那太好了，"总经理说："6 个月后我再见到你时，想看看你到底干得有多漂亮。"在 6 个月里，里卡多在一个目标上遇到了麻烦，这个目标是要求在邮寄成本上削减 5%，他本打算利用大宗整批邮寄以达标，把 1000 多份目录册寄到指定的地区，可是销售部迟迟交不出客户的名单来，邮签贴不齐，怕误事，只得追加邮费来零寄。

6 个月后，布朗见到里卡多时，一起来讨论他的工作表现，她说自己实在弄不懂里卡多怎么会在邮寄成本上无法达标。"如果你那时候来找我，我可以向销售部施加压力，让他们给你那些邮签资料，这立即就能办到!"她说。里卡多回答："我想这 6 个月里得靠我自己，在那种情况下，我已经尽了最大努力。"

资料来源：http://zhidao.baidu.com/question/78550813.html? qbl=relate_question_2.

分析：他们在实施这套目标管理时，存在如下问题：一是目标的制定未做进一步的分解，二是目标实施中的困难未能及时沟通解决。

改进方法：一是对每一项目标都要进一步分解，编制出塔形的子目标，用以支持总目标的实现，由于邮寄成本不仅涉及邮购处，而包括其他部门，其他部门也应制定邮寄成本子目标，这样才能最终实现总目标。二是实施中的问题没有沟通，如果原计划无法实施，目标将不能实现，这时需要进行横向和纵向沟通，通过多方认证，找出问题，制定改进措施，解决计划的实施障碍。

4.3 计划制订

4.3.1 计划制订和审核的过程

1. 制订计划的程序

编制计划一般要经过以下几个步骤：

（1）识别机会

分析环境是在实际的计划工作开始之前就着手进行的，是对将来可能出现的机会加以估计，并在清楚全面了解这些机会的基础上，进行初步的探讨。严格地讲，估量机会不是计划工作的一个组成部分，但却是计划工作的真正起点，在估量机会的基础上，确定可行性目标。内外部环境为确定可行性目标提供了依据。

（2）确定目标

编制计划的过程一定要有目标，目标是组织行动的出发点和归宿，因此计划工作的第一步就是在明确计划的前提条件的基础上为整个组织确定计划工作的目标，然后再为组织各下属部门选定目标。组织整体目标具有支配组织内所有计划的性质。通常，计划目标有以下四类：

①贡献目标。贡献目标即对社会贡献的大小，它可用产品品种、质量、数量、上缴税金和利润等表示。

②市场目标。企业生产经营活动有无活力，就要看它占有市场的深度和广度，即市场面和市场占有份额的大小。企业的市场目标应是通过扩大市场范围和提高市场占有率，增加销售额。

③发展目标。企业为了对社会做出更大贡献，为企业和职工谋求更多的利益，必须不断发展自己。通过企业改造和更新设备，扩大再生产，也可以通过联合的办法来壮大自己。

④利益目标。利益目标是企业生产经营活动的内在动力，不仅关系到企业职工利益，而且也关系到企业自身发展。因此，企业应争取扩大经济利益，提高赢利水平。

（3）确定计划的前提

计划的第二步是确定计划的前提，即计划是以什么样的预期环境为前提，为此必须对环境进行正确的预测，但计划执行时将要面对的环境是非常复杂的，影响因素很多，对于组织而言，有些因素是可控的，有些是不可控的，因此想要对它的每个细节进行预测是不现实的，也是不经济的。我们只能就对计划有重大影响的关键项目作出预测。例如，一般组织的经营计划常作出以下几方面的预测：经济形势预测、政府政策预测、销售预测、资源预测、技术预测等。

（4）拟定可行性方案

拟定可行的行动计划时要求拟定尽可能多的可行性方案，可供选择的行动方案数量越多，被选计划的相对满意程度就越高，行动就越有效。因此，在可行的行动方案拟订阶段，要发扬民主，广泛发动群众，充分利用组织内外的专家，通过他们献计献策，产生尽可能多的行动方案。企业应拟定各种实现计划目标的方案，以便寻求实现目标的最佳方案。拟定各种可行的方案，一方面要依赖过去的经验，已经成功或失败的经验对于拟定可行的计划方案都有借鉴作用；另一方面，也是更重要的方面，就是依赖于创新。因为企业内外部情况的迅速发展变化，使昨天的方案不一定适应今天的要求，所以，计划方案还必须创新。

（5）评估方案

找出各种备择方案并考察它们各自的优缺点后，计划工作的第四步就是按目标来权衡各种因素，并以此对各个备择方案进行评价。在方案比较时，应充分考虑以下几点：一是特别注意发现每一个方案的制约因素或隐患。所谓制约因素就是指那些妨碍目标实现的因素。对其认识越深刻，选择方案的效率越高。二是对方案的预测结果和原有目标进行比较，既要考虑有形的数量因素，也要考虑许多无法用数量表示的无形因素，如企业形象和人际关系。三是要用总体的效益观点来衡量，要以全局为出发点和归宿来衡量其效益。

（6）选择最优方案

在对计划方案评价后，计划工作的第五步是选定最优方案，这是做出决策的实质性的一步。选择通常是在经验、实验和研究分析（借助于教学模型）的基础上进行的。在选择最佳方案时应考虑这样两个方面：一是应选出可行性、满意性和可能性三结合的方案；二是应选出投入产出比率尽可能最佳的方案。此外，由于环境的复杂和多变，管理者在选择方案时应多选出一个或两个备选方案，以此增强计划的弹性。

（7）制订派生计划

虽然选定了方案，但计划仍不是完整的，还必须制订派生计划，即为了支持主计划实现而由各个职能部门和下属单位制订的计划，比如，一家公司年初制订了"当年销售额比上年增长15%"的销售计划，这一计划发出了许多信号，如生产计划、促销计划等，再如当一家公司决定开拓一项新的业务时，这个决策是要制订很多派生计划的信号，如雇佣和培训各种人员的计划、筹集资金的计划、广告计划等。

（8）用预算使计划数字化

在做出决策和确定计划后，计划工作的最后一步就是把计划转变成预算，使计划数字化。编制预算，一方面是为了使计划的指标体系更加明确，另一方面是企业更易于对计划执行进行控制。定性的计划，往往在可比性、可控性和进行奖惩方面比较困难，而定量的计划则具有硬性的约束。

4.3.2　计划方法

计划工作是对未来一段时期即将要进行的工作的规划，是一种预测工作，很难准确地预测未来组织可能面临的各种影响因素的变化。因此，计划的制订需要掌握科学合理的方法。下面介绍几种常用的计划方法。

1. 甘特图法

（1）甘特图的定义

甘特图（Gantt chart）又称为横道图、条状图（bar chart），以提出者亨利·L. 甘特先生的名字命名。甘特图即以图示的方式通过活动列表和时间刻度形象地表示出任何特定项目的活动顺序与持续时间。甘特图基本上是一个线条图，横轴表示时间，纵轴表示活动（项目），线条表示在整个期间上计划和实际的活动完成情况。它直观地表明任务计划在什么时候进行及实际进展与计划要求的对比。管理者由此可便利地弄清一项任务（项目）还剩下哪些工作要做，并可评估工作进度。某工程进度图如图4-1所示。

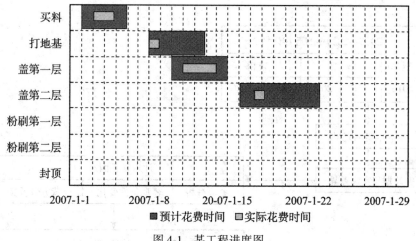

图 4-1　某工程进度图

（2）甘特图的优缺点

①优点。图形化概要，通用技术，易于理解；中小型项目一般不超过30项活动；有专业软件支持，无须担心复杂计算和分析。

②缺点。甘特图事实上仅仅部分地反映了项目管理的三重约束（时间、成本和范围），因为它主要关注进程管理（时间）；软件的不足：尽管能够通过项目管理软件描绘出项目活动的内在关系，但是如果关系过多，纷繁芜杂的线图必将增加甘特图的阅读难度。

2. 滚动计划法

（1）滚动计划法的定义

滚动计划法——一种定期修订未来计划的方法。滚动计划法是按照"近细远粗"的原则制订一定时期内的计划，然后按照计划的执行情况和环境变化，调整和修订未来的计划，并逐期向前移动，把短期计划和中期计划结合起来的一种计划方法。它不同于静态分析那样，等一项计划全部执行完了之后再重新编制下一时期的计划，而是一种动态编制计划的方法。

（2）滚动计划法的编制流程

滚动计划法在计划编制过程中，尤其是编制长期计划时，为了能准确地预测影响计划执行的各种因素，可以采取近细远粗的办法，近期计划订得较细、较具体，远期计划订得较粗、较概略。在一个计划期终时，根据上期计划执行的结果和产生条件以及市场需求的变化，对原定计划进行必要的调整和修订，并将计划期顺序向前推进一期，如此不断滚动、不断延伸。

例如，某企业在 2015 年底制订了 2016—2020 年的五年计划，如采用滚动计划法，到 2016 年底，根据当年计划完成的实际情况和客观条件的变化，对原定的五年计划进行必要的调整，在此基础上再编制 2017—2021 年的五年计划，其后依此类推（如图 4-2 所示）。

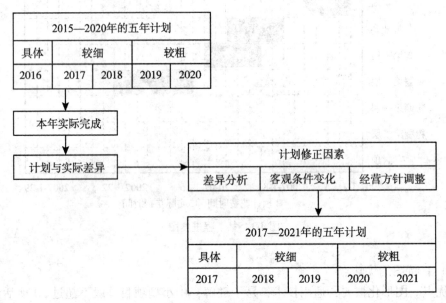

图 4-2　五年计划的制订

滚动计划法，既可用于编制长期计划，也可用于编制年度、季度生产计划和月度生产作业计划。不同计划的滚动期不一样，一般长期计划按年滚动；年度计划按季滚动；月度计划按旬滚动等等。

（3）滚动计划法的优点

①滚动计划法能使计划更加切合实际，它可以克服计划期内的不确定性因素的影响。

②滚动计划法能使长期计划、中期计划和短期计划相互衔接。

③滚动计划法大大增加了计划的弹性，这对环境剧烈变化的时代来说尤为重要，它可以提高组织的应变能力。

【案例分析】

滚动计划让 S 公司插上成功的翅膀

每逢岁末年初，各企业的领导者都会暂时放下手中的其他工作，与自己的核心团队一同踏踏实实地坐下来，专门花些时间制订来年的工作计划，以求为下一年插上希望和成功的翅膀，让企业各项事业在当年业绩的基础上更上一层楼。但外部环境千变万化，内部条件变数难料，怎样制订"高明"的计划才能让企业来年 12 个月的"漫长"计划科学合理、高效务实，所有的工作都能按部就班、一帆风顺呢？

S 公司是中国东部地区一家知名企业，原有的计划管理水平低下，粗放管理特征显著，计划管理与公司实际运营情况长期脱节。为实现企业计划制订与计划执行的良性互动，在管理咨询公司顾问的参与下，S 公司逐步开始推行全面滚动计划管理。

首先，S 公司以全面协同量化指标为基础，将各年度分解为 4 个独立的、相对完整的季度计划，并将其与年度计划紧密衔接。在企业计划偏离和调整工作中，S 公司充分运用了动态管理的方法。

所谓动态管理，就是 S 公司年度计划执行过程中要对计划本身进行 3 次定期调整：第一季度的计划执行完毕后，就立即对该季度的计划执行情况与原计划进行比较分析，同时研究、判断企业内外环境的变化情况。根据统一得出的结论对后 3 个季度计划和全年计划进行相应调整；第二季度的计划执行完毕后，使用同样的方法对后两个季度的计划和全年计划进行相应调整；第三季度的计划执行完毕后，仍然采取同样方法对最后一个季度的计划和全年计划进行调整。

S 公司各季度计划的制订是根据近细远粗、依次滚动的原则开展的。这就是说，每年年初都要制订一套繁简不一的 4 个季度计划：第一季度的计划率先做到完全量化，计划的执行者只要拿到计划文本就可以一一遵照执行，毫无困难或异议；第二季度的计划要至少做到 50% 的内容实现量化；第三季度的计划也要至少使 20% 的内容实现量化；第四季度的计划只要做到定性即可。同时，在计划的具体执行过程中对各季度计划进行定期滚动管理——第一季度的计划执行完毕后，将第二季度的计划滚动到原第一计划的位置，按原第一季度计划的标准细化到完全量化的水平；第三季度的计划则滚动到原第二季度计划的位置并细化到至少量化 50% 内容的水平，依次类推。第二季度或第三季度计划执行完毕时，按照相同原则将后续季度计划向前滚动一个阶段并予以相应细化。本年度 4 个季度计划全部都执行完毕后，下年度计划的周期即时开始，如此周而复始，循环往复。

其次，S 公司以全面协同量化指标为基础建立了三年期的跨年度计划管理模式，并将其与年度计划紧密对接。

跨年度计划的执行和季度滚动计划的思路一致。S 公司每年都要对计划本身进行一次定期调整。第一年度的计划执行完毕后，就立即对该年度的计划执行情况与原计划进行比较分析。同时研究、判断企业内外环境的变化情况，根据统一得出的结论对后三年的计划和整个跨年度计划进行相应调整；当第二年的计划执行完毕后，使用同样的方法对后三年的计划和整个跨年度计划进行相应调整，依次类推。

资料来源：http://baike.baidu.com/view/1359753.htm.

分析： S 公司立足于企业长期、稳定、健康的发展，将季度计划—年度计划—跨年度计划环环相扣，前后呼应，形成了独具特色的企业计划管理体系，极大地促进了企业计划制订和计划执行相辅相成的功效，明显提升了企业计划管理、分析预测和管理咨询的水平，为企业整体效益的提高奠定了坚实的基础。

3. 网络计划技术法

（1）网络计划技术法的定义

网络计划技术法于 20 世纪 50 年代产生于美国，最初运用于国防导弹工程，后被广泛运用于组织管理活动中。它也被称为统筹法，是以网络图反映、表达计划安排，据以选择最优工作方案，组织协调和控制生产（项目）的进度（时间）和费用（成本），使其达到预定目标，获得更佳经济效益的一种优化决策方法。

网络计划技术包括以网络为基础制订计划的各种方法，如关键路线法（CPM）、计划评审技术（PERT）、组合网络法（CNT）等，其基本原理是把一项工作或项目分解成各种作业，然后根据作业的先后顺序进行排列，通过网络的形式对整个工作进行统筹规划与控制，从而用较少的资源和最短的工期完成规定的工作任务。

应用网络计划方法可以解决的问题包括：完成项目需要多长时间？每项活动应该计划在什么时间开始，什么时间结束？哪些活动最可能造成项目延误？项目主管应把工作重点放在哪些项目上？如何权衡时间与成本等？

（2）网络计划技术法的优点

网络计划技术法把数学方法和图示法结合起来，简单明了，直观性强，可以形象地反映工程全貌；利用网络计划技术法能把各项工序之间的逻辑关系表达清楚，有利于项目管理者分清主次、缓急，抓住主要矛盾；可利用非关键路线上的工作潜力，加速关键作业进程，因而可缩短工期，降低工程成本；可估算各项作业所需时间和资源。

（3）网络计划技术法的工作步骤

确定目标，进行计划的准备工作。在确定计划对象（如某项工程或任务）后，应提出具体目标（如工期、费用以及其他资源）。并考虑结合其他管理制度，如组织流水生产、全面质量管理、设备管理、岗位责任制、奖励制度等。

分解计划任务，列出全部工作或工序明细表。计划任务的分解应随对象而异。对厂部领导来说，重要的是纵观全局，掌握关键，分析矛盾，做出决策，因而可以分解得粗一些。对于业务部门和基层生产单位来说，需据以组织和指挥生产，解决具体问题，因此应该分得细一些。

确定各项作业的定额时间、先后顺序和相互关系。对每一项作业应作必要的分析，主要是：该项作业开始前，有哪些作业必须先期完成；该项作业或哪些作业可以平行交叉；该项作业完成后，有哪些后续作业。

绘制网络图。绘制方法有两种。顺推法，即从网络图的始点事项开始为每一项作业确定其直接的后续作业，直到网络图终点事项为止；逆推法，即从网络图的终点事项开始，直到网络图的始点事项为止。

计算网络时间。一般先计算事项时间，有了事项时间，也就易于计算作业时间了。工序时间是指完成某一项工作或一道工序所需要的时间。工序时间的估计可采用单一时间估计法和三种时间估计法。单一时间估计法：每项作业仅确定一个具体的时间值，以完成作业可能性最大的时间为准，不考虑偶然性因素的影响。适用于：有同类作业的时间参考资料，不可控因素较少的情况。三种时间估计法：最乐观时间（a），最有利的条件下顺利完成一项作业所需的时间；最可能时间（m），正常情况下完成一项作业所需的时间；最悲观时间（b），最不利的条件下完成一项作业所需的时间。

工序所需时间的期望值（平均时间 t_{ij}）和方差 σ^2 的计算公式如下：

$$t_{ij} = \frac{a + 4m + b}{6}$$

$$\sigma^2 = \left(\frac{b - a}{6}\right)^2$$

确定关键路线。计算完成任务的最早期限，即总工期。

进行综合平衡，选择最优方案，编制计划文件。在进行综合平衡时，应注意三点：要保证在规定期限内完成任务；保证生产的连续性、协调性与均衡性，尽快形成新的生产能力，迅速发挥投资效果，坚持质量第一，确保安全生产；讲究经济效益，降低生产成本。综合平衡后，即可绘制正式网络图，编制工程计划和工程预算等。

网络计划的贯彻执行。总结评比，调整、改进和提高。

（4）网络图的绘制

由若干节点和箭线组成的网络图，用于表示工程项目的作业构成及其相互关系，它由活动、事项和路线三部分组成。

活动（作业、工序），是指一项作业或一道工序。活动通常是用一条箭线"→"表示，箭杆上方标明活动名称，下方标明该项活动所需时间，箭头表示该项活动的开始，箭尾表示该项活动的结束，从箭尾到箭头则表示该项活动的作业时间。

事项（节点、网点、时点），是指一项活动的开始或结束那一瞬间，它不消耗资源和时间，一般用圆圈表示。在网络图中有始点事项、中间事项和终点事项之分。

路线，是指从网络图的始点事项开始，顺着箭线方向连续不断地到达网络图的终点事项为止的一条通道。在一个网络图中均有多条路线，其中作业时间之和最长的那一条路线称为关键路线，关键路线可能有两条以上，但至少有一条。关键路线可用粗实线或双线表示。

例如，在图 4-3 所示的网络图中，活动和事项可以很明显地看出来。要注意的是把活动名称和时间标在一起，这是一种简化的方法。路线有两条①→②→⑤和①→③→④→⑤，其中①→③→④→⑤的总时间为 13，是最长的，为关键路线。

4. 标杆学习（benchmarking）

（1）标杆学习的内涵

标杆学习是一种寻求质量改进的标准工具。其基本思想是分析各个领域中领先者的方法，然后模仿他们的做法来改进自己的质量。

日本企业在 20 世纪 70 年代初，曾周游列国考察学习，然后集中模仿各国的优点，改进自己的产品与生产过程，使本国的生产效率大大超过了被模仿的国家。1979 年，美国的施乐公司率先在美国企业界推行了标杆学习，后来标杆学习得到了广泛的普及。

（2）标杆学习的步骤

①管理当局成立一个标杆学习计划团队；

②团队从内部收集作业数据和从外部收集其他组织的数据；

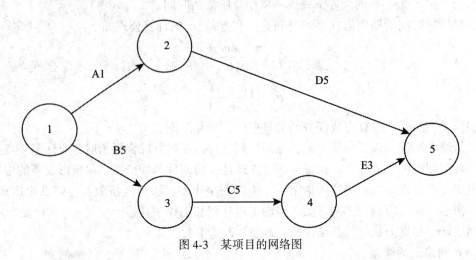

图 4-3　某项目的网络图

③通过分析数据，找出绩效的差距并确定是什么原因造成这些差距；

④制订和实施行动计划，最终达到或超过其他组织的标准。

【情景游戏】

善 做 安 排

简介：本游戏讲述了一个很有意思也很有寓意的故事。它告诉我们，一是要合理安排时间，二是要仔细观察事物。

人数：30 人

时间：30 分钟

场地：不限

用具：无

训练步骤：

1. 让学生们坐好，尽量采用让他们舒服和放松的姿势。

2. 教师给学生讲述如下的故事：

在一次时间管理的课上，教授在桌子上放了一个装水的罐子，然后又从桌子下拿出一些正好可以从罐口放进罐子里的"鹅卵石"。当教授把石块放满后向他的学生说道："你们说这罐子是不是满的？"

"是。"所有的学生异口同声地回答说。

"真的吗？"教授问，然后从桌底下拿出一袋碎石子，把碎石子从罐口倒下去，摇一摇，再加一些，再问学生："你们说，这罐子现在是不是满的？"这回他的学生不敢回答得太快。最后班上有位学生怯生生地细声回答："也许没满。"

"很好"，教授说完后，又从桌子底下拿出一袋沙子，慢慢地倒进罐子里。倒完后，再问班上的学生："现在你们再告诉我，这个罐子是满的，还是没满？"

"没有满。"全班同学这下学乖了，大家很有信心地回答说。

"好极了！"教授再一次称赞这些"孺子可教也"的学生们。称赞完了后，教授从桌子底下拿出一大瓶水，把水倒在看起来已经被鹅卵石、小碎石、沙子填满了的罐子里。当这些事情都做完之后，教授正色地问他班上的学生："我们从上面的这些事情中能得到什么启示？"

班上一阵沉默，然后一位自以为聪明的学生回答说："无论我们的工作多忙，行程排得多满，如果要逼一下自己的话，就可以多做些事。"

这位同学回答完后心中得意地想："这门课原来讲的是时间管理啊！"

教授听到这样的回答后，点了点头，微笑道："答案不错，但并不是我要告诉你们的重要信息。"说到这里，这位教授故意顿住，用眼睛向全班同学扫了一遍后说："我想告诉各位，最重要的是如果你不先将较大的'鹅卵石'放进罐子里，你也许以后永远没有机会把它们再放进去了。"

3. 讲完故事后，学生们就此开展讨论，让他们讲讲听完故事后得到了什么启发。

● 基本训练

□ 知识题

4.1 阅读理解

1. 谈谈计划与决策的区别。
2. 试着编制一份班级旅游计划。
3. 如何开展目标管理？
4. 滚动计划法的具体做法及优缺点有哪些？
5. 孙子兵法中说："多算胜，少算不胜。"从管理者角度看，"算"意味着什么？主要包括什么内容？

4.2 知识应用

一、判断题

1. 计划按明确性来分，可分为战略计划和作业计划。（　　）
2. 目标管理就是上级给下级制定目标，并依此对下级进行考核。（　　）
3. 目标是为计划服务的。（　　）
4. 指令性计划就是指由上级主管部门下达的具有约束力的计划。（　　）
5. 各个短期目标的实现就能保证长期目标的顺利实现。（　　）

二、选择题

1. 在管理的基本职能中，属于首位的是（　　）。
   A. 计划　　　B. 组织　　　C. 领导　　　D. 控制
2. 下述关于计划工作的认识中，哪种观点是不正确的（　　）？
   A. 计划是预测与构想，即预先进行的行动安排
   B. 计划的实质是对要达到的目标及途径进行预先规定
   C. 计划职能是参谋部门的特有使命
   D. 计划职能是各级、各部门管理人员的一个共同职能

3. 组织在未来特定时限内完成任务程度的标志是(　　)。

　　A. 目标　　　　　B. 可行　　　　　C. 选择　　　　　D. 满意

4. 实施目标管理的主要环节是：①逐级授权；②目标的制定与展开；③实施中的自我控制；④成果评价。这些环节的逻辑顺序是(　　)。

　　A. ①→②→③→④　　　　　　　B. ②→③→①→④

　　C. ③→②→①→④　　　　　　　D. ②→①→③→④

5. 实施目标管理的主要难点是(　　)。

　　A. 不利于有效地实施管理　　　　B. 不利于调动积极性

　　C. 难以有效地控制　　　　　　　D. 设置目标及量化存在困难

6. 企业计划从上到下可分成多个层次，通常越高层次目标就越具有以下特点(　　)。

　　A. 定性和定量结合　　　　　　　B. 趋向于定性

　　C. 模糊而不可控　　　　　　　　D. 具体而可控

7. 计划是一动态过程，其步骤包括(　　)。

　　A. 预测、决策、制订方案

　　B. 确定目标、预测、拟定可行方案、决策、制订计划、预算

　　C. 预测、决策、制订方案、预算

　　D. 确定目标、拟定可行方案、决策、执行可行方案

8. 战略性计划与战术性计划的划分标准是 (　　)。

　　A. 时间长短　　　　B. 明确性　　　　C. 程序化程度　　　D. 综合化程度

9. 计划制订中的滚动计划法是动态的和灵活的，它的主要特点是(　　)。

　　A. 按前期计划执行情况和内外部环境变化，定期修订已有计划

　　B. 不断逐期向前推移，使短、中期计划有机结合

　　C. 按近细远粗的原则来制订，避免对不确定的远期计划做过早过死的安排

　　D. 以上三方面都是

● 综合案例

拟定可考核的目标

　　一位分公司经理最近听了关于目标管理的讲座，当时就激发了他的热情，更加增强了他关于目标管理的思想。他最后决定，在他的下一次参谋会议上介绍这个概念并且看能有什么进展。他细述了这种方法的理论发展情况，列举了在这个分公司使用它的好处，并且要求他的下属人员考虑采纳他的建议。

　　然而现实并不像他想象的那样简单。在会上，很多人提出了问题。

　　财务主任问："总裁是否给你分派了明年分公司的目标?"

　　分公司经理回答说："还没有，我一直在等着总裁办公室告诉我，他期望我做些什么，但是办公室装得好像与此事毫不相干。"

　　"那么公司要做什么呢?"有点不希望采取任何行动的生产主任问道。

　　"我打算列出我对分公司的期望。"经理说："我希望销售额达到 3000 万美元，

税前利润率达到8%，投资收益率为15%，一项正在进行的项目要在本年度6月30日前投产。我以后还会列出一些明确的指标。选拔我们自己未来的主管人员，今年年底前完成我们的XZ的开发工作，以及雇员转换率稳定在5%。"

参谋人员对他们的经理提出的这些可考核目标，以及如此明确和自信地陈述这些目标有点目瞪口呆，他们为他要求实现这些目标的诚意也感到惊奇。

"下个月，我要求你们每个人把这些目标转换成你们自己职能的可考核目标。当然了，这些目标对财务、营销、生产各个部门将是不同的。你们应该用数字表示它们，我希望把它们加起来就实现了分公司的目标。"

资料来源：http://www.jyu.edu.cn.

问题：

（1）当他们没有得到公司总裁指派的目标时，分公司经理能够拟定可考核的目标或目的吗？怎么制定？你认为对于分公司经理来说，上级领导人给予的重要信息和帮助是什么？

（2）这位分公司经理设置目标的方法是不是最佳的？你会怎么样做？

● 综合实训

1. 实训目标

掌握计划的基本原理；能运用目标管理开展工作；提高学生的沟通能力；提高学生思考问题的能力。

2. 实训场地

校实训室，要求足够的电脑，多媒体装置。

3. 实训内容

背景资料：2000万元销售额为何完不成

先锋通信信息公司是一个以开发和生产通信交换机辅助设备为主的高科技公司，它的前身是一个电信器材制造企业，现在由一批信息学院电信系的教师承包。这批科技人员承包之始带去了一些科技成果，其中的一个已较成熟，生产后投放市场销路很好，第一年即扭亏为盈。

总经理意识到只有不断地保持产品开发的领先性，才能使得企业持续发展。因此，他在年初的企业年度计划会上，按照目标管理的方法，将当年的经营指标——100万元利润做了分解：销售部完成2000万元销售额（按销售利润率5%计算），制造部完成500套设备的制造任务，开发部负责开发三个新产品，财务部要将资金利润率提高2个百分点，成本下降2%，人事部对所有员工进行一次培训，培训费用掌握在20万元以内。

在年度计划会上，销售部经理首先发难，认为比去年增加50%的2000万元销售额无法完成。总经理在解释了他所采用的目标管理新方法后，绵里藏针地说：如果你觉得实在完不成任务可以辞职。在总经理讲出这样的话以后，年度目标计划在没有反对意见的情况下得以通过。

开过年度计划会后，总经理一头扎到中试车间带领一批人从事新产品开发。到年底，中试车间捷报频传，但总经理却吃惊地发现，公司的销售和利润指标都未能完成。总经理大惑不解，甚至怀疑当初和他一起下海的伙伴们是否有了异心。

资料来源：http：//blog. sina. com. cn/s/blog_8148250201010yil. html.

思考问题：

（1）到底哪儿出了问题？为什么？

（2）假如你是总经理，你将如何使 2000 万元销售额的任务得以完成？

4. 实训要求

针对上述情况，组织同学们讨论并写下自己的感想。针对问题写出完成 2000 万元销售额的具体方案，并做 PPT。

第 5 章 | 组 织

学习目标

在学习完本章之后，你应该能够：

◎ 准确地理解组织、组织结构、管理幅度等概念；

◎ 领会各种管理组织结构的特点、优缺点和适用范围；

◎ 掌握组织结构设计的原则、组织中领导的作用和领导研究理论等内容。

技能目标

◎ 把组织设计、组织结构设计基本原理和方法应用于简单的组织设计中；

◎ 把领导的方法运用于实践之中。

【引例】

蚁 群 效 应

蚁群效应是人们从蚂蚁群体的组织和分工中总结出来的灵活的组织建设和运转方式。蚂蚁有严格的组织分工，但它们的分工能够迅速根据环境作出调整。蚁群效应之所以成为"高效"的代名词，正是在于通过组织结构和岗位设置发挥了团队成员的组织能力。

蚂蚁的世界一直为人类学与社会学学者所关注，它们的组织体系和快速灵活的运转能力是人类学习的榜样。蚂蚁有严格的组织分工和由此形成的组织框架，但它们的组织框架在具体的工作环境中又有很大弹性。比如它们在工作场合的自我组织能力特别强，不需要任何监督就能形成一个良好的团队而有条不紊地完成工作任务，比如蚂蚁发现食物后，如果是 2 个蚂蚁同时发现的，它们会分别走 2 条路线回到巢穴，边走边释放出特有的气味，先回到巢穴的释放出来的味道更重。这样子它们的同伴就能选择最近的路线去搬运食物。可见蚂蚁群体效应的集中优势表现在：弹性——能够迅速根据环境变化进行调整；强韧——一个个体的弱势并不影响团队运作的高效；自组织——无需太多的控制和管理就能自我完成工作。

蚂蚁的工作是分工合作的。一只蚂蚁搬运食物往回走时，碰到了下一只蚂蚁，它

105

会把食物交给它，自己再回头，碰到上游的蚂蚁，将食物再继续接下来，然后转给其他下游蚂蚁。蚂蚁在哪个位置换手不确定，唯一不变的是起点和目的地。这种工作链使得它们的工作效率大大提高，使得团队实现高效。

这一案例表明：弹性，能够迅速根据环境变化进行调整；强韧，一个个体的弱势，并不影响整体的高效运作；自组织——无须太多的自上而下的控制或管理，就能自我完成工作。"蚁群效应"无疑是现代企业在组织发展中所梦寐以求的，而从行业发展的角度来讲，其作用会更加明显。

资料来源：http://baike.haosou.com/doc/325679-345000.html.

5.1 组织概述

5.1.1 组织的含义

从广义上说，组织（organization）是指由诸多要素按照一定方式相互联系起来的系统。从狭义上说，组织就是指人们为实现一定的目标，互相协作结合而成的集体或团体，如党团组织、工会组织、企业、军事组织等。狭义的组织专门指人群而言，运用于社会管理之中。在现代社会生活中，组织是人们按照一定的目的、任务和形式编制起来的社会集团，组织不仅是社会的细胞和基本单元，而且可以说是社会的基础。

我国古代曾经认为组织是用纵横交错的方法织成的织物，希腊文中组织的原意是指和谐、协调。

在管理学中，组织有两方面含义：①强调组织的实体性。作为实体（entity）的组织是指人们为了一定目标的实现而进行合理的配置和协调，并具有一定边界的社会团体。组织是为了达到某些特定目标，在分工合作的基础上构成的人的集合。这个人的集合不是简单的毫无关联的个人的加总，它是人们为了实现一定的目的，有意识地协同劳动而产生的群体。②强调组织是管理的一项职能。作为涉及活动过程（process）的组织（organizing）是指为了实现组织目标对组织的资源进行有效的配置的过程。

美国著名管理学家罗宾斯给组织下的定义是：组织是有确定目标的，拥有精心设计的结构和协调的活动性系统，并且是与外界相联系的一个社会实体。

尽管各种解释不同，但基本都指出了组织有如下特征：

（1）组织必须具有目标；

（2）每一个组织都是由人组成的；

（3）任何组织都存在分工与合作以及不同层次的权力和责任制度；

（4）每个组织都有其独特的文化。

5.1.2 组织工作的含义

组织工作是指为了有效实现组织目标，建立组织结构，配备人员，并使组织协调运行的一系列活动。从组织工作的含义来看，组织工作是一个过程。科学、合理地设计、建立组织结构，基本上是组织工作的主要内容。具体地说，组织工作包括以下六个步骤：

1. 明确组织目标，对实现组织目标所进行的业务活动进行归类

组织目标是组织目的或宗旨的具体化，是组织根据自身的需求而提出的在一定时期内经过努力达到的预期成果。为了实现组织目标，就必须把实现目标所需要进行的各项业务活动加以分类组合。

2. 按业务活动类型进行工作设计和部门划分

在第一个步骤的业务活动分类的基础上，按一定的原理划分管理层级和管理部门，将组织各类活动所必需的职权授予各层次部门的主管人员。

3. 配备人员

根据组织结构和职位的需要给每个职位配备人员。通过人员配备，使每个人的知识和能力得到公平的评价，而且使每个人的知识和能力不断发展，素质不断提高。

4. 按权责对等的原则授予职权

按业务工作或活动的需求，对下属授予相应的职权以帮助其更有效地完成职责，使组织的各个层次、各个部门、每个人都了解自己在实现组织目标中应承担的工作职责和职权。

5. 协调配合

规定组织结构中的纵向和横向的相互配合关系。不同层次的管理者不仅需要确定其直接下属的业务活动，还需要将其直接下属之间的业务活动联成一体。最终在整个组织中，通过职权关系和信息系统，把各层次、各部门连接成为一个有机的整体。

6. 根据组织内外部条件的变化，适当地调整组织结构

每一个组织在发展的过程中，难免会面临内外部条件发生变化的时候，组织为了适应这种变化后的条件需求，增加自己的竞争能力，就应该适当地对组织结构进行调整。

5.1.3 正式组织与非正式组织

1. 正式组织

正式组织（formal organization）是由两个或两个以上个人有意识地加以协调的行为或力的系统，是具有一定结构、同一目标和特定功能的行为系统。任何正式组织都是由许多要素、部分、成员，按照一定的联结形式排列组合而成的。它有明确的目标、任务、结构和相应的机构、职能和成员的权责关系以及成员活动的规范。作为社会组织设计出来的正式组织，不论其规模的大小和从事的是什么样的活动，其组建、运行都需要有三个基本要素：意愿协作、共同目标和信息沟通。

2. 非正式组织

非正式组织（informal organization）是指人们在共同劳动、共同生活中，由于相互之间的联系而产生的共同感情自然形成的一种无名集体，并产生一种不成文的非正式的行为准则或惯例，要求个人服从，但没有强制性。

企业的管理者应该积极发挥非正式组织的作用，不管我们承认与否、允许与否、愿意与否，非正式组织的影响总是客观存在的。正式组织目标的有效实现，要求积极利用非正式组织的贡献，努力克服和消除它的不利影响。

利用非正式组织，首先要认识到非正式组织存在的客观必然性和必要性，允许、乃至鼓励非正式组织的存在，为非正式组织的形成提供条件，并努力使之与正式组织吻合。比如，正式组织在进行人员配备时，可以考虑把性格相投，有共同语言和兴趣的人安排在同一部门或相邻的工作岗位上，使他们有频繁接触的机会，这样就容易使两种组织的成员基本吻合，在客观上为非正式组织的形成创造条件。管理者也应重视非正式组织中核心人物的作用。

促进非正式组织的形成，有利于正式组织效率的提高。人通常都有社交的需要。如果一个人在工作中或工作之后与别人没有接触的机会，则可能心情烦闷，从而影响效率。相反，如果能有机会经常与别人聊天，诉说自己生活或工作中的障碍，甚至发发牢骚，那么就容易卸掉精神上的包袱，以轻松、愉快的心理状态投身到工作中。

在正式组织与非正式组织的利益发生分歧时，要适当考虑非正式组织成员的利益。通过建立、宣传正确的组织文化，以影响与改变非正式组织的行为规范，使其规范符合正式组织管理工作的需要。

【案例分析】

阳贡公司的非正式组织

阳贡公司是一家中外合资的高科技公司，其技术在国内同行业中居于领先水平。公司员工 100 人左右，其中的技术、业务人员绝大部分是近几年毕业的大学生，其余为高中学历的操作人员。目前，公司员工当中普遍存在着对公司的不满情绪，辞职率也相当高。

员工对公司的不满始于公司筹建初期，当时公司曾派遣一批技术人员出国培训，这批技术人员在培训期间结下了深厚的友谊，回国后也经常聚会。在出国期间，他们合法获得了出国人员的学习补助金，但在回国后公司领导要求他们将补助金交给公司，于是矛盾出现了。技术人员据理不交，双方僵持不下。公司领导便找这些人反复谈话，言辞激烈，并采取一些行政制裁措施给他们施加压力。少数几个人曾经出现了犹豫，却遭到其他人员的强烈批评，最终这批人员当中没有一个人按领导的意图行事，这导致双方矛盾日趋激化。

最后，公司领导不得不承认这些人已经形成了一个非正式组织。由于没有法律依据，公司只好作罢。这件事造成公司内耗相当大，公司领导也因为这批技术人员"不服从"上级而非常气恼，对他们有了一些成见，而这些技术人员也知道领导对他们的看法。于是，陆续有人开始寻找机会跳槽。一次，公司领导得知一家同行的公司来"挖人"，公司内部也有不少技术人员前去应聘，为了准确地知道公司内部有哪些人去应聘，领导特意安排两个心腹装作应聘人员前去打探，并得到了应聘人员的名单。谁知，这个秘密不胫而走，应聘人员都知道自己已经上了"黑名单"，于是后来都相继辞职。

资料来源：根据2006年公务员考试试题中的相关案例改编.

分析：本案中公司在管理上的不公正导致员工不满，不满造成非正式组织出现。公司对于非正式组织的管理不够明智，在管理中采用了消极的方法，从而造成人才的流失。

【知识链接】

木 桶 原 理

木桶原理是由美国管理学家彼得提出的。说的是由多块木板构成的木桶，其价值在于其盛水量的多少，但决定木桶盛水量多少的关键因素不是其最长的板块，而是其最短的板块。这块短板就成了这个木桶盛水量的"限制因素"。若要使此木桶盛水量增加，只有换掉短板或将短板加长才可以。所以这一规律就被总结为"木桶原理"，也常称为"短板理论"。由此又延伸出以下推理：一是木桶能盛多少水，取决于木板之间缝隙的疏密程度，还取决于木板整体的高度；二是斜着放置的木桶能盛多少水，取决于最长的木板。

这一原理表明，一是任何一个组织可能面临一个共同问题，即构成组织的各个部分往往是优劣不齐的，而劣势部分往往决定整个组织的水平。二是由于一个木桶的容水量，取决于最短的那块木板，要使木桶能装更多的水，就要设法改变这块木板的现状，要善于发现系统中的"短木板"，抓住短板，消灭弱项。三是无论是企业，还是个人，都难免犯错误，出现失误，关键是不能讳疾忌医，要把"木桶"中的"短木板"及时抽出来，及时补救，把工作做得更好。四是一个企业要想成为一个结实耐用的木桶，必须全面提升全员的素质，让所有的板子都维持"足够高"的高度，才能充分体现团队精神，完全发挥团队作用。五是由于最长的木板在斜着放的时候盛的水最多，所以必须注重优秀人才的培养和选拔，让优秀人才、拔尖人才、明星员工带动其他员工向着更高的目标迈进。

资料来源：http://www.oh100.com/a/201205/96083.html.

【案例分析】

霍 桑 实 验

霍桑试验是1924年美国国家科学院的全国科学委员会在西部电器公司所属的霍桑工厂进行的一项实验。目的是弄清照明的质量对生产效率的影响，但未取得实质性进展。1927年梅奥和哈佛大学的同事应邀参加霍桑实验和研究。这一系列在美国芝加哥西部电器公司所属的霍桑工厂进行的心理学研究由哈佛大学的心理学教授梅奥主持。

霍桑工厂是一个制造电话交换机的工厂，具有较完善的娱乐设施、医疗制度和养老金制度，但工人们仍愤愤不平，生产成绩很不理想。为找出原因，美国国家科学院的全国科学委员会组织研究小组开展实验研究。

霍桑试验的主要内容与基本过程包括以下几个阶段：

（1）照明实验

时间从 1924 年 11 月至 1927 年 4 月。

当时关于生产效率的理论占统治地位的是劳动医学的观点，认为也许影响工人生产效率的是疲劳和单调感等，于是当时的实验假设便是"提高照明度有助于减少疲劳，使生产效率提高"。可是经过两年多实验发现，照明度的改变对生产效率并无影响。具体结果是：当实验组照明度增大时，实验组和控制组都增产；当实验组照明度减弱时，两组依然都增产，甚至实验组的照明度减至 0.06 烛光时，其产量也无明显下降；直至照明减至如月光一般、实在看不清时，产量才急剧降下来。研究人员面对此结果感到茫然，失去了信心。

从 1927 年起，以梅奥教授为首的一批哈佛大学心理学工作者将实验工作接管下来，继续进行。

（2）福利实验

福利实验是继电器装配测试室研究的一个阶段，时间是从 1927 年 4 月至 1929 年 6 月。实验目的总的来说是查明福利待遇的变换与生产效率的关系。但经过两年多的实验发现，不管福利待遇如何改变（包括工资支付办法的改变、优惠措施的增减、休息时间的增减等），都不影响产量的持续上升，甚至工人自己对生产效率提高的原因也说不清楚。后经进一步的分析发现，生产效率上升的主要原因如下：

第一，参加实验的光荣感。实验开始时 6 名参加实验的女工曾被召进部长办公室谈话，她们认为这是莫大的荣誉。这说明被重视的自豪感对人的积极性有明显的促进作用。

第二，成员间良好的相互关系。

（3）访谈实验

1928 至 1931 年，研究者在工厂中开始了访谈计划。此计划的最初想法是要工人就管理当局的规划和政策、工头的态度和工作条件等问题作出回答，但这种规定好的访谈计划在进行过程中却大出意料，得到意想不到的效果。工人想就工作提纲以外的事情进行交谈，工人认为重要的事情并不是公司或调查者认为意义重大的那些事。访谈者了解到这一点，及时把访谈计划改为事先不规定内容，每次访谈的平均时间从 30 分钟延长到 1~1.5 个小时，多听少说，详细记录工人的不满和意见。访谈计划持续了两年多。工人的产量大幅提高。

工人们长期以来对工厂的各项管理制度和方法存在许多不满，无处发泄，访谈计划的实行恰恰为他们提供了发泄机会。发泄过后心情舒畅，士气提高，使产量得到提高。

（4）群体实验

1931 年至 1931 年，梅奥等人在这个试验中是选择 14 名男工人在单独的房间里从事绕线、焊接和检验工作。对这个班组实行特殊的工人计件工资制度。

实验者原来设想，实行这套奖励办法会使工人更加努力工作，以便得到更多的报酬。但观察的结果发现，产量只保持在中等水平上，每个工人的日产量平均都差不多，而且工人并不如实地报告产量。深入的调查发现，这个班组为了维护他们群体的利益，自发地形成了一些规范。他们约定，谁也不能干得太多，突出自己；谁也不能干得太少，影响全组的产量，并且约法三章，不准向管理当局告密，如有人违反这些规定，轻则挖苦谩骂，重则拳打脚踢。进一步调查发现，工人们之所以维持中等水平的产量，是担心产量提高，管理当局会改变现行奖励制度，或裁减人员，使部分工人失业，或者会使干得慢的伙伴受到惩罚。

资料来源：http：//baike. baidu. com/view/94162. htm.

分析：这一试验表明，为了维护班组内部的团结，可以放弃物质利益的引诱。由此认为在正式的组织中存在着自发形成的非正式群体，这种群体有自己的特殊的行为规范，对人的行为起着调节和控制作用。同时，加强了内部的协作关系。

5.2 组织设计

5.2.1 组织设计的含义

组织设计（organizational design）是以企业组织结构为核心的组织系统的整体设计工作。

组织设计是指管理者将组织内各要素进行合理组合，建立和实施一种特定组织结构的过程。组织设计是有效管理的必备手段之一。

组织设计的实质是对管理人员的管理劳动进行横向和纵向的分工。

组织设计是一个动态的工作过程，包含众多的工作内容。科学地进行组织设计，要根据组织设计的内在规律性有步骤地进行，才能取得良好效果。组织设计可能有三种情况：新建的企业需要进行组织结构设计；原有组织结构出现较大的问题或企业的目标发生变化时，原有组织结构需要进行重新评价和设计；组织结构需要进行局部的调整和完善。

从以上概念内容可以归纳出企业组织设计有以下几个特点：

1. 企业组织设计是一个过程

组织设计是根据企业的目标，分析组织内部、外部环境来建立和协调组织的过程。它一般要经过以下步骤：

①确定组织目标。它是在收集各种信息、资料的基础上，对企业内部、外部环境进行具体分析后确定的目标。

②构建模块。模块是指能够完成一定功能的一个相对独立的子系统，它最早是由 IBM

公司提出的。构建模块是指构建组织结构中的各个模块（部门）。比如说，企业组织结构是一辆汽车，那么构建模块就是轮胎、外壳、方向盘、发动机等。将模块化思路引入组织设计，有两个方面的考虑：一方面，模块化组织设计可以提高企业组织的敏捷性；另一方面，组织的设计和再设计不一定要面面俱到，而是根据环境的变化选择所需要的模块构建即可。

③整合模块。组织设计包含组织结构设计、流程设计、职权设计、绩效评估设计和激励设计五大模块，每个模块之间存在很强的关联性，不是孤立存在的。通过结构设计划分了企业部门，在部门内部与部门之间如何有效运转就需要流程设计，同时还要进行运营效果评估和激励制度的设计。组织模块整合使它们形成一个有机整体，促进组织的有效运行。

④实现设计方案。实现设计方案也是执行方案和实现目标的过程。在这个过程中，设计方案也不是固化的，在出现意外因素时，可以根据情况对组织设计方案进行适当的调整以更好地适应目标实现的需求。

2. 企业组织设计是动态的

由于企业组织内外部环境经常发生变化，组织设计不能是一成不变的，必须对组织的流程、结构、职权以及管理制度等方面进行调整以适应变化后的组织的需求。

3. 企业组织设计实行模块化设计

所谓的模块化设计，简单地说就是将产品的某些要素组合在一起，构成一个具有特定功能的子系统，然后将这个子系统作为通用性的模块与其他产品要素进行多种组合，构成新的系统，产生多种不同功能或相同功能、不同性能的系列产品。模块化设计是绿色设计方法之一，它已经从理念转变为较成熟的设计方法。将组织设计实行模块化设计，可以有两个优势：一方面可以缩短组织设计的时间，快速应对市场变化；另一方面，可以减少或消除对环境的不利影响，方便重用、升级、维修和产品废弃后的拆卸、回收和处理。

5.2.2　组织设计的必要性

传统的组织设计建立在劳动分工的基础上。亚当·斯密认为，分工的起源是由于人的才能具有自然差异，那是起因于人类独有的交换与易货倾向，交换及易货属私利行为，其利益决定于分工，假定个人乐于专业化及提高生产力，经由剩余产品之交换行为，促使个人增加财富，此等过程将扩大社会生产，促进社会繁荣，并达私利与公益之调和。分工促进劳动生产力提高的原因有三：第一，劳动者的技巧因专业而日进；第二，由一种工作转到另一种工作，通常要损失不少时间，有了分工，就可以免除这种损失；第三，许多简化劳动和缩减劳动的机械发明，只有在分工的基础上方才可能。

在外部环境相对比较稳定的条件下，为了圆满地完成组织任务，组织设计者只需要把工作任务按其复杂程度和难易程度进行分解，然后委托一定数量的管理者负责具体的管理劳动，并授予一定的权力，就能够保证工作任务的顺利进行。

然而，随着外部环境条件的日趋复杂，单一封闭式的组织设计模式往往会导致组织的僵化和本位主义的盛行，这就必须以系统、动态权变式的观点来理解和重新设计新的组织。在权变思想的指导下，组织才能被设计成一个开放的系统，它不断地与外部环境进行资源和信息的交换，不断地进行组织内部各种关系的调整，只有这样才能保持组织的灵活性和适应性。

组织设计的目的在于发挥整体大于部分之和的优势，使有限的人力资源形成最佳的综合效果。在组织设计的过程中，通过创建柔性灵活的组织，动态地反映外在环境变化的要求，并且能够在组织演化成长的过程中，有效积聚新的组织资源要素，同时协调好组织中的各种关系，使员工明确自己在组织中应承担的责任和应有的权力，从而更有效地开展组织活动，最终实现组织的目标。

归纳起来，组织设计的必要性体现在以下几个方面：

第一，按需设岗，可避免人浮于事；第二，岗位的明确，有助于员工专业技能开发和利用，并有助于明确每一个员工的任务和职责，以及对员工客观的考核和进行公平的奖惩；第三，由于每一位员工都归属于一个特定的部门，有助于培养员工对组织的忠诚和员工管理；第四，由于规定了各部门的职能及相互间的关系，有助于组织内部相互间的协调配合和信息沟通，有助于组织整体的稳定。

5.2.3　组织设计的任务和原则

1. 组织设计的任务

组织设计的任务是设计清晰的组织结构，规划和设计组织中各部门的职能和职权，确定组织中职能职权、参谋职权、直线职权的活动范围并编制职务说明书。

为了达到理想的组织设计的效果，组织设计的任务可以从以下几个方面入手：

（1）组织结构

所谓组织结构是指组织的框架体系，是对完成组织目标的人员、工作、技术和信息所作的制度性安排。就像人类由骨骼确定体型一样，组织也是由结构来决定其形状。组织结构可以用复杂性、规范性和集权性三种特性来描述。

（2）内容

尽管组织结构日益复杂、类型演化越来越多，但任何一个组织结构都存在三个相互联系的问题：即职权如何划分；部门如何确立；管理层次如何划分。组织内外环境的变化影响着这三个相互关联的问题，使得组织结构的形式始终围绕这三个问题发展变化。因此，要进行组织结构的设计，首先要正确处理这三个问题。

（3）成果

组织结构设计的成果表现为组织结构图、职位说明书和组织手册。

具体表现为：

①组织结构图：也称组织树，用图形表示组织的整体结构、职权关系及主要职能。组织结构图一般描述下列几种组织结构及管理关系方面的信息：权力结构、沟通关系、管理范围及分工情况、角色结构和组织资源流向等。

②职位说明书：是说明组织内部的某一特定职位的责任、义务、权力及其工作关系的书面文件。包括：职位名称及素质能力要求、工作内容和工作关系等。

③组织手册：是职位说明书与组织结构图的综合，用以说明组织内部各部门的职权、职责及每一个职位的主要职能、职责、职权及相互关系。

2. 组织设计的原则

组织设计的原则是在长期的管理实践中的经验积累，应该为组织设计者所重视。组织设计的原则如下：

（1）专业化分工原则

专业化分工原则就是指组织设计要求从工作特点和需要出发，因事设职，因职用人。

组织设计必须确保实现组织目标活动的每项内容都能落实到具体的职位和部门，做到"事事有人做"，而不是"人人有事做"。

组织设计也不可以忽视人的因素，忽视人的特点和人的能力。组织设计必须保证有能力的人有机会去做他们真正胜任的工作的同时，使工作人员的能力在组织中获得不断提高和发展。"人"与"事"的要求应该得到有机结合。

（2）统一指挥原则

统一指挥指的是组织中的每个下属应当而且只能向一个上级主管直接汇报工作，以避免多头领导。

这条重要的原则在组织实践中常遇到来自多方面的破坏。最常见的有两种情况：多（双）头领导现象和越级指挥。

为了防止上述现象的出现，在组织设计中要根据一个下级只能服从一个上级领导的原则，将管理的各个职务形成一条连续的等级链，明确规定链中每个职务之间的责任、权力关系，禁止越级指挥或越权指挥；在组织实践中，在管理的体制上，要实行各级行政首长负责制，减少甚至不设各级行政主管的副职，以防止副职"篡权"、"越权"，从而干扰正职的工作，以保证统一指挥原则的贯彻。

（3）控制幅度原则

所谓管理幅度，也称管理跨度或管理宽度，就是一个主管人员有效领导的直接下属的数量。任何主管人员能够直接有效地指挥和监督的下属数量总是有限的。管理幅度过大，会造成指导监督不力，使组织陷入失控状态；管理幅度过小，又会造成主管人员配备增多，管理效率降低。

管理层次是一个与管理幅度有关的概念，是组织中职位等级的数目。较大的管理幅度意味着较少的层次，较小的管理幅度意味着较多的层次。按照管理幅度的大小与管理层次的多少，就可以形成两种组织结构：扁平结构和高耸结构。所谓扁平结构，就是管理幅度大而管理层次少的结构，高耸结构与之正好相反。

扁平型组织结构的优点是有利于缩短上下级距离，密切上下级关系，信息纵向流通快，管理费用低，而且由于管理幅度较大，被管理者有较大的自主性、积极性和满足感，同时也有利于更好地选择和培训下层人员；缺点是由于不能严密监督下级，上下级协调较差，管理宽度的加大，也加重了同级间相互沟通联络的困难。

高耸型组织结构的优点是具有管理严密、分工明确、上下级易于协调的特点。缺点则是由于层次增多，带来的问题也越多。这是因为层次越多，需要从事管理的人员迅速增加，彼此之间的协调工作也急剧增加，互相扯皮的事会层出不穷。管理层次增多之后，在管理层次上所花费的设备和开支，所浪费的精力和时间也必然增加。管理层次的增加，会使上下的意见沟通和交流受阻，最高层主管人员所要求实现的目标，所制定的政策和计划，不是下层不完全了解，就是传达到基层之后变了样。管理层次增多后，上层管理者对下层的控制变得困难，易造成一个单位整体性的破裂；同时由于管理严密，会影响下级员工的主动性和创造性。因此，一般来说，为了达到有效控制，应尽可能地减少管理层次。

【案例分析】

汤姆·彼得斯的预言

1992 年，沃尔玛超过西尔斯公司成为美国的第一号零售商。

管理大师汤姆·彼得斯早在几年前就预见到这一结果。他说："西尔斯不会有机会的，一个 12 个层次的公司无法与一个 3 个层次的公司抗争。"汤姆·彼得斯也许有点夸大其辞，但这个结论清楚地反映了当时出现的管理幅度设计扁平结构的趋势。

从 1925 年开始，西尔斯公司开始进入百货商店的经营。在 1925 年间，它陆续开设了 300 多家百货商店，1931 年其零售业务营业额首次超过邮购的营业额。在西尔斯公司 100 多年的发展史中，自 20 世纪初期它就一直占据在美国零售业第一的位置上。近年来，市场变化巨大，超级市场、仓储商店、便利店等新型业态发展势头迅猛，百货商店行业态势逐渐衰落。直到 20 世纪 90 年代初，以折扣店起家的沃尔玛公司才超过了西尔斯公司。

每年 2 月份，所有的美国零售商都为消费者的春季购物做好准备，各大商店，比如说 J. C. Penny、Target 和沃尔玛等，都在小鼹鼠探春那天，向走进这些商店的人们展示一架一架的游泳衣和一堆一堆的短裤、短衣，而把冬天的衣物推到打折区去了。但是在西尔斯全国 871 个分店里，消费者所看到的却还是满眼满架的高领毛衣和厚厚的绒布外套，直到 3 月中期，那些夏日服装和无袖套头衫才最终运到店里，但品种却是少得可怜。看来西尔斯的春夏日订货不仅仅订得比其他商店晚，而且更奇怪的是订的货也远比其他商店少。

这种订货方法出自西尔斯这样一个零售老将似乎不可思议，但却是事实，这一败笔对它来说是雪上加霜。多年来西尔斯一直使用不惜血本大幅降价的方法来与同行竞争，尽力缩小自己与沃尔玛和 Target 之间的差距。那么，西尔斯这个美国最古老的零售商怎么反而会犯这么低级、这么幼稚的错误呢？西尔斯前一阵子赶走了太多有丰富零售经验的高层管理人员，这些人拥有丰富的零售经验，他们不仅理解服装市场和生产经销商，最重要的是，他们还深知西尔斯公司本身的特点和弱点。而那些留在公司内的人正是那些在 2003 年预订了太多货品从而留下了一大堆库存的人，而到了 2004 年，他们为了尽量消化上一年的库存，就压缩当年的新订货，从而造成了一种恶性循环。甚至是西尔斯高价收购的、一直以精确预测和有效订货而著称的美国最大的服装邮购公司 Lands' End，这一季竟也未能逃脱与母公司相同的命运，这实在是令人扼腕叹息。

资料来源：http://jpkc.hnu.cn/2007sb-glx/hudakj/home.htm.

分析：通过西尔斯曾经失败的案例，我们看到当时西尔斯的管理层次过多，造成管理监督不严，从而使得一个零售业巨头在管理上出现混乱、决策失误，导致其在当时的销售惨败。

（4）权责对等原则

在进行组织设计时，既要明确每一部门或职务的职责范围，又要赋予其完成职责所必需的权力，使职权和职责两者保持一致，这是组织有效运行的前提，也是组织设计中必须遵循的基本原则。只有责任，没有职权或权限太小，会使工作者的积极性和主动性受到严重束缚；相反，只有职权而无责任，或者责任程度小于职权，则会导致组织中出现权力滥用和无人负责现象并存的局面。

（5）柔性经济原则

组织结构应当保持一定的柔性以减小组织变革所造成的冲击和震荡。组织柔性是指一个组织忍受有限变化而不导致组织出现严重混乱现象的能力。组织柔性包括组织结构柔性和组织过程柔性两个方面。组织柔性就是要求外露的组织结构和内在的联系过程相适应，以达到适应多变环境的目的。结构指组织自身的设计，组织的结构与通过组织的信息是两种不同的资源。结构柔性要能应付突发事件，有吸收环境变化冲击的能力。不同的企业目标、环境的变化要求不同的变革的组织结构来适应完成，如矩阵结构和基于团队的组织比原有的层次结构更能克服专业化分工的不足，更具有柔性。

过程简而言之是利用一种或多种输入来制造有顾客需求价值的输出的一系列活动。因为过程要跨越部门，涉及多个模块，其改变对组织内部的部门会产生重要影响。而且组织还包括组织的管理过程，即组织在外部环境运行的过程，代表了一种与外部组织结构的关系。过程柔性要求简化过程，决策下移，减少组织内部的资源消耗。

【案例分析】

某银行信贷营业部的案例

● 某银行原来营业部分为 5 个部门（见图 5-1）：

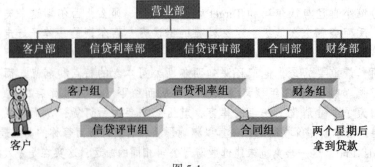

图 5-1

● 组织结构重新调整成 4 个小组，每个小组全面负责从客户寻找到支付的全过程（见图 5-2）：

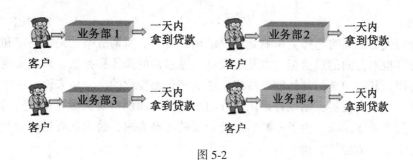

图 5-2

资料来源：http：//jpkc. hnu. cn/2007sb-glx/hudakj/home. htm.

分析：从上面的案例图可以看出，银行信贷营业部只是把组织结构调整简洁了，该部门的工作效率就高了许多，对银行未来的发展前景将会产生积极的影响。所以组织结构的科学设计将会对企业整体工作的效率带来正面的影响。

5.3 组织结构设计

组织结构（organization structure），是指一个组织内各构成素以及它们之间的相互关系，它描述组织的框架体系。组织结构主要涉及组织部门结构、基本的岗位关系、权责关系、业务流程、管理流程及组织内部协调与控制等。组织结构是实现组织宗旨的平台，直接影响着组织行为的效果和效率，从而影响着组织宗旨的实现。通常，一个组织的结构会反映在其组织结构图上。组织结构图是一个组织的一整套基本活动和过程的可视化的描述。

5.3.1 影响组织结构设计的因素

由于各种力量作用的结果，很多组织出现了比较频繁的组织结构变化。比如，很多大城市的医院以及大多数的学校为了适应新的要求，在过去的二三十年里，其组织结构已经发生了很大的变换。很多工业组织也正在把改变组织结构看成是必须面对的现实。影响组织结构的因素主要有以下几个方面：

1. 环境

环境包括一般环境和特定环境。一般环境是指对组织管理目标产生间接影响的那些经济、社会、文化以及技术等环境条件。特定环境是指对组织管理目标产生直接影响的那些因素，如政府、顾客、竞争对手、供应商等。

环境是不断变换的，环境的复杂性和变动性决定了环境的不确定性。在不确定的环境条件下，管理者缺乏完整的外部环境信息，无法预测未来的变化，因而难以做出正确的判断和决策。当环境由简单的稳定性向复杂的变动性转移时，管理决策过程中的不确定性因素也随之增加。可见只有与外部环境相适应的组织结构才能成为有效的组织结构。

2. 战略

高层管理人员的战略选择会影响到组织结构的设计。所谓战略，是指决定和影响组织活动性质及其根本方向的总目标，以及实现这一总目标的途径和办法。研究发现，许多经营成功的公司，其组织结构都是随着战略发展的变化而变化的。一般来说，一个企业如果要保持在单一行业内发展，则偏好采用集权组织结构。而那些实施多元化经营的公司，一般采用分权的事业部结构。为了不断适应公司新的战略要求，公司就要适时地变化组织结构，以保持组织的适应性。

3. 技术

任何组织都需要通过技术将投入转换为产品，因而组织结构就要随着技术的变换而变化。对技术进行区分的一个常用标准就是它的常规性程度。所谓常规性技术是指技术活动是自动化、标准化的操作，而非常规的技术是指技术活动内容要根据不同的要求而有不同的变化。一般来说，组织内部的技术越常规化，组织规范化、集权化程度就越高，采用机械式组织结构的效率也就越高；组织内部门的技术越是非常规化，组织规范化、集权化程度就越低，这时采用柔性有机式组织结构的效率也就越高。

4. 组织规模

组织规模是影响组织结构的重要因素之一。研究表明，组织规模的扩大，会提高组织的复杂性程度，并连带提高专业和规范化的程度。通常情况下，当组织业务不断扩张、组织员工增加、管理层次增多、组织专业化程度不断提高时，组织的复杂化程度也会不断提高。

5. 人的行为

有证据表明，人可以顺应不同的组织结构，可以在不同的组织结构中高效率地工作并获得较高的满足感，特别是当人们认识到某一具体结构适合完成组织目标时就更是如此。然而，由于个人之间的差异，不同的人在不同的组织结构和氛围中的工作效率各不相同。

5.3.2　组织结构设计的程序

组织结构的设计一般包括以下几个步骤：

1. 工作划分与工作专门化

组织结构设计的第一步是将实现组织目标必须进行的活动划分成内在的有机联系的部分，以形成相应的工作岗位。划分活动的基本要点是工作专门化。工作专门化是指组织中把工作任务划分成若干步骤来完成的细化程度，即组织先把工作分成若干步骤，每一步骤安排一个人去完成。因此，每个人只完成所从事的工作的一部分，而不是全部。

2. 工作归类与部门化

一个组织的各项工作可以按照各种方法进行归并，常见的有职能部门化、产品部门化、地区部门化、顾客部门化等。

（1）职能部门化。这种方法就是按工作的相同或相似性进行分类。比如企业里把从事相同工作的人进行归并，形成生产部门、销售部门、财务部门、人事部门等。由于职能部门化与工作专业化有密切的关系，因此，按照职能划分部门是许多组织广泛采用的一种方法。

（2）产品部门化。由于不同的产品在生产、技术、市场、销售等方面可能很不相同，就出现了根据不同的产品种类来划分部门的需要。在这种情况下，各产品部门的负责人对某一产品或产品系列在各方面都拥有一定的职权。

（3）地区部门化。对于地区分散的组织来说，按照地区划分部门是一种普遍采用的方法。这种方法是在当住址地理位置分布不同的地区，各地区的政治、经济、文化等因素影响到组织的经营管理时，把某个地区或区域内的业务工作集中起来，并据此设立相应的管理部门。

（4）顾客部门化。顾客部门化就是根据目标顾客的不同利益需求来划分组织的业务活动。在激烈的市场竞争中，顾客的需求导向越来越明显，表现在不同的顾客在产品品种、质量、价格、服务要求等方面有不同的需求。

3. 确定组织层次

确定组织层次就是要确定组织中每一个部门的职位等级数。组织层次的多少与某一特定的管理人员可直接管辖的下属人员数即管理幅度的大小有直接关系。在一个部门中的员工人数一定的情况下，一个管理人员能直接管理的下属人数越多，那么该部门内的组织层次就越少，所需要的管理人员也越少；反之一个管理人员能直接管辖的员工人数越少，所需的管理人员就越多，相应的组织层次也越多。管理层次与管理幅度的这种互动关系决定了两种基本的组织结构形态：一种是扁平式的组织结构形态；另一种是锥形组织结构形态。

扁平式组织结构的优点是：由于管理层次比较少，信息的沟通和传递速度比较快，信息的失真度也比较低，同时，上级主管对下属的控制也不会太呆板，这有利于发挥属下人员的积极性和创造性。其缺点是：过大的管理幅度增加了主管对下属的监督和协调控制难度。

锥形组织结构的优点是：由于管理层次比较多，管理幅度比较小，每一管理层次上的主管都能对下属进行及时的指导控制；层级之间的关系比较紧密，这有利于工作任务的衔接。其缺点是：过多的层次往往会影响信息的传递速度，因而信息的失真度可能会比较大，而这又会增加高层主管与基层之间的协调成本，增加管理工作的复杂性。

4. 实行授权，建立职权关系

授权是指组织内部授予的指导下属活动及行为的决定权，这些决定权一旦下达，下属必须服从。授权是组织设计的重要内容，它与组织结构内的职位紧密相连，而与个人特质无关。

任何组织内的各个部门及每个管理层次中，都必须设置一系列的职位，而且要在每个职位上配置合适的人选，每个人都要具有与职位相称的职务，负有一定的责任、义务，同时具有完成任务、履行职责的权力。

5.3.3 组织结构的体系

组织结构形成一种决定各级管理人员职责关系的模式。一个现代化的健全的组织结构一般包括：决策子系统、指挥子系统、参谋子系统、执行子系统、监督子系统和反馈子系统。

1. 决策子系统

组织的领导体系和各级决策机构及决策者组成决策子系统。各级决策机构和决策者是组织决策的智囊团，其层次视组织的规模和特点而定。

2. 指挥子系统

指挥子系统是组织活动的指令中心，是以行政首长为首的各级职能单位及其负责人和成员所组成的垂直形态的系统。它的主要任务是实施决策机构的决定，负责指挥组织的活动，保证各项活动顺利而有效地进行。

3. 参谋子系统

参谋子系统是由各级职能或参谋机构及其负责人和成员组成的水平形态的系统。各职能和参谋机构，是行政负责人的参谋和助手，分别负责某一方面的管理业务。

4. 执行子系统、监督子系统和反馈子系统

指挥中心发出指令，这个指令通向执行机构，同时又发向监督机构，让其监督执行的情况。反馈机构通过对信息系统的处理，比较效果与指令的差距后，返回指挥中心，这样，指挥中心便可根据情况发出新的指令。执行子系统、监督子系统、反馈子系统三者必须互相独立，不能合而为一。

5.3.4 组织结构的基本类型

组织结构是为了便于管理，实现组织的宗旨和目标而设置的。每个组织都要分设若干管理层次和管理机构，表明组织内各部分的排列顺序、空间位置、聚散状态、联系方式及各要素之间的相互关系。

组织的部门划分，也称部门化，是指按照一定的方式将相关的（或类似的）工作活动加以细分和组合，形成若干易于管理的组织单位，如部、处、科、室、组或股等，统称为部门。

常见的组织结构有：直线制、职能制、直线职能制、事业部制、矩阵制结构、多维立体组织结构等。

1. 直线制组织结构（见图 5-3）

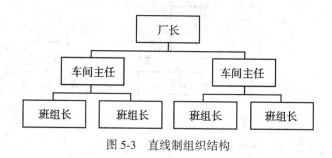

图 5-3　直线制组织结构

企业的管理工作，均由企业的厂长（或公司经理）直接指挥和管理，不设专门的职能机构，至多有几名助手协助厂长（或经理）工作。要求企业领导者精明能干，具有多种管理专业知识和生产技能知识。

优点：管理机构简单，管理费用低；指挥命令系统单纯，命令统一；决策迅速，责任明确，指挥灵活；直接上级和下级关系十分清楚，维护纪律和秩序比较容易。

缺点：一个人的精力有限，管理工作简单粗放；成员之间和组织之间横向联系差；难以找到继任者。

特点：企业各级行政单位从上到下实行垂直领导，下属部门只接受一个上级的命令，各级主管负责人对所属单位的一切问题负责。厂部不另设职能机构，一切管理职能基本上都由行政主管自己负责。

适用：小型企业、个体工商户。

2. 职能制组织结构

职能制组织结构又称为多线性组织结构，起源于法约尔在其经营的煤矿公司担任总经理时所建立的组织结构形式，故又称"法约尔模型"（见图 5-4）。它是按职能来组织部门分工，即从企业高层到基层，均把承担相同职能的管理业务及其人员组合在一起，设置相应的管理部门和管理职务。随着生产品种的增多，市场多样化的发展，应根据不同的产品种类和市场形态，分别建立各种集生产、销售为一体，自负盈亏的事业部制。

优点：政策、工作程序和职责规范十分明确；垂直型权责结构，能实现很好的工作控制；在已有的专业化生产上容易采取大规模生产；管理权力高度集中，便于最高领导层对整个企业实施严格的控制。

缺点：没有一个直接对项目负责的强有力的权力中心或个人；不是以目标为导向的；没有客户问题处理中心；协调十分困难。

适用：适合于单一类型产品或少数几类产品面临相对稳定的市场环境的企业。

3. 直线职能制组织结构

直线职能制组织结构也叫生产区域制，或直线参谋制（见图 5-5），它是在直线制和

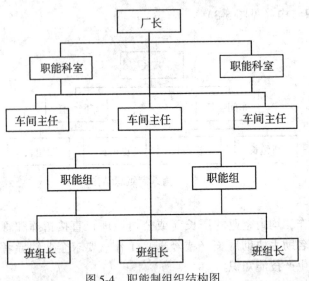

图 5-4　职能制组织结构图

职能制的基础上，取长补短，吸取这两种形式的优点而建立起来的。目前，我们绝大多数企业采用这种组织结构形式。这种组织结构形式是把企业管理机构和人员分为两类，一类是直线领导机构和人员，按命令统一原则对各级组织行使指挥权；另一类是职能机构和人员，按专业化原则，从事组织的各项职能管理工作。直线领导机构和人员在自己的职责范围内有一定的决定权和对所属下级的指挥权，并对自己部门的工作负全部责任。而职能机构和人员，则是直线指挥人员的参谋，不能对直接部门发号施令，只能进行业务指导。

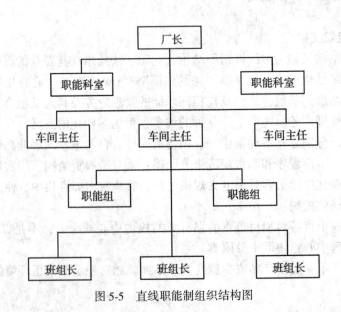

图 5-5　直线职能制组织结构图

优点：既保证了集中统一指挥，又能发挥各种专家业务管理的作用。

缺点：各职能单位自成体系，不重视信息的横向沟通；若授权职能部门过大，易干扰直线指挥命令系统；职能部门缺乏弹性，对环境变化反应迟钝，会增加管理费用；各部门缺乏全局观念，组织存在职能部门间的职权分割；协调工作难度大，削弱了统一指挥，容易形成多头领导。

适用：中型企业普遍适用。

4. 事业部制组织结构

事业部制组织结构又称分公司制组织结构，就是按照企业所经营的事业，包括按产品、按地区、按顾客（市场）等来划分部门，设立若干事业部（见图5-6）。事业部是在企业宏观领导下，拥有完全的经营自主权，实行独立经营、独立核算的部门；既是受公司控制利润中心，具有利润生产和经营管理的职能，同时也是产品责任单位或市场责任单位，对产品设计、生产制造及销售活动负有统一领导的职能。

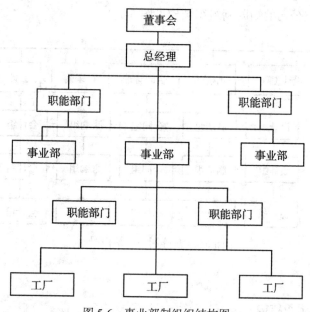

图5-6 事业部制组织结构图

优点：提高了管理的灵活性和适应性；有利于最高管理层摆脱日常行政事务，集中精力做好有关企业大政方针的决策；便于组织专业化生产，便于采用流水作业和自动化等先进的生产组织形式，有利于提高生产效率，保证产品质量，降低产品成本。

缺点：增加了管理层次，造成机构重叠、管理人员和管理费用增加；由于各事业部独立经营，各事业部之间人员互换困难，互相支援较差；各事业部经常从本部门出发，容易滋长不顾公司整体利益的本位主义和分散主义倾向。

适用：规模大型化、经营多样化、市场竞争激烈；具有较复杂的产品类别或较广泛的地区分布的企业。

5. 矩阵制组织结构

矩阵制组织结构，是由纵横两套管理系统组成的组织结构，一套是纵向的职能领导系统，另一套是为完成某一任务而组成的横向项目系统。也就是既有按职能划分的垂直领导系统，又有按项目划分的横向领导系统的结构。

优点：有利于加强各职能部门之间的协作和配合，及时沟通情况；具有较强的机动性和高度的适应性；有利于互相启发，集思广益，攻克各种复杂的技术难题。

缺点：放弃了统一指挥的原则，在相当程度上增加了组织的模糊性，容易产生权力斗争；在资源管理方面存在复杂性；稳定性差，由于小组成员是由各职能部门临时抽调的，任务完成以后，还要回到原职能部门工作，容易使小组成员产生临时观点，不安心工作，从而对工作产生一定影响；权责不清，每个成员都要接受两个或两个以上的上级领导，潜伏着职权关系的混乱和冲突，造成管理秩序混乱，从而容易使组织工作过程丧失效率性。

适用：以项目为生产主体、需要对环境变化作出迅速而一致反应的企业，如咨询公司和广告公司。某航空公司的矩阵制组织结构见图 5-7。

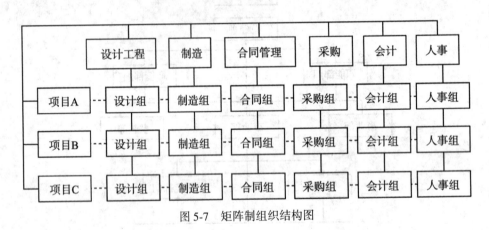

图 5-7　矩阵制组织结构图

6. 多维立体型组织结构

多维立体型组织结构是由美国道-科宁化学工业公司（Dow Corning）于 1967 年首先建立的。它是矩阵制和事业部制结构形式的综合发展，又称为多维组织（见图 5-8）。在矩阵制结构（即二维平面）基础上构建产品利润中心、地区利润中心和专业成本中心的三维立体结构；若再加时间维可构成四维立体结构。虽然其细分结构比较复杂，但每个结构层面仍然是二维制结构，而且多维制结构未改变矩阵制结构的基本特征，多重领导和各部门配合，只是增加了组织系统的多重性。因而，其基础结构形式仍然是矩阵制，或者说它只是矩阵制结构的扩展形式。多维立体型组织结构见图 5-8。

在这种组织结构形式下，每一系统都不能单独做出决定，而必须由三方代表通过共同的协调才能采取行动。因此，多维立体型组织能够促使各部门从组织整体的角度来考虑问

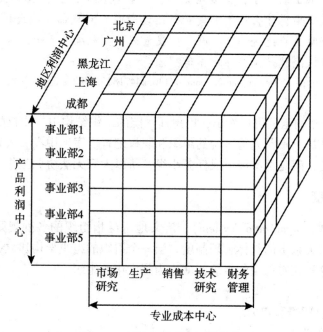

图 5-8　多维立体型组织结构图

题，从而减少了产品、职能和地区各部门之间的矛盾。即使三者间有摩擦，也比较容易统一和协调。这种组织结构形式的最大特点是有利于形成群策群力、信息共享、共同决策的协作关系。这种组织结构形式适用于跨国公司或规模巨大的跨地区公司。

【案例分析】

巴恩斯医院的组织结构问题

　　戴安娜给医院的院长戴维斯博士打了电话，要求立即作出一项新的人事安排。从戴安娜的急切声音中戴维斯能感觉得到发生了什么事。他告诉她马上过来见她。大约五分钟后，戴安娜走进了戴维斯的办公室，递给他一封辞职信。

　　"戴维斯博士，我再也干不下去了，"她开始申述："我在产科当护士长已四个月了，我简直干不下去了。我怎么能干得了这工作呢？我有两个上司，每个人都有不同的要求，都要求优先处理。要知道，我只是一个凡人。我已经尽最大的努力适应这份工作，但看来这是不可能的，让我举个例子吧。请相信我，这是一件平平常常的事情。像这样的事情，每天都在发生。"

　　"昨天早上 7：45 我来到办公室就发现桌上留了张纸条，是达纳·杰克逊（医院的主任护士）给我的。她告诉我，她上午十点需要一份床位利用情况报告，供她下午在董事会作汇报时用。我知道，这样一份报告至少要花一个半小时才能写出来。30分钟以后乔伊斯（戴安娜的直接主管，基层护士监督员）走进来问我为什么我的两个护士不在班上。我告诉她，雷诺兹医生（外科主任）从我这要走了她们两位，说是急诊外科手术正缺人手，需要借用一下。我也反对过，但雷诺兹坚持说只能这么办。你猜，乔伊斯说什么？她叫我立即让她们回到产科部。她还说，一个小时之后，她会回来检查我是否把这件事办好了！我跟你说，戴维斯博士，这种事情每天都发生好几次。一家医院就只能这样运作吗？"

资料来源：http：//wenda. haosou. com/q/1363244718064608？ src＝9999.

分析：从戴安娜的遭遇可以看出，巴恩斯医院的组织结构中的职权配置不合理，应该根据医院的发展和情况不断完善医院的组织和职权配置。案例中没有人越权行事，医院没有好的组织和制度，感觉都不能形成任务小组，所以大家无法协调工作。

5.3.5 组织制度

所谓组织制度（organization system），广义地可泛指组织的各种规则，包括组织产权制度和在特定产权关系下的具体管理制度。当一个组织的组织架构建立起来后，组织制度也要随之建立。这种相对稳定的组织，就称为制度化的组织。

1. 组织职权、职责和权力

（1）职权的意义

按传统的观点，职权指的是管理职位所固有的发布命令和希望命令得到实施的一种权力。职权与组织内的一定职位相关，而与担任该职位管理者的个人特性无关，它与任职者没有任何直接的关系。

（2）职权与职责

职责与职权具有对等的重要性。

①职权关系分为：直线职权与参谋职权。直线职权是指给予一位管理者指挥其下属工作的权力。正是这种上级-下级职权关系从组织内的最高层贯穿到最底层，从而形成所谓的指挥链。有时"直线"一词也用来区分直线管理者与辅助管理人员。这时，"直线"用来强调对组织目标实现具有直接贡献的那些组织职能的管理者。当组织规模得到扩大并变得更为复杂后，直线管理者会发现他们没有足够的时间、技能或办法使工作得到有效完成。为此，他们配置了参谋职权职能来支持、协助工作，并为他们提供建议。

②应区别两种不同形式的职责。最终职责——管理者应对他授予执行职责的下属人员的行动最终负责，所以最终的责任永远不能下授。执行职责——管理者向下授予与所授职权相等的执行责任，不过，职责的另一方面（它的最终的要素）应当保留。

2. 职权与权力

权力，指的是一个人借以影响另一个人的能力。如果说"影响"是权力的表现和权力使用的结果，那么从来源看，权力就是对资源拥有者的依赖。权力本身是一个中性的概念，它可以被利用来达到不良的目的，也可以帮助管理者更好地实现组织的目标。

权力可分为两大类：一类是制度权，即与职位有关的权力，也称行政性权力。另一类是与领导者个人有关的权力。这种权力是领导者由于自身的某些特殊条件才具有的。如，高尚的品德、丰富的经验、卓越的专业能力、良好的人际关系、特殊的个人经历和背景，以及善于创造一个激励的工作环境，以满足组织成员的需要等等。这种权力易于赢得组织成员发自内心的长时期的敬重和服从。

依赖关系是一个人可以对另一个人行使权力的基础。权力与依赖关系的性质和强度由三个因素共同决定：资源的重要性、稀缺性和不可替代性。

职权是制度权，是一种基于掌握职权的人在组织中所居职位的合法权力。职权与职务相伴随，是由一个人在组织中的纵向职位决定的。

3. 集权与分权

集权是指决策权在组织系统中较高层次上一定程度的集中；分权是指决策权在组织系统中较低层次上一定程度的分散。在组织管理中，集权和分权是相对的，绝对的集权或绝对的分权都是不可能的。

（1）过度集权的弊端

不利于合理决策；不利于调动下属的积极性；阻碍信息交流；助长组织中的官僚主义。

（2）分权的作用

分权有利于组织决策的合理化；分权有助于培养组织管理专家。

（3）分权的尺度

衡量分权尺度的标志主要有四个：

①决策的数量：组织中较低管理层次作出决策的数目或频度越大，则分权程度越高。

②决策的范围：组织中较低层次决策的范围越广，涉及的职能越多，分权程度越高。

③决策的重要性：组织中较低层次作出的决策涉及的费用越多，则分权程度越高。

④决策的审核：上级对组织中较低层次作出的决策审核程度越低，这个组织的分权程度越大。如果作出决策后还必须报上级批准，则分权的程度就小。

4. 影响分权的因素

（1）决策的代价

决策付出代价的大小，是决定分权程度的主要因素。一般来说决策失误的代价越大，对经济标准和信誉、士气等无形标准影响较大的决策，越不适宜交给下级人员处理。高层主管常常亲自负责重要的决策，而不轻易授权下属处理。这不仅是因为高层主管的经验丰富，犯错误的机会少，而且因为这类决策责任重大，也不宜授权。

（2）政策的一致性

如果最高主管希望保持政策的一致性，即在整个组织中采用一个统一的政策，则势必趋向于集权化，因为集权是达到政策一致性的最方便的途径。采用一致性的政策，便于比较各部门的成绩，以保证步调一致。如果最高主管希望政策不一致，即允许各单位根据客观情况制定各自的政策，则势必会放宽对职权的控制程度。适当的政策差异有利于激发下级单位的积极性，提高效率。

（3）组织的规模

组织规模扩大后，集权管理不如分权管理有效和经济。组织规模越大，组织的层次和部门会因管理幅度的限制而不断增加。层次增多会使上下沟通的速度减缓，造成信息延误和失真，并意味着今后彼此间的配合工作也会迅速增加。因此，为了加快决策速度、减少失误，使最高主管能够集中精力处理重要决策，也需要向下分权。

（4）组织的成长

从组织成长的阶段来看，组织通常在成立初期采取和维护高度集权的管理方式。随着组织逐渐成长，规模日益扩大，则由集权的管理方式逐渐转向分权的管理方式。

从组织成长的方式来看，如果组织是从内部发展起来的，由小组织逐渐发展成为大组织，则分权的压力比较小；如果组织是由合并的方式发展起来的，则分权的压力比较大。

（5）管理哲学

管理者的个性和他们的管理哲学对组织的分权程度有很大影响。专制、独裁的管理者不能容忍别人触犯他们小心戒备的权力，往往采取集权式管理；反之，则会倾向于分权。

（6）人才的数量与素质

人才的数量不足和素质不高，会限制职权的分散。如果管理人员数量充足、经验丰富、训练有素、管理能力强，则可有较多的分权。

（7）控制的可能性

分权不可失去有效的控制。最高主管在将决策权下授时，必须同时保持对下属的工作和绩效的控制。许多高层主管之所以不愿意向下分权，就是因为他们对下属的工作和成绩没有把握，担心分权之后下属无法胜任工作而承担连带责任。因此，要有效地实施分权，就必须同时解决如何控制的问题。

（8）职能领域

组织的分权程度也因职能领域而异，有些职能领域需要更大的分权程度，有些则相反。在组织的经营职能中，生产和销售业务的分权程度往往很高，原因很简单，生产和销售业务的主管要比其他人更熟悉生产和销售工作。但财务职能中的某些业务活动需要较高的集权，只有集权，最高层主管才能保持其对整个组织财务的控制。

5. 授权

授权与分权虽然都与职权下授有关，但两者是有区别的。分权一般是组织最高管理层的职责，授权则是各个层次的管理者都应掌握的一门职能。分权是授权的基础，授权以分权为前提。授权的内容包含以下几个：

（1）分派任务：向被托付人交代任务。

（2）委任权力：授予被托付人相应的权力，使之有权处置原本无权处理的工作。

（3）明确责任：授予执行职责，保留最终职责，要求被托付人对托付的事负全责。负责不仅包括完成指派的任务，也包括向上级汇报任务的执行情况和成果。

（4）授权并不是将职权放弃或让渡：授予的一切职务都可由授权者收回和重新授出。

【案例分析】

比特丽公司的分权管理

比特丽公司是美国一家大型联合公司，总部设在芝加哥，下属有 450 个分公司，经营着 9000 多种产品，其中许多产品，如克拉克糖、乔氏中国食品等，都是名牌产品。公司每年的销售额 90 多亿美元。

多年来，比特丽公司一直采用购买其他公司来发展自己的积极进取战略，因而公司得到了迅速的发展。公司的传统做法是：每当购买一家公司或厂家以后，一般都保持其原来的产品，使其成为联合公司一个新产品的市场；同时对下属各分公司都采用分权的形式。允许新购买的分公司或工厂保持其原来的生产管理结构，这些都不受联合公司的限制和约束。由于实行了这种战略，公司变成由许多受总公司的限制较少、彼此没有什么联系的分公司组成的没有统一目标的联合公司。

1976 年，负责这个发展战略的董事长退休以后，德姆被任命为董事长。新董事长德姆的意图是要使公司朝着他新制定的方向发展。根据他新制定的战略，德姆卖掉了下属 56 个分公司，但同时又买下了西北饮料工业公司。据德姆的说法，公司除了面临发展方向的问题外，还面临着另外两个主要问题：一个是下属各分公司都面临着向社会介绍并推销新产品的问题，为了刺激各分公司的工作，德姆决定采用奖金制，对下属干得出色的分公司经理每年奖励 1 万美元。但是，对于收入远远超过 1 万美元的这些分公司经理人员来说，1 万美元奖金恐怕起不了多大的刺激作用。另一个面临的更严重的问题是，在维持原来的分权制度下，应如何提高对增派参谋人员必要性的认识，应如何发挥直线与参谋人员的作用问题。德姆决定要给下属每个部门增派参谋人员，以更好地帮助各个小组开展工作。但是，有些管理人员认为只增派参谋人员是不够的，有的人则认为，没有必要增派参谋人员，可以采用单一联络人联系几个单位的方法，即集权管理的方法。

公司专门设有一个财务部门，但是这个财务部门根本就无法控制这么多分公司的财务活动，因此造成联合公司总部甚至无法了解并掌握下属部门支付支票的情况等。

资料来源：赵国运，王军华. 管理学原理. 北京：中国社会出版社，2006.

分析：上述案例中，比特丽公司在集权和分权的管理上没有把握好其尺度。虽然集权与分权是一个与授权密切相关的内容，如果授权较少，那么就意味着较高程度的集权；如果授权较多，那么就意味着较高程度的分权。集权意味着职权集中到较高的管理层次，分权则表示职权分散到整个组织中，不过，集权与分权都是相对概念，并不是绝对的。德姆虽然有了新的战略，但并没有制定出适应新战略的组织管理制度，所以公司必将在管理上形成混乱的局面。

5.4　组织中的领导

5.4.1　领导的含义与作用

1. 领导（leading）的含义

对于领导的含义，至少有下列几种解释：

①领导是解决问题的初始行为。

②领导是对制定和完成组织目标的各种活动施加影响的过程。

③领导是在机械地服从组织的常规指令以外所增加的影响力。

④领导是一个动态的过程，它是领导者个人品质、追随者个人品质和某种定环境的函数。

那么领导是什么呢？我们认为作为管理职能的领导，由领导者和领导行为构成。所谓领导就是指挥、带领、引导和鼓励部下为实现组织目标而努力的过程，实施并完成领导职能的主体是领导者。这个定义包括下面四个要素：

①领导者必须有部下或追随者。

②领导得拥有影响追随者的能力或力量。

③领导的目的是通过影响部下来达到组织的目标。

④领导职能的过程主要包括领导者的协调、激励和控制等内容。

2. 领导者（leader）与管理者（administrator）

从本质上说，管理是建立在合法的、有报酬的和强制性权力基础上对下属命令的行为，下属必须遵循管理者的指示。领导可能建立在合法的、有报酬的和强制性的权力基础上，但更多的是建立在个人影响力和专长权以及模范作用的基础上。

（1）管理者是被任命的，拥有合法的权力进行奖惩，影响力来自于职位所赋予的合法权力。

（2）领导者可以是任命的，也可以是从一个群体中产生出来的，可以不运用正式权力来影响他人的活动。领导者更多的是建立在个人影响力和专长权以及模范作用的基础上。

（3）在理想情况下，所有的管理者都应是领导者；但是，并不是所有的领导者必然具备完成其他管理职能（计划、组织和控制）的潜能，因此不应该所有的领导者都处于管理岗位上。一个人可能是领导者但并不是管理者，非正式组织中最具影响力的人就是典型的例子。一个人可能也是个管理者，但并不是个领导者。领导的本质就是被领导者的追随和服从，它不是由组织赋予的职位和权力所决定的，而是取决于追随者的意愿，因此，有些具有职权的管理者可能没有部下的服从，也就谈不上真正意义上的领导者。

从企业的工作效果来看，应该选择好的领导者从事企业的管理工作。非正式组织中有影响力的人参加企业正式组织的管理，会大大有益于管理的成效。对不具备领导才能的人应该从管理人员队伍中剔除和减少。为了使组织更有效，应该选取领导者来从事管理工作，也应该把每个管理者都培养成好的领导者。

3. 领导者的作用

在带领、引导和鼓舞部下为实现组织目标而努力的过程中，领导者要具体发挥指挥、协调、激励和控制等方面的作用。

（1）指挥作用

在组织活动中，需要头脑清晰、胸怀全局，高瞻远瞩、运筹帷幄的领导者能帮助组织成员认清所处的环境和形势，指明组织目标和达到目标的途径。领导者只有站在群众的前面，用自己的行动带领组织成员为实现组织目标而努力，才能真正起到指挥作用。

（2）协调作用

在许多人协同工作的组织活动中，即使有了明确的组织目标，但因组织成员的才能、理解能力、工作态度、进取精神、性格、作风、地位的不同，加上外部各种因素的干扰，在思想上容易发生各种分歧，所以，在行动上出现偏离目标的情况也是不可能避免的。因此就需要领导者来协调人们之间的关系和活动，把组织成员团结起来，朝着共同的组织目标前进。

（3）激励作用

在组织活动中，尽管大多数人员具有积极工作的愿望和热情，但是这种愿望并不能自然地变成现实的行动，这种热情也未必能自动地长久保持下去。如果一个人的学习、工作和生活遇到困难、挫折或不幸，某种物质的或精神的需要得不到满足，就必然会影响工作的热情。在复杂的社会生活中，组织的每一个人员都有各自不同的经历和遭遇，怎样才能使每一个成员都保持旺盛的工作热情，最大限度地调动他们的工作积极性呢？这就需要有通情达理、关心群众的领导来为他们排忧解难，激发和鼓舞他们的斗志，发掘和增强他们积极进取的动力。

（4）控制作用

在组织活动过程中，领导者能够及时获取较为全面的信息，通过对活动效果和组织目标的比较，迅速发现组织问题所在，保证组织活动按照组织目标的要求进行。领导者的控制主要包括制度控制和创新控制。制度控制要求领导者在准确把握组织目标的基础上，制定并运用相应的标准体系进行组织活动的过程控制。创新控制要求领导者培育良好的组织文化，准确把握持续变化的组织内部和外部环境，通过引导有效的组织学习和变革来更好地实现组织目标。

4. 领导方式的类型

仅有良好的领导素质还不足以保证领导者的工作效率。要充分利用这些素质进行有效的领导，领导者还必须选择恰当的领导方式。领导方式大体上有三种类型：

（1）专权型领导：是指领导个人决定一切，布置下属执行。这种领导方式要求下属绝对服从，并认为决策是自己一个人的事情。

（2）民主型领导：是指领导发动下属讨论，共同商量，集思广益，然后决策。这种领导方式要求上下融洽、合作一致地工作。

（3）放任型领导：是指领导撒手不管，下属原意怎样做就怎样做，完全自由。他的职责仅仅是为下属提供信息并与企业外部进行联系，以此有利于下属的工作。

【案例分析】

从三只鹦鹉的标价看领导

一个人去买鹦鹉，看到一只鹦鹉的前面放了一个标签，上面写道：此鹦鹉会两门语言，售价 200 元。另一只鹦鹉前则标道：此鹦鹉会 4 门语言，售价 400 元。该买哪只呢？两只都毛色光鲜，非常灵活可爱。这人转啊转，拿不定主意。结果突然发现一只看上去很老的鹦鹉毛色暗淡散乱，但却标价 800 元。这人赶紧将老板叫来问：这只鹦鹉是不是会说 8 门语言？店主说：不。买鹦鹉的人奇怪了：那为什么又老又丑，又没有能力，会值 800 元呢？店主回答道：因为另外 2 只鹦鹉管这只鹦鹉叫老板。

资料来源：http://info.ceo.hc360.com/2012/03/310830199565.shtml.

分析：本例中 800 元的鹦鹉本身并不出色，但它却能领导其他 2 只，这就说明：真正的领导人，不一定自己有多少技能。只要领导者懂得信任，懂得放权，懂得珍惜人才，管理并团结自己的下级，就能更好地利用在某些方面比自己强的人，从而自身的价值也通过他们得到了提升和放大。

5.4.2 领导研究理论

1. 领导方式的连续统一体理论

美国学者罗伯特·坦南鲍姆和沃伦·施密特认为，领导方式是多种多样的，从专权型到放任型，存在着多种过渡形式，如图 5-9 所示。

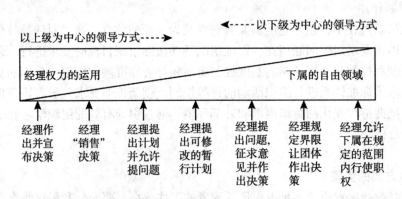

图 5-9 领导方式的连续统一体理论图示

七种典型的领导方式：

（1）经理作出并宣布决策：在这种方式中，上级确认一个问题，考虑各种可供选择的解决方法，从中选择一个，然后向下属宣布，以便执行。他可能考虑，也可能不考虑下属对他人决策的想法，但不管怎样，他不给下属参与决策的机会。下级只有服从他的决定。

（2）经理"销售"决策：经理确认问题和作出决定，但他不是简单地宣布这个决策，而是说服下属接受他的决策。这样做是表明他意识到下属中可能有某些反对意见，他企图通过阐明这种决策给下属带来利益以消除这种反对。

（3）经理提出计划并允许提出问题：经理作出了决策，并期望下属接受这个决策，但他向下属提供一个有关他的想法和意图的详细说明，并允许提出问题，这样，他的下属可以更好地了解他的意图和计划。

（4）经理提出可以修改的暂定计划：允许下属对决策发挥某些影响作用。确认问题和决策的主动权仍操纵在经理手中。他先对问题进行考虑，并提出一个计划，但只是暂定的计划，然后把这个计划交给有关人员征求意见。

（5）经理提出问题，征求建议并作出决策：确认问题和进行决策仍由经理来进行，但下属有建议权。下属可以在经理提出问题后，提出各种解决问题的方案，经理从他自己和下属提出的方案中选择满意者。这样做的目的是充分利用下属的知识和经验。

（6）经理决定界限，让团体作出决策：经理把决策权交给团体。这样做以前，他解释需要解决的问题，并给要做的决策规定界限。

（7）经理允许下属在规定的界限内行使职权：团体有极度的自由，唯一的界限是上级所作的规定。如果上级参加了决策过程，也往往以普通成员的身份出现，并执行团体所做的任何决定。

坦南鲍姆和施密特认为，上述方式孰优孰劣没有绝对的标准，成功的经理不一定是专权的人，也不一定是放任的人，而是在具体情况下采取恰当行动的人。当需要果断指挥时，他善于指挥；当需要职工参与决策时，他能提供这种可能。只有这样，才能取得理想的领导效果。

2. 管理方格理论

管理方格理论是罗伯特·布莱克和简·莫顿提出的。管理方格是一张方格图，横轴表示领导者对生产的关心，纵轴表示领导者对人的关心，每一小方格代表对"生产"和"人"关心的不同程度组合形成的领导方式（见图5-10）。

五种典型的领导方式：

9.1型方式：只注重任务的完成，不重视人的因素。这是一种专权式的领导。下属只能奉命行事，职工失去进取精神，不愿用创造性的方法去解决各种问题，不能施展所有的本领。

1.9型方式：与9.1型相反，即特别关心职工。持此方式的领导者认为，只要职工精神愉快，生产自然会好，不管生产好与不好，都首先要重视职工的情绪。这种管理的结果可能很脆弱，一旦和谐的人际关系受到了影响，生产成绩会随之下降。

5.5型方式：努力保持和谐和妥协，以免顾此失彼。遇到问题总想敷衍了事。此种方式比1.9型和9.1型强些。但是，由于牢守传统习惯，从长远看，会使企业落伍。

1.1型方式：对职工的关心和对生产任务的关心都很差。这种方式无疑会使企业失

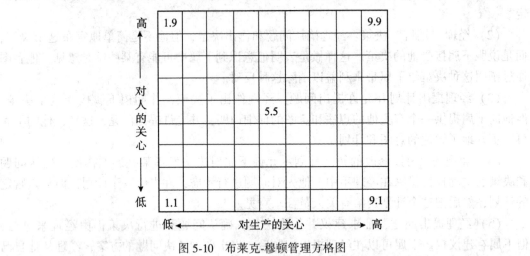

图 5-10　布莱克-穆顿管理方格图

败，但在实践中也很少见到。

9.9 型方式：对生产和人的关心都达到了最高点。在 9.9 型方式下，职工在工作上希望相互协作，共同努力去实现企业目标；领导者诚心诚意地关心职工，努力使职工在完成组织目标的同时，满足个人需要。应用这种方式的结果是，职工都能运用智慧和创造力进行工作，关系和谐，出色地完成任务。

分析结论：作为一个领导者，既要发扬民主，又要善于集中；既要关心企业任务的完成，又要关心职工的正当利益。只有这样，才能使领导工作卓有成效。

3. 权变理论

权变理论认为不存在一种"普适"的领导方式，领导工作强烈地受到领导者所处的客观环境的影响。领导和领导者是某种既定环境的产物，即：

$$S = f (L, F, E)$$

具体地说，领导方式是领导者的特征、追随者的特征和环境的函数。上式中，S 代表领导方式，L 代表领导者的特征，F 代表追随者的特征，E 代表环境。

（1）领导者的特征主要指领导者的个人品质、价值观和工作经历。如果一个领导者决断力很强，并且信奉 X 理论，则他很可能采取专制型的领导方式。

（2）追随者的特征主要指追随者的个人品质、工作能力、价值观等。如果一个追随者的独立性较强，工作水平较高，那么采取民主型或放任型的领导方式比较适合。

（3）环境主要指工作特性、组织特征、社会状况、文化影响、心理因素等。工作是具有创造性还是简单重复，组织的规章制度是比较严密还是宽松，社会时尚是倾向于追随服从还是推崇个人能力等，都对领导方式产生了强烈的影响。

弗雷德·菲德勒的领导权变理论是比较具有代表性的一种权变理论。该理论认为各种领导方式都可能在一定的环境内有效，是这种环境的多种外部和内部因素的综合作用体。

　　菲德勒将领导环境具体化为三个方面，即职位权力、任务结构和上下级关系：

　　（1）所谓职位权力是指领导者所处的职位具有的权威和权力的大小，或者说领导的法定权、强制权、奖励权的大小。权力越大，群体成员遵从指导的程度越高，领导环境也就越好；反之，则越差。

　　（2）任务结构是指任务的明确程度和部下对这些任务的负责程度。如果这些任务越明确，并且部下责任心越强，则领导环境越好；反之，则越差。

　　（3）上下级关系是指群众和下属乐于追随的程度。如果下级对上级越尊重，群众和下属越乐于追随，则上下级关系越好，领导环境也越好；反之，则越差。

　　菲德勒设计了一种问卷来测定领导者的领导方式。该问卷的主要内容是询问领导者对最不与自己合作的同事（Least-preferred co-worker，LPC，最难共事者）的评价。如果领导者对这种同事的评价大多用敌意的词语，则该种领导者属于任务取向型（低 LPC 型）；如果评价大多用善意的词语，则该领导者属于关系取向型（高 LPC 型）。

　　菲德勒认为环境的好坏对领导的目标有重大影响。对低 LPC 型领导者来说，他比较重视工作任务的完成。如果环境较差，他将首先保证完成任务；当环境较好时，任务能够确保完成，这时他的目标将是搞好人际关系。对高 LPC 型领导来说，他比较重视人际关系。如果环境较差，他将首先将人际关系放在首位；如果环境较好，人际关系也比较融洽，这时他将追求完成工作任务，如图 5-11 所示：

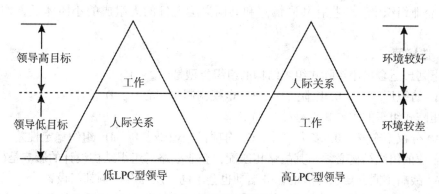

图 5-11　工作关系图

● 基本训练

□ 知识题

5.1　阅读理解

1. 什么是组织设计？

2. 组织结构的影响因素主要有哪些？

3. 试比较分析组织结构基本类型的特点及其适应性。

4. 如何理解组织职权、职责和权力之间的关系？

5. 如何理解领导者与管理者的关系？

5.2　知识应用

一、判断题

1. 当外部环境处于剧烈变化状态时，企业可以通过建立一些临时性的部门、通畅的信息传递、分权程度的提高，以发挥员工的潜力，减少外部环境对企业造成的不利影响。（　　）

2. 组织结构的具体模式有许多种，但其中最主要的是直线制和事业部制。（　　）

3. 职能制组织结构是"经营管理理论之父"法约尔首先提出来的。（　　）

4. 管理层次的增加必将导致管理人员数量的急剧增加，管理成本大幅度上升，所以应尽量减少管理层次。（　　）

5. 大批量生产的企业生产专业化程度较高，产品品种少，主要进行标准化生产，对职工技术要求相对较低，适于采用分权式组织形式。（　　）

6. 采取扁平型还是高层型组织结构，主要取决于组织规模的大小和组织领导者的有效管理幅度等因素。因为在管理幅度不变时，组织规模与管理层次成正比。规模大，层次多，则呈高层型结构；反之亦然。（　　）

7. 影响组织集权与分权程度的因素很多。从组织成长的不同方式来看，如果组织是靠其内部积累由小到大逐级发展起来的，则分权程度较高。（　　）

8. 组织作为人的集合，就是简单的个人的加总。（　　）

9. 电影院的观众是拥有特定的共同目标的群体，所以，他们是一个组织。（　　）

10. 企业组织中，一些有共同情感和共同兴趣爱好的人组成的小团体被称作协作组织。（　　）

二、选择题

1. 下列最适合采用矩阵式组织结构的组织类型是（　　）。

　　A. 纺织厂　　　　B. 医院　　　　C. 电视剧制作中心　　　D. 学校

2. 矩阵式组织的主要缺点是（　　）。

　　A. 分权不充分　　B. 多头领导　　C. 对项目经理要求高　　D. 组织稳定性差

3. 企业的组织结构必须与其战略相匹配，企业战略对组织结构设计的影响是（　　）。

　　A. 战略不同，要求开展的业务活动也会不同，从而会影响部门设置

　　B. 不同的战略有不同的重点，会影响各部门与职务的相对重要性及相互关系

　　C. AB 都对

　　D. AB 都不对

4. 一家产品单一的跨国公司在世界许多地区拥有客户和分支机构，该公司的组织结构应考虑按什么因素来划分部门？（　　）

　　A. 职能　　　　　B. 产品　　　　C. 地区　　　　　　D. 矩阵结构

5. 某企业的员工在工作中经常接到来自上级的两个有时甚至是相互冲突的命令，以下哪种说法指出了导致这种现象的本质原因？（　　）

　　A. 该公司在组织设计上采取了职能结构

　　B. 该公司在组织运作中出现了越权指挥的问题

　　C. 该公司的组织层次设计过多

D. 该公司组织运行中有意或无意地违背了统一指挥的原则

6. 企业中管理干部的管理幅度，是指他(　　)。

    A. 直接管理的下属数量　　　　B. 所管理的部门数量

    C. 所管理的全部下属数量　　　D. B 和 C

7. 某公司随着经营范围的扩大，其由总经理直辖的营销队伍人员也从 3 人增加到 100 人，最近，公司发现营销队伍似乎有点松散，对公司的一些做法也有异议，但又找不到确切的原因，从管理的角度看，你认为出现这种情况的主要原因最大可能在于(　　)。

    A. 营销人员太多，产生了鱼龙混杂的情况

    B. 总经理投入的管理时间不够，致使营销人员产生了看法

    C. 总经理的管理幅度太宽，以致无法对营销队伍进行有效的管理

    D. 营销队伍的管理层次太多，使得总经理无法与营销人员有效沟通

8. 以下各种说法中，你认为哪一种最能说明企业组织所采取的是越来越分权的做法？(　　)

    A. 更多的管理人员能对下属提出的建议行使否决权

    B. 下属提出更多的建议并有更大的比例被付诸实施

    C. 较低层次的管理人员愿意提出更多、更重要的改进建议

    D. 采取了更多的措施减轻高层主要领导的工作负担

9. 很多企业是由小到大逐步发展起来的，一般在开始时往往采用的组织结构是直线制。业务的扩大以及人员队伍的增加，使得高层管理者不得不通过授权的方式委托一批有实力的专业人员进行职能化管理。但是，直线职能制组织形式也存在一些固有的缺陷。下列说法不是直线职能制组织形式的缺陷的是(　　)。

    A. 成员的工作位置不固定，容易产生临时观念

    B. 各职能单位自成体系，往往不重视工作中的横向信息沟通

    C. 组织弹性不足，对环境变化的反应比较迟钝

    D. 不利于培养综合型管理人才

10. 某公司有员工 64 人，假设管理幅度为 8 人，该公司的管理人员应为多少人？管理层次是(　　)。

    A. 10 人 4 层　　　　B. 9 人 3 层　　　　C. 9 人 4 层　　　　D. 8 人 3 层

● 综合案例

马格纳国际公司的兴衰史

    马格纳国际公司是北美 10 大汽车制造厂之一。这家加拿大公司生产有 4000 种零配件，从飞轮到挡泥板，什么都有。它几乎为所有在美国设有工厂的大汽车制造商都提供配件。比如，它是克莱斯勒汽车公司最大的配件供应商。

    马格纳的高层管理当局长期以来力求保持一种松散的结构，并给予各单位管理者充分的自主权。在 20 世纪 80 年代中期，该公司拥有 1 万多名员工，年销售额近 10 亿加元。员工们被组织到 120 个独立的企业中，每个企业都以自己的名义开展活动，

但只设有一个工厂。马格纳公司的宗旨是，使各单位保持小规模（不超过200人）以鼓励创新精神和将责任完完全全地落实到工厂经理身上。当某个工厂揽到了超过其能力所能处理的业务，马格纳公司不是扩大该工厂的规模，而是重新配置这样的一套生产设施，开办一个新企业。

这种结构在整个80年代运作得相当好。10年内，总销售额增长了13倍。工厂经理们以接近完全自治的方式，大胆地扩展他们的业务。其动机呢？他们不仅享受自己工厂的盈利，而且还包括从他们业务中分离出去的新建企业的盈利。这样，不用公司出面干涉，工厂经理们就会主动设立新厂，向外举债，并与底特律的汽车制造商签订供货合同。

但1990年马格纳公司出现了困难。那时，汽车的销售量大幅度下降，受扩张动机驱使的马格纳管理者给公司带来了10亿美元的新债务。1990年，马格纳公司的销售额为16亿美元，而亏损达到了1.91亿美元，公司眼看就要倒闭了。1991年1月份，马格纳公司的股票价格跌到了每股2美元。

然而，马格纳公司并没有破产，其高层管理当局采取了断然措施，挽救了公司的命运。公司出售并关闭了近一半的工厂，将收回的现金用于清偿债务。留下的工厂都是最新、小型、高效、灵活的。公司管理当局还成功地使其生产的配件在福特的"金牛座"牌（Taurus）和丰田的"皇冠"牌这些流行轿车上获得更多的使用。到1992年，马格纳公司的销售额增加到20亿美元，盈利达到0.81亿美元。公司的股价已经回升到26美元以上。其高层管理当局声称，公司现在比80年代的业务更为集中，更重视控制，并禁止新的举债行为。

资料来源：http://www.docin.com/p-40115856.html.

问题：
1. 利用本章学过的组织结构类型的知识，描绘马格纳国际公司在1980年和1992年的组织结构。
2. 马格纳公司并不是唯一的一家对其组织结构进行了变更的公司。还有许多公司，甚至包括国际商用机器公司这样的大公司，也在对其组织结构进行调整。这是为什么？

● **综合实训**

解　扣

实训内容

本训练项目采取游戏的方式。此游戏非常类似儿时的翻绳游戏，所不同的是想要过关必须靠组织的群策群力，依靠每个组员的分工合作，而且你的思维方式越广，你面前的道路也就越顺利。

（1）将全班学生分成若干个小组，每组10～12人，让每组成员手拉手围站成一个圆圈，记住自己左右手分别相握的人。

（2）在节奏感较强的背景音乐声中，大家放开手，随意走动，音乐一停，脚步即停。

找到原来左右手相握的人分别握住。

（3）小组中所有参与者的手都彼此相握，形成了一个错综复杂的"手链"。节奏舒展的背景音乐中，主持人要求大家在手不松开的情况下，无论用什么方法，将交错的"手链"解成一个大圆圈。

（4）第一轮由于每圈人数不多，较快就完成了任务。第二轮把两个小组的成员合并，形成一个大圈，按第一轮的操作重复进行一次。

（5）第三轮将第二轮中两个圈的成员合并成一个特大的圈，这时也就是全班成员围成一个大大的圆圈。按第一轮的操作重复进行一次。

（6）全班交流，分享感受。

实训要求

（1）根据人数要有足够的空间，而且要有清晰的背景音乐烘托气氛，产生静动分明的效果；

（2）强调记住自己左手、右手相握者，不要搞错；

（3）当出现"手链"非常复杂，有人想放弃时，教师要暗示、鼓励，一定可以解开"手链"。解"手链"过程中，可以采用各种方法，如跨、钻、套、转等，就是不能放开。

实训方式

全体参加者双手相握后，开始想办法达到一个目的：最终恢复成单圈手拉手（相邻两人左右手相牵）。

教师安排 10 人"手链"、20 人"手链"、40 人"手链"的目的，就是想通过增强难度，促进组织成员间的探索与合作，从而感受成功的快乐。

实训场所

由教师根据实际情况选择教室或操场或其他空间。

第6章 员工激励与绩效的管理

学习目标

◎ 理解激励的内涵；
◎ 了解激励的相关理论；
◎ 掌握激励的方法和艺术；
◎ 掌握绩效管理的内涵及步骤。

技能目标

◎ 能根据岗位特点选择合适的激励方法；
◎ 能运用奖励系统进行绩效激励；
◎ 培养学生的理解能力、分析解决问题的能力和团队合作意识。

【引例】

黄工程师为什么要走

助理工程师黄大佑，一个名牌大学高才生，毕业后工作已8年，于4年前应聘到一家大厂工程部负责技术工作，工作勤恳负责，技术力强，很快就成为厂里有口皆碑的"四大金刚"之一，名字仅排在一号种子厂技术部主管陈工之后。然而，他的工资却同仓管人员不相上下，夫妻小孩三口尚住在来时住的那间平房。对此，他心中时常有些不平。

黄厂长，一个有名的识才老厂长，"人能尽其才，物能尽其用，货能畅其流"的名言，在各种公开场合不知被他引述了多少遍，实际上他也是这样做的。4年前，黄大佑来报到时，门口用红纸写的"热烈欢迎黄大佑工程师到我厂工作"几个不凡的颜体大字，是黄厂长亲自吩咐人力部主任落实的，并且交代要把"助理工程师"的"助理"两字去掉。当时这确实使黄大佑风光不少，工作更卖劲。

两年前，厂里有指标申报工程师，黄大佑属有条件申报之列，但名额却让给一个没有文凭、工作平平的老同志。他想问一下厂长，谁知，他未去找厂长，厂长却先来找他了："黄工，你年轻，机会有的是。"去年，他想反映一下工资问题，这问题确

140

实重要，来这里其中一个目的不就是想得高一点工资，提高一下生活待遇吗，但是几次想开口，他都没有勇气讲出来。因为厂长不仅在生产会上大夸他的成绩，而且，曾记得，有几次外地人来取经，黄厂长当着客人的面赞扬他："黄工是我们厂的技术骨干，是一个有创新的……"哪怕厂长再忙，路上相见时，总会拍拍黄工的肩膀说两句，诸如"黄工，干得不错""黄工，你很有前途"。这的确让黄大佑兴奋，"黄厂长确实是一个伯乐"。此言不假，前段时间，他还把一项开发新产品的重任交给他呢，大胆起用年轻人，然而……

最近，厂里新建好了一批职工宿舍，听说数量比较多，黄大佑决心要反映一下住房问题，谁知这次黄厂长又先找他，还是像以前一样，笑着拍拍他的肩膀："黄工，厂里有意培养你入党，我当你的介绍人。"他又不好开口了，结果家没有搬成。

深夜，黄大佑对着一张报纸招聘栏出神。第二天一早，黄厂长办公桌上压着一张小纸条：

黄厂长：您是一个懂得使用人才的好领导，我十分敬佩您，但我决定走了。

资料来源：http：//blog. 163. com/suliu19@ 126/blog/static/14028316220111198938587.

该案例表明：企业的员工存在各种需求，每种需求的满足所起的激励作用是不同的。组织应关心员工，用正确科学的方式考评员工绩效，用合理的激励方法激励员工，只有这样才能充分调动员工积极性。

6.1 员工激励

6.1.1 激励概述

1. 激励（motivation）的含义

激励的原意是指人在外部条件刺激下出现的心理紧张状态。管理中的激励，是指管理者运用各种管理手段，刺激被管理者的需要，激发其动机，使其朝向所期望的目标前进的心理过程。

激励作为一种领导手段，与前面所讲的凭借权威进行指挥相比，其最显著的特点是内在驱动性和自觉自愿性。由于激励起源于人的需要，是被管理者追求个人需要满足的过程，这种实现组织目标的过程，不带有强制性，而完全是靠被管理者内在动机驱使的、自觉自愿的过程。

构成激励的要素主要包括：

（1）动机

激励的核心要素是动机，关键环节是动机的激发。

（2）需要

需要是激励的起点与基础。人的需要是人们积极性的源泉和实质，而动机则是需要的表现形式。

（3）外部刺激

这是激励的条件。外部刺激主要指管理者为实现组织目标而对被管理者所采取的种种管理手段及相应形成的管理环境。

（4）行为

这是激励的目的，是指在激励状态下，人们为动机驱使所采取的实现目标的一系列动作。动机、需要、行为与外部刺激这些要素相互组合与作用，构成了对人的激励。

2. 激励的过程

（1）激励的实质过程

从心理学角度看，激励过程就是在外界刺激变量（各种管理手段与环境因素）的作用下，使内在变量（需要、动机）产生持续不断的兴奋，从而引起主体（被管理者）积极的行为反应（为动机所驱使的、实现目标的努力）。

（2）激励的过程模式

激励的具体过程表现为：在各种管理手段与环境因素的刺激（诱因）下，被管理者产生了未被满足的需要（驱力）；从而造成心理与生理紧张，寻找能满足需要的目标，并产生要实现这种目标的动机；由动机驱使，被管理者采取努力实现上述目标的行为；目标实现，需要满足，紧张心理消除，激励过程完结。当一种需要得到满足后，人们会随之产生新的需要，作为未被满足的需要，又开始了新的激励过程。这一过程如图 6-1 所示。

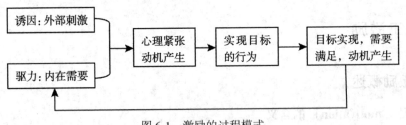

图 6-1　激励的过程模式

【导入案例】

渔夫、蛇和青蛙

一天，渔夫看见一条蛇咬着一只青蛙，渔夫为青蛙感到难过，便决定救这只青蛙。他靠近了蛇，轻轻地将青蛙从蛇口中拽了出来，青蛙得救了。但渔夫又为蛇感到难过：蛇失去了食物。于是，渔夫取出一瓶威士忌，向蛇口中倒了几滴。蛇愉快地游走了。青蛙也显得很快乐。渔夫满意地笑了。可几分钟后，那条蛇又咬着两只青蛙回到了渔夫的面前。

分析：激励是什么？激励就是让人们很乐意地去做他们感兴趣的、又能带来最大利益的事情。当然，关键是要用合适、正确的方法去引导，并让他们做好。

3. 激励的原则

（1）合理性原则

激励的合理性原则包括两层含义：其一，激励的措施要适度，要根据所实现目标本身的价值大小确定适当的激励量；其二，奖惩要公平。

（2）引导性原则

激励措施只有转化为被激励者的自觉自愿，才能取得激励效果。因此，引导性原则是激励过程的内在要求。

（3）时效性原则

要把握激励的时机，"雪中送炭"和"雨后送伞"的效果是不一样的。激励越及时，越有利于将人们的激情推向高潮，使其创造力连续、有效地发挥出来。

（4）目标激励原则

在激励机制中，设置目标是一个关键环节。美国行为学家吉格勒指出：设定一个高目标就等于达到了目标的一部分。目标设置必须同时体现组织目标和员工需要的要求。

（5）明确性原则

激励既要明确、公开又要直观。激励的目的是需要做什么和必须怎么做；特别是在处理奖金分配等员工关注的问题时，公开更为重要。同时，实施物质奖励和精神奖励时都需要直观地表达它们的指标，总结和授予奖励和惩罚的方式。直观性和激励影响的心理效应成正比。

（6）按需激励原则

如果激励能满足员工最迫切的需要（主导需要），其效价才高，其激励强度才大。因此，领导必须深入地进行调查研究，不断了解员工需要层次和需要结构的变化趋势，有针对性地采取激励措施，才能收到实效。

4. 激励的作用

（1）激励能调动员工的工作积极性和创造性

激励能调动员工的工作积极性和创造性，是他们始终保持旺盛战斗力的关键所在，它的主要作用是通过动机的激发，调动被管理者工作的积极性和创造性，使其自觉自愿地为实现组织目标而努力，其核心作用是调动人的积极性。

（2）激励增强组织的凝聚力和向心力

企业是由员工的工作群体组成的，为保证企业作为一个整体协调运行，除了运用严密的组织结构和严格的规章制度进行约束之外，还需要通过运用激励方法，满足员工的心理需求，调动员工的工作积极性，协调好人际关系，促进内部关系的协调统一，增强企业的凝聚力和向心力。

（3）激励能挖掘人的潜力，提高工作效率

员工的积极性与组织的绩效密切相关，在组织行为学中有这么一个公式：

$$绩效 = f（能力、激励、环境）$$

从这个公式中，我们可以看到组织的绩效本质上取决于组织成员的能力、被激励的情形和工作环境条件。由此可见，激励是提高绩效的一种很重要的有利因素，当然，能力和环境也是不可或缺的。

【案例分析】

日本松下公司的员工激励

　　日本松下公司每季度都要召开一次各部门经理参加的讨论会，以便了解彼此的经营成果。开会前，公司把所有部门按照完成任务的情况从高到低分别划分为 A、B、C、D 四级，会上，A 部门首先报告，然后依次是 B、C、D 部门。
　　资料来源：慧聪网企业管理频道.

　　思考：为何部门要安排先后顺序报告，这样可以激励员工吗？
　　分析：这种做法充分利用了人们争强好胜的心理，谁也不愿意排在最后。

6.1.2　激励理论

　　激励理论主要研究人动机激发的因素、机制和途径等问题。心理学家和管理学家进行了大量研究，形成了一些著名理论。这些理论大致可以分为三类：
　　一是内容型激励理论。该理论重点研究激发动机的诱因，主要包括：马斯洛的"需要层次论"、赫茨伯格的"双因素论"、麦克莱兰的"成就需要激励理论"等。
　　二是过程型激励理论。该理论重点研究从动机的产生到采取行动的心理过程，主要包括：弗鲁姆的"期望理论"、波特和劳勒的"期望模式"、亚当斯的"公平理论"等。
　　三是行为改造理论。该理论重点研究激励的目的（即改造、修正行为），主要包括：斯金纳的"操作条件反射论"、海利的"归因理论"等。
　　下面选取有代表性的理论做简要介绍。

1. 需要层次理论（hierarchy of needs theory）
　　需要层析理论是美国心理学家亚伯拉罕·马斯洛于 1943 年提出来的，这一理论揭示了人的需要与动机的规律，受到管理学家的普遍重视。
　　（1）基本内容
　　马斯洛提出人的需要可分为五个层次，即生理需要、安全需要、社交需要、尊重需要和自我实现需要。这五种需要成梯形分布，如图 6-2 所示。
　　①生理需要。生理需要是指维持人类自身生命的基本需要，如对衣食住行的基本需要。他认为，在这些需要没有得到满足以维持生命之前，其他需要都不能起激励作用。
　　②安全需要。安全需要是指人们希望避免人身危险和不受丧失职业、财物等威胁方面的需要。生理需要与安全需要属物质需要。
　　③社交需要。这是指人们希望与别人交往，避免孤独，与同事和睦相处、关系融洽的欲望。
　　④尊重的需要。当第三层次需要满足后，人们开始追求受到尊重，包括自尊与受人尊

图 6-2　马斯洛需求层次

重两个方面。

⑤自我实现的需要。这是一种最高层次的需要。它是指使人能最大限度地发挥潜能，实现自我理想和抱负的欲望，这种需要突出表现为工作胜任感、成就感和对理想的不断追求。他认为这一层次的需要是无止境的，一种自我实现需要满足后，会产生更高的自我实现需要。后三个层次的需要属精神需要。

后来，在这五个层次的基础上，他又补充了求知的需要和求美的需要，从而形成了七个层次。马斯洛认为：不同层次的需要可同时并存，但只有低一层次的需要得到基本满足后，较高层次的需要才发挥对人行为的推动作用。在同一时期内同时存在的几种需要中，总有一种需要占主导、支配地位，称之为优势需要，人的行为主要受优势需要所驱使。任何一种满足了的低层次需要并不因为高层次需要的发展而消失，只是不再成为主要激励力量。

（2）对管理实践的启示

①正确认识被管理者的多层次性。片面对待下属需要是不正确的，应进行科学分析，并区别对待。

②要努力将本组织的管理手段、管理条件同被管理者的各层次需要联系起来，不失时机地、最大限度地满足被管理者的需要。

③在科学分析的基础上，找出受时代、环境及个人条件差异影响的优势需要，然后，有针对性地进行激励，以达到"一把钥匙开一把锁"的预期激励效果。

【案例分析】

汤姆的不满

汤姆是一家软件公司的销售经理，能力强，热爱工作，成绩显著。今年他升任上海总公司的销售经理，薪水也增加了，但是近期他不但没有工作热情，甚至还有辞职的念头。为什么升职、加薪反而要辞职呢？经了解，原来引起汤姆不满的原因来自于他的上司。他的上司对汤姆到上海工作颇不放心，担心他做不好，总会给他安排一些很简单的工作，并且在汤姆工作时还经常干预，汤姆工作能力较强，习惯独立思考问题、解决问题，对上司的频繁干预，他非常不习惯，并逐渐产生不满情绪。

分析：这个案例应引起经理们的关注，仅仅加薪、晋级不一定能有效激励员工，还应该根据下属的特点，做好其他方面的工作，如汤姆的上司应该花一些时间了解下属，在了解的基础上信任下属，给他舞台让他充分展示自己。当然，要让下属保持旺盛的士气，绝非如此简单，还应采取许多其他的激励方法，如尊重、关爱、赞美、宽容下属等，另外，还可以提供适当的竞争环境，给下属指出奋斗的目标，帮助下属规划出其发展的蓝图，恰到好处的批评等。

2. 双因素理论（"保健-激励理论"（motivation-hygiene theory））

双因素理论是美国心理学家赫茨伯格于 20 世纪 50 年代提出来的。他将影响人的积极性的因素归纳为激励因素与保健因素两大类，故简称为"双因素理论"。

（1）基本内容

他通过大量的关于人们为什么愿意干工作的调查，提出两大类影响人的工作积极性的因素：

①保健因素。这属于和工作环境或条件相关的因素，包括：管理政策与制度、监督系统、工作条件、人际关系、薪金、福利待遇、职务地位、工作安全等因素。当人们得不到这些方面的满足时，就会产生不满，从而影响工作，但当人们得到这些方面的满足时，只是消除了不满，却不会调动人们的工作积极性，即不起明显的激励作用，因此，他将这类因素称为保健因素。

②激励因素。这属于和工作本身相关的因素，包括：工作成就感、工作挑战性、工作中得到的认可与赞美、工作的发展前途、个人成才与晋升的机会等。当人们得不到这些方面的满足时，工作缺乏积极性，但不会产生明显的不满情绪；当人们得到这些方面的满足时，会对工作产生浓厚的兴趣，产生很大的工作积极性，起到明显的激励作用。因此，他将这类因素称为激励因素。

（2）对管理实践的启示

①善于区分管理实践中存在的两类因素，对于保健因素（如工作条件、住房、福利等）要给予基本的满足，以消除下级的不满。

②要抓住激励因素，进行有针对性的激励。根据赫茨伯格的理论，对职工最有效的激

励就是让职工对所从事的工作本身满意。管理者应动用各种手段进行工作设计。如通过调整工作的分工，宣传工作的意义，增加工作的挑战性，使工作内容丰富化等来增加员工对工作的兴趣，千方百计地使员工对自己的工作满意，从而收到有效激励的效果。

③正确识别与挑选激励因素。能够对职工积极性产生重要影响的激励因素在管理实践中不是绝对的，它们受到社会、阶层及个人的经济状况、社会身份、文化层次、价值观念、个性、心理等诸多因素的影响。对于不同国家、地区、时期、阶层、组织乃至每个人，最敏感的激励因素是各不相同的，有时差别还很大。因此，必须在分析上述因素的基础上，灵活地加以确定，例如，工资在发达国家的一些企业员工中不构成激励因素，而在我国许多企业员工中仍是一个重要的激励因素。

3. X-Y 理论

X-Y 理论（theory X-theory Y）主要是对人性的根本性理解。一个是性本恶——X 理论，一个是性本善——Y 理论。对 X 理论和 Y 理论的概括，是麦格雷戈在学术上最重要的贡献。

（1）基本内容

这是一对完全基于两种完全相反假设的理论，X 理论认为人们有消极的工作原动力，而 Y 理论则认为人们有积极的工作原动力。

①X 理论假设：一般人的本性是懒惰的，工作越少越好，可能的话会逃避工作。大部分人对集体（公司、机构、单位或组织等）的目标不关心，因此管理者需要以强迫、威胁处罚、指导、金钱利益等诱因激发人们的工作原动力。一般人缺少进取心，只有在指导下才愿意接受工作，因此管理者需要对他们施加压力。持 X 理论的管理者会趋向于设定严格的规章制度，以减低员工对工作的消极性。

②Y 理论假设：人们在工作上体力和脑力的投入就跟在娱乐和休闲上的投入一样，工作是很自然的事——大部分人并不抗拒工作。即使没有外界的压力和处罚的威胁，他们一样会努力工作以期达到目的——人们具有自我调节和自我监督的能力。人们愿意为集体的目标而努力，在工作上会尽最大的努力，以发挥创造力和才智——人们希望在工作上获得认同感，会自觉遵守规定。在适当的条件下，人们不仅愿意接受工作上的责任，并会寻求更大的责任。许多人具有相当高的创新能力去解决问题。在大多数机构里面，人们的才智并没有充分发挥。持 Y 理论的管理者主张用人性激发的管理，使个人目标和组织目标一致，会趋向于对员工授予更大的权力，让员工有更大的发挥机会，以激发员工对工作的积极性。

（2）X-Y 理论的局限性

麦格雷戈对人性的基本估计过于绝对和偏激。X 理论过低地估计了人的能动性，Y 理论则把人完全理性化；X 理论并非一无是处，Y 理论也未必普遍适用。管理应针对不同的情况，科学地选择和综合运用它们。

4. 期望理论（expectancy theory）

美国心理学家弗鲁姆于 1964 年系统地提出了期望理论，这一理论通过人们的努力行为与预期奖酬之间的因果关系来研究激励的过程。

（1）基本内容

这种理论认为，人们对某项工作积极性的高低，取决于他们对这种工作能满足其需要的程度及实现可能性大小的评价。如一位员工认为某项工作目标的实现，将会给他带来巨大的利益（如巨额奖金、荣誉称号、获得提升等），而且只要通过努力，达到目标的可能性也很大时，他就会以极高的积极性努力完成这一工作。反之，若对达到目标不感兴趣，或者虽感兴趣，但根本没有希望达到目标，那他就不会有努力做好这项工作的积极性。

激励水平取决于期望值与效价的乘积，其公式是：

$$激发力量 = 效价 \times 期望值$$

激发力量指受激励动机的强度，即激励作用的大小。它表示人们为达到目的而努力的程度。效价指目标对于满足个人需要的价值，即某一个人对某一结果偏爱的程度。期望值，指采取某种行动实现目标可能性的大小，即实现目标的概率。由上式可见，激励作用的大小，与效价、期望值成正比，即效价、期望值越高，激励作用越大，反之，则越小。而如其中一项为零，激发力量也自然为零。

（2）对管理实践的启示

①选择激励手段，一定要选择员工感兴趣、评价高，即认为效价大的项目或手段，这样才能产生较大的激励作用。

②确定目标的标准不宜过高。凡是想起广泛激励作用的工作项目，都应是大多数员工经过努力能实现的。这样通过增大目标实现的概率来增强激励作用。

③如果不从实际出发，不考虑员工的实际需要，只从管理者本人或上级主管的意志或兴趣出发，推行对员工来说效价不高、实现概率不大的项目，是不可能起到激励作用的。

5. 公平理论（equity theory）

公平理论是美国心理学家亚当斯于 1965 年提出来的，这一理论重点研究个人作出的贡献与所得报酬之间关系的比较对激励的影响。

（1）基本内容

公平理论认为，人的工作积极性不仅受到其所得的绝对报酬的影响，更重要的是受其相对报酬的影响。这种相对报酬是指个人付出劳动与所得到的报酬的比较值。付出劳动包括：体脑力消耗、技术水平能力高低、工龄长短、工作态度等；报酬包括：工资、奖金、晋升、名誉、地位等。付出与报酬的比较方式包括两种：横比和纵比。横比即在同一时间内以自身同其他人相比较。纵比即拿自己不同时期的付出与报酬进行比较，前者可称为社会比较，后者可称为历史比较。

是否感到公平，所依据的是付出与报酬之间比较出来的相对报酬。相对报酬如果合理，就会获得公平的感受，否则就是不公平感受，可分别用以下公式表示。

$$\frac{个人所得报酬}{个人付出劳动} = \frac{他人(或历史上个人)所得报酬}{他人(或历史上个人)付出劳动} = 公平的感受$$

$$\frac{个人所得报酬}{个人付出劳动} < \frac{他人(或历史上个人)所得报酬}{他人(或历史上个人)付出劳动} = 不公平的感受$$

当获得公平感受时，员工就会心情舒畅，努力工作；当得到不公平感受时，员工就会出现心理上的紧张、不安，从而使其采取行动以消除或减轻这种心理紧张状态。其所采取的具体行为如：试图改变其所得报酬或付出；有意无意曲解自己或他人的报酬或付出；竭力改变他人的报酬等。

（2）对管理实践的启示

① 在管理中要高度重视相对报酬问题。职工对自己的报酬进行横比、纵比这是必然的现象。管理者如果不加以重视，很可能出现员工"增收"的同时也"增怨"的现象。自古就有"不患寡而患不均"这种普遍的社会心理现象，管理者必须始终将相对报酬作为有效激励方式加以运用。

② 尽可能实现相对报酬的公平性。我国国企改革，打破大锅饭，实行"多劳多得、少劳少得"正是体现了这种公平理论的要求。

③ 当出现不公平现象时，要做好工作，积极引导，防止负面作用发生，并通过改革和管理的科学化，消除不公平，或将不公平产生的不安心理引导到正确行事的轨道上来。

6. 强化理论（reinforcement theory）

强化理论是美国的心理学家和行为科学家斯金纳、赫西、布兰查德等人提出的一种理论。斯金纳认为他提出了一种"操作条件反射"理论，认为人或动物为了达到某种目的，会采取一定的行为作用于环境。当这种行为的后果对其有利时，这种行为就会在以后重复出现；不利时，这种行为就减弱或消失。人们可以用这种正强化或负强化的办法来影响行为的后果，从而修正其行为，这就是强化理论，也叫做行为修正理论。

（1）基本内容

强化包括正强化、负强化和自然消退三种类型：

①正强化，又称积极强化。当人们采取某种行为时，能从他人那里得到某种令其感到愉快的结果，这种结果反过来又成为推进人们趋向或重复此种行为的力量。例如，企业用某种具有吸引力的结果（如奖金、休假、晋级、认可、表扬等），以表示对职工努力的肯定，从而使员工更加努力。

②负强化，又称消极强化。它是指通过某种不符合要求的行为所引起的不愉快的后果，对该行为予以否定。若职工能按所要求的方式行动，就可减少或消除令人不愉快的处境，从而也增大了职工符合要求的行为重复出现的可能性。惩罚是负强化的一种典型方式，即在消极行为发生后，以某种带有强制性、威慑性的手段（如批评、行政处分、经济处罚等）给人带来不愉快的结果，或者取消现有的令人愉快和满意的条件，以表示对某种不符合要求的行为的否定。

③自然消退，又称衰减。它是指对原先可接受的某种行为强化的撤销。由于在一定时间内不予强化，此行为将自然下降并逐渐消退。

正强化是用于加强所期望的个人行为；负强化和自然消退的目的是减少和消除不期望发生的行为。这三种类型的强化相互联系、相互补充，构成了强化的体系，并成为一种制约或影响人的行为的特殊环境因素。

（2）对管理实践的启示

①奖励与惩罚相结合。即对正确的行为，对有成绩的个人或群体给予适当的奖励；同时，对于不良行为，对于一切不利于组织工作的行为则要给予处罚。

②以奖为主，以罚为辅。强调奖励与惩罚并用，并不等于奖励与惩罚并重，而是应以奖为主，以罚为辅，因为过多运用惩罚的方法，会带来许多消极的影响，在运用时必须慎重。

③及时而正确强化。所谓及时强化是指让人们尽快知道其行为结果的好坏或进展情况，并尽量予以相应的奖励，而正确强化就是要"赏罚分明"，即当出现良好行为时就给予适当的奖励，而出现不良行为时就给予适当的惩罚。及时强化能给人们以鼓励，使其增强信心并迅速激发工作热情。

奖人所需，形式多样。要使奖励真正成为强化因素，就必须因人制宜地进行奖励。

【思考题】

请解释" 杀鸡儆猴"

答：杀鸡儆猴说明了"惩罚与逃避"的关系，对出现违规行为的"鸡"加以惩罚，意欲违规的"猴"会从中深刻地意识到组织规定的存在，从而加强对自己行为的约束。

6.1.3　常见的激励方法与艺术

【导入案例】

奖励真的是有效的激励手段吗

林肯公司通过把报酬和绩效相联系，成功地激励了工人，公司上下 2300 名工人都参与了这项公司的激励计划，全体员工，除了两人——公司董事长和总裁以外，都享受年度分红，董事和总裁的报酬是按销售的百分比计算的，如果销售下降，他们就首当其冲降低报酬。林肯公司在行业中因始终如一的激励制度名列世界第一，公司员工成本率非常低，产品质量却相当高，公司从没受到过什么大的挫折。公司也没有任何债务。林肯公司免费举办激励管理研讨会，作为一项对产业的汇报。

金西食品公司建立了一种服务优质的评定制度，获得前几名的人参加寻宝活动，并保留奖金。惠普公司检查服务质量的方法是让消费者打电话给公司的服务工程师，以此判断公司的服务质量。如果客户对他们的口碑很好，工程师就有资格增加 25% 的薪水并获得提升。

相比之下，索尼公司在美国子公司的高层主管并不相信额外奖赏会产生高绩效，他们认为，拥有工作并保留工作应该就足够了。质量权威人士菲利浦·克洛斯比相信，给予奖金会使工作落于俗套，并淡化工作道德。他说，奖金发完之时，也就是激励终止之日。

资料来源：http：//wenku.baidu.com/.

你认为林肯公司的全员参与计划能长期有效吗？索尼公司的激励观念和其他公司的观点是对立的吗？你更赞同哪个观点？为什么？

分析：林肯公司的激励计划已沿用50多年，这充分证明其长期有效的可能性非常大，原因如下：参与激励计划的员工面广，对岗位的覆盖面广；其激励计划遵循了公平原则；高层领导重视，成为一把手工程；对激励计划的执行坚持不懈，而不是搞运动；享受激励好处的员工比较普遍，且激励程度较大，年收入普遍能翻一番。

克洛斯比的观点有一定道理，但不完全正确。克洛斯比的观点无视奖金有激励作用，结合赫茨伯格的双因素理论和马斯洛的需求理论来看，克洛斯比的观点只说对了一半，即奖金是保健因素，而非激励因素，但是不同的员工，其所处需求层次不同，或者同一员工在不同的时期，奖金的激励作用是不同的，但运用奖金进行激励时要注意艺术，不能落入俗套。总之，应结合员工的需求进行操作。有效的激励，必须通过适当的激励方法和艺术来实现。按照激励中诱因的内容和性质，可将激励的方法和艺术划分为两类：物质激励和精神激励。

1. 物质激励（material motivation）

物质激励是指以物质利益为诱因，通过调节被管理者物质利益来刺激其物质需要，以激发其动机的方法和手段。主要包括以下具体形式：

①奖酬激励。奖酬包括工资、奖金、各种形式的津贴及实物奖励等。

首先，奖酬机制应为实现工作目标服务，即奖酬的形式、奖酬与贡献挂钩的办法、奖酬发放的方式等，都要根据有助于促进工作目标实现来设计和实施，而其中的关键又是奖酬与贡献直接挂钩的科学化与定量化。

其次，要确定适当的刺激量。用奖酬手段进行激励，必然涉及刺激量的确定。奖酬刺激量一是表现为奖酬绝对量，即工资、奖金的数量大小，二是表现为奖酬相对量，即工资奖金同一时期不同人的差别以及同一个人不同时期的差别。

奖酬刺激作用主要取决于相对刺激量，即同一时期不同人之间的奖酬差别以及个人不同时期奖酬变化的幅度，这正体现了公平理论的要求。

②处罚。在经济上对员工进行处罚，是一种管理上的负强化，属于一种特殊形式的激励。运用这种方式时要注意：必须有可靠的事实根据和政策依据，令员工心服口服；处罚的方式与刺激量要适当，既要起到必要的教育与震撼作用，又不要强化矛盾，还要同深入细致的思想工作相结合，注意疏导，化消极为积极，真正起到激励作用。

2. 精神激励（spiritual drive）

精神激励就是对员工精神上的一种满足和激励，让员工能感觉到来自组织的关怀。精神激励的方法有很多，例如，尊重、关爱、赞美、宽容员工；给员工提供公正的竞争环境；让员工明确自己应该奋斗的目标；帮助员工规划自己的职业发展蓝图等，精神激励主要有以下几种：

①目标激励。目标激励就是确定适当的目标，诱发人的动机和行为，达到调动人的积

极性的目的。目标作为一种诱因，具有诱发、导向和激励的作用。目标激励会产生强大的效果，其主要有三类：工作目标、个人成长目标和个人生活目标。目标激励既要尽可能地增大目标的效价，又要尽可能增加目标的可行性，只有通过努力能够实现的目标，才能真正地起到激励作用。因此，在设计目标水平时要先进合理，要具备相应的实施条件和可操作性，使下级能充分认识到目标实现的可能情形。

②参与激励。参与管理是指在不同程度上让职工和下级参与组织决策和各级管理工作的研究和讨论，调动职工和下级的积极性和创造性。让下属参与管理，有利于集中群众意见，防止决策失误，有利于满足下属的归属感和受人赏识的心理需求，可使下属感受到上级主管的信任、重视和赏识，从而体验到自己的利益同组织的利益及组织发展密切相关而产生的责任感；有利于职工对决策的认同，从而激励他们自觉推进决策的实施。事实证明，参与管理会使多数人受到激励。正确的参与管理既对个人产生激励，又为组织目标的实现提供了保证。

③荣誉激励。荣誉是众人或组织对个体或群体的崇高评价（如发奖状、证书、记功、通令嘉奖、表扬等），是满足人们自尊需要，激发人们奋力进取的重要手段。它可以调动人们的积极性，形成一种内在的精神力量。从人的动机看，人人都有荣誉感，具有自我肯定、争取荣誉的需要，因此管理者要设法让员工们感觉和认识到荣誉感的崇高性。精神激励主要体现在：让每个人充分发挥出聪明才智，真正做到人尽其才，为他们创造发展才能的机会，激发其献身精神，满足其成就感，同时荣誉激励成本低，但效果很好。

④工作激励。管理者要善于调整和运用各种工作因素，进行工作设计，如使工作内容丰富化和扩大化，并创造良好的工作环境，还可通过员工与岗位的双向选择，使员工对自己的工作有一定的选择权等。通过一系列措施，使工作本身更具有内在意义和更高的挑战，让下级满足于自身的工作，给员工一种自我实现感，以实现最有效的激励。

⑤感情激励。感情激励即以感情作为激励的诱因，调动人的积极性。现代人对社会交往和感情的需要是强烈的，感情激励已成为现代管理中极为重要的调动人的积极性的手段。感情激励主要包括以下几方面的内容：

在上下级之间建立融洽和和谐的关系。管理者对下级的一个重要影响力来源是亲和权。这就要求管理者高度重视与下级的个人关系，使关系融洽，或有较深的友谊，以增强亲和影响力。

促进下级之间关系的协调与融合。组织中各成员之间的关系，也会影响到组织目标的实现。管理者需要对非正式组织关系进行积极引导，以尽可能满足各成员社会交往的需要。

营造愉悦的团体氛围，满足组织成员的归属感。管理者应注意以维系感情为中心，组织开展各种健康、丰富多彩的组织文化活动，营造愉悦的团体氛围，使每个成员对置身于这一团体感到满意和自豪，满足其归属感，创造一种高质量的社会生活，从而实现有效激励，令其自觉地、心情愉快地为实现组织目标努力工作。

【案例分析】

北风和南风

北风和南风比威力，看谁能把行人身上的大衣脱掉。北风首先来一个冷风凛冽、寒冷刺骨，结果行人把大衣裹得紧紧的。南风则徐徐吹动，顿时风和日丽，行人因为觉得春意上身，故而解开纽扣，继而脱掉大衣，南风获得了胜利。

分析：温暖胜于严寒。领导者在管理中应运用"南风"法则，要尊重和关心下属。以下属为本，多点人情味，使下属真正感觉到领导者给予的温暖，从而去掉包袱，激发工作的积极性。

【情景游戏】

寻找共同的图案

目的：综合运用领导手段，包括指挥、激励和沟通。

时间：20~30分钟

所需材料：空白纸条、带有信息的纸条

步骤：

1. 教师首先将学生分成多个小组，每个小组6~8人，小组划分完后，教师要求各小组成员在小组内部选举出1位"董事长"，然后由"董事长"从小组成员中挑选并任命1位经理，其他小组成员作为员工。

2. 教师说明游戏规则

第一，不许越级指挥和汇报，即董事长不能越过经理直接指挥员工，员工也不允许越过经理直接向董事长汇报和询问。

第二，只允许使用文字方式沟通，不允许讲话，要在30分钟内完成，哪个组最先完成任务就算优胜者。

第三，不管遇到什么问题，只有"董事长"有权举手示意，并低声向教师询问，此外的所有事情都只能在组织内部通过文字沟通的方式解决。

3. 教师给每个小组发一沓类似便笺的空白纸条，供大家沟通使用。让这些"董事长"们远离他们的经理和员工，经理和员工坐在一起。教师先给每位"董事长"发一张上面画有五种图案的纸，图的下面有几行文字说明，接着又给每一个小组的成员发了类似的一张纸，郑重声明不能交换，开始游戏。

4. 经理和员工拿到的纸是一样的，上面画有五种图案，有的图案是一种鸟，有的图案是交通标志，图案的下面注明老师刚刚宣布的各种游戏规则，此外什么都没有。"董事长"拿到的纸有所不同，除了其他成员掌握的信息外，这张纸上还多了一条信息："你们小组的每个人都拿了这样的一张纸，上面也有五种图案，这些图案是不同的，只有一种图案在你们每个人拿到的纸上都有，你的任务是带领你的下属，在最短的时间内将整个共同的图案找出来，要求小组成员每个人都能向教师指出这个共同的图案。"

仔细观察，每个小组的做法都有哪些不同？结合游戏实际情况，分析各个小组表现存在差异的原因。

6.2　绩效管理

6.2.1　绩效管理的内容

1. 绩效和绩效管理

绩效是指对应职位的工作职责所达到的阶段性结果及其过程中可评价的行为表现。所谓绩效管理，是指各级管理者和员工为了达到组织目标共同参与的绩效计划制订、绩效辅导沟通、绩效考核评价、绩效结果应用、绩效目标提升的持续循环过程，绩效管理的目的是持续提升个人、部门和组织的绩效。

绩效管理所涵盖的内容很多，它所要解决的问题主要包括：如何确定有效的目标？如何使目标在管理者与员工之间达成共识？如何引导员工朝着正确的目标发展？如何对实现目标的过程进行监控？如何对实现的业绩进行评价和对目标业绩进行改进？在绩效管理中，绩效首先是一种结果，即做了什么；其次是过程，即是用什么样的行为做的；最后是绩效本身的素质。因此，绩效考核只是绩效管理的一个环节。

绩效管理是通过管理者与员工之间持续不断地进行的业务管理循环过程，实现业绩的改进，所采用的手段为 PDCA 循环。如图 6-3 所示：

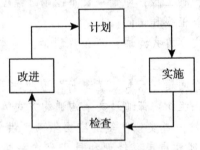

图 6-3　绩效管理的 PDCA 循环

2. 绩效管理的作用

绩效管理主要是通过对员工的绩效评价，合理评价员工的绩效，从而一方面起到有效地根据考核结果激励员工的作用；另一方面，通过对考核结果的分析，发现工作中的不足，从而提升员工的个人绩效，达到企业绩效提升的目的。随着绩效管理的完善，最终达到员工个人能力和企业绩效互动螺旋式上升的目的。

（1）绩效管理促进组织和个人绩效的提升

绩效管理通过设定科学合理的组织目标、部门目标和个人目标，给企业员工指明了努力的方向，管理者也通过绩效沟通及时发现下属工作中存在的问题，给下属提供必要的工作指导和资源支持。另外，绩效管理通过对员工进行甄选与区分，发现优秀人才，淘汰不合格人员，不仅使内部人才得到成长，也吸引优秀人才，促使组织绩效和个人绩效的提升。

（2）绩效管理促进管理流程和业务流程优化

绩效管理中，管理者应从公司整体利益以及工作效率出发，尽量提高业务处理的效率，在"事情因何而做、由谁来做、如何去做、做完了传递给谁"这四个方面不断进行调整优化，使组织运行效率逐渐提高，优化公司管理流程和业务流程。

（3）绩效管理保证组织战略目标的实现

企业一般有比较清晰的发展思路和战略，有远期发展目标，在此基础上根据外部经营环境的预期变化以及企业内部条件制订出年度经营计划及投资计划，制定企业年度经营目标，企业管理者将公司的年度经营目标向各个部门分解就成为部门的年度业绩目标，各个部门向每个岗位分解核心指标就成为每个岗位的关键业绩指标。

3. 绩效管理过程

绩效管理是为实现企业的战略目标，通过管理人员和员工持续的沟通，经过绩效计划、绩效实施、绩效考核和绩效反馈四个环节的不断循环，不断地改善员工的绩效，进而提高整个企业绩效的管理过程，它是一个完整并且不断进行的循环。

（1）绩效计划

绩效计划阶段是绩效管理的起点和最重要的一个环节，通过战略目标的分解制定各岗位的目标，保证全体员工的工作实现"战略制导"。员工和直接上级共同制订绩效计划，并就考核指标、标准、权重、考核方式等问题达成一致，使员工对自己的工作目标和标准做到心中有数。

（2）绩效实施

定期进行绩效面谈，及时了解员工的工作进展情况。通过定期的报告、报表和有关记录等，收集和积累员工的绩效数据。在必要的时候，直接上级给予员工指导或帮助。对员工偏离目标的行为及时进行纠偏。如有需要，进行绩效计划的调整。

（3）绩效考核

直接上级依据绩效计划阶段制定的考核目标和标准对员工的绩效表现进行评价。由于依据绩效计划阶段制定的考核指标和标准对员工的工作进行考评，从而减少了矛盾和争议。

（4）绩效反馈

员工和直接上级共同回顾员工在绩效期间的表现，共同制订员工的绩效改进计划和个人发展计划，帮助员工提高自己的绩效表现。

【思考题】

思考绩效考核和绩效管理是否相同?

绩效考核不等同于绩效管理,它只是绩效管理的一个环节。绩效考核重点在于考核,管理者的角色是裁判。而绩效管理者着眼于员工绩效的改善,在绩效管理中,管理者的角色是"教练",它的主要目的是通过管理人员和员工持续的沟通,指导、帮助或支持员工完成工作任务,这样的结果是实现员工个人绩效和组织整体绩效共同提高的"双赢"。

4. 绩效评估主要工具

(1) 关键绩效指标法 (Key Performance Indicator, KPI)

它是把对绩效的评估简化为对几个关键指标的考核,将关键指标当做评估标准,对员工的绩效与关键指标做出比较的评估方法。关键指标必须符合 SMART 原则:具体性 (specific)、衡量性 (measurable)、可达性 (attainable)、现实性 (realistic)、时限性 (time-based)。这种方法的优点是标准比较鲜明,易于做出评估。缺点是对简单的工作制定标准难度较大,缺乏一定的定量性;绩效指标只是一些关键的指标,对于其他内容缺乏一定的评估。

(2) 平衡计分卡

平衡计分卡是从财务、客户、内部运营、学习与成长四个角度,将组织的战略落实为可操作的衡量指标和目标值的一种新型绩效管理体系。设计平衡计分卡的目的就是要建立"实现战略制导"的绩效管理系统,从而保证企业战略得到有效的执行。平衡计分卡反映了财务与非财务衡量方法之间的平衡,长期目标与短期目标之间的平衡,外部和内部的平衡,结果和过程平衡,管理业绩和经营业绩的平衡等多个方面。所以能反映组织综合经营状况,使业绩评价趋于平衡和完善,利于组织长期发展。它的缺点是实施难度大,指标体系的建立较困难,指标数量过多,各指标权重的分配比较困难 ,实施成本大。

(3) 业绩评定表法

业绩评定表法也可以称为评分表法,是一种出现比较早以及常用的方法。它是利用所规定的绩效因素,如完成工作的质量和数量等,对工作进行评估,把工作的业绩和评定表中的因素进行逐一对比打分,然后得出工作业绩的最终结果,它分为几个等级,如优秀、良好、一般等。这种方法的优点是可以做定量比较,评估标准比较明确,便于做出评价结果。它的缺点是标准的确定性问题,需要对工作必须相当了解的评定表制定者;评估者可能带有一定的主观性,不能如实评估。

6.2.2　运用奖励系统进行绩效激励

奖励系统是公司的奖励方式。奖励系统的实施和绩效评估的有效性之间的关系对于所有绩效管理环节来说是很重要的。很明显,将绩效评估的结果和金钱奖励结合在一起能使绩效评估系统变得更有效。有研究发现,当奖励与评估结果结合时有效性会变得很高,这与过去经常提到的当评估不与金钱奖励结合时评估十分有效的观点是矛盾的。

公司所提供或获得的奖励可能有许多不同类型，这些奖励基本可归纳为两大类：内在奖励与外在奖励。

内在奖励与个人感受到的工作乐趣有关，包括能参与决策（decision making），获得更多有趣的工作指派，个人有成长的机会，以及获得更多的责任。外在奖励则牵涉到围绕在工作本身的四周环境。最明显可见的外在奖励是酬劳或薪水。外在奖励可再进一步分为直接酬劳和间接酬劳。直接酬劳包括红利、获利分配以及加班费。间接酬劳包括带薪假期、学费补助，以及健康保险。

奖励的发放可以从个人、团体、以及整体组织三方面来看。在这三个层次间存在着相当大的差异，不过一般人的认知是，如果要使奖励直接与表现相关联，则应该在个人的层次上发放。

【案例分析】

绩效管理中制度的力量

18世纪末期，英国政府决定把犯了罪的英国人统统发配到澳洲去。一些私人船主承包从英国往澳洲大规模地运送犯人的工作。英国政府实行的办法是以上船的犯人数支付船主费用。当时那些运送犯人的船只大多是一些很破旧的货船改装的，船上设备简陋，没有什么医疗药品，更没有医生，船主为了牟取暴利，尽可能地多装人，使船上条件十分恶劣。一旦船只离开了岸，船主按人数拿到了政府的钱，对于这些人能否远涉重洋活着到达澳洲就不管不问了。有些船主为了降低费用，甚至故意断水断食。3年以后，英国政府发现：运往澳洲的犯人在船上的死亡率达12%，其中最严重的一艘船上424个犯人死了158个，死亡率高达37%。英国政府费了大笔资金，却没能达到大批移民的目的。

英国政府想了很多办法。每一艘船上都派一名政府官员监督，再派一名医生负责犯人的医疗卫生，同时对犯人在船上的生活标准做了硬性的规定。但是，死亡率不仅没有降下来，有的船上的监督官员和医生竟然也不明不白地死了。原来一些船主为了贪图暴利，贿赂官员，如果官员不同流合污就被扔到大海里喂鱼了。政府支出了监督费用，却照常死人。

政府又采取新办法，把船主都召集起来进行教育培训，教育他们要珍惜生命，要理解去澳洲开发是为了英国的长远大计，不要把金钱看得比生命还重要，但是情况依然没有好转，死亡率一直居高不下。

一位英国议员认为是那些私人船主钻了制度的空子。而制度的缺陷在于政府给予船主报酬是以上船人数来计算的。他提出从改变制度开始：政府以到澳洲上岸的人数为准计算报酬，不论你在英国上船装多少人，到了澳洲上岸的时候再清点人数支付报酬。

问题迎刃而解。船主主动请医生跟船，在船上准备药品，改善生活，尽可能地让每一个上船的人都健康地到达澳洲。一个人就意味着一份收入。

自从实行上岸计数的办法以后，船上的死亡率降到了 10% 以下。有些运载几百人的船只经过几个月的航行竟然没有一个人死亡。

资料来源：http：//www.zt-job.com/portal.php？mod=view&aid=4258.

分析：绩效考核的导向作用很重要，企业的绩效导向决定了员工的行为方式，如果企业认为绩效考核是惩罚员工的工具，那么员工的行为就是避免犯错，而忽视创造性。忽视创造性，就不能给企业带来战略性增长，那么企业的目标就无法达成；如果企业的绩效导向是组织目标的达成，那么员工的行为就趋于与组织目标保持一致，分解组织目标，理解上级意图，并制订切实可行的计划，与经理保持绩效合作关系，在经理的帮助下，不断改善，最终支持组织目标的达成。

● 基本训练

□ 知识题

6.1　阅读理解

1. 马斯洛需要层次理论的两个基本出发点是什么？

2. 激励过程的期望理论对管理者有何启示？

3. 公平理论对管理者的启示是什么？实际应用中应注意哪些问题？

4. 简述强化理论的主要内容。

5. 请讨论：有三位管理者，他们的特点分别是：高度的成就感、人际关系导向明显、权力欲望强烈，请问你愿意为谁工作？为什么？

6.2　知识应用

一、判断题

1. 领导者打算通过增加额外的休息日来提高员工的劳动生产率，其结果总是有效的。（　　）

2. 激励产生的根本原因，可分为内因和外因。内因由人的认知知识构成，外因则是人所处的环境。（　　）

3. 公司的政策、人际关系、工作上的成就感都属于保健因素。（　　）

4. 实际上，不进行正强化也是一种负强化。（　　）

5. 人的行为是由需要引起的，而需要则是由动机引起的。（　　）

二、选择题

1. 对一个尊重需要占主导地位的人，下列哪种激励措施最能产生效果？（　　）

　　A. 提薪　　　　　　B. 升职　　　　　　C. 解聘威胁　　　　D. 工作扩大化

2. 商鞅在秦国推行改革时，在城外立了一根木头，声称有将木头从南门移到北门的，奖励 500 金，但没有人去尝试。根据期望理论，这是由于（　　）。

　　A. 500 金的效价太低　　　　　　　　B. 居民对完成要求的期望很低

　　C. 居民对得到报酬的期望很低　　　　D. 枪打出头鸟，大家不敢尝试

3. 根据马斯洛的需要层次论，下列需要哪项是按从低到高的顺序排列的？①就业保

障；②经理人对自己工作的赞扬；③工作的挑战性；④同乡联谊会；⑤满足标准热量摄入量的食品（　　）。

    A. ⑤①④②③　　B. ⑤④①③②　　C. ⑤④①②③　　D. ⑤①③④②

4. 当一位 30～40 岁的科研工作者显示出卓越的技术才能时，作为该科研人员的部门经理，对他的最有效的激励应该是(　　)。（注意，并不排斥其他方面的适当奖励）

    A. 高额奖金　　　　　　　　　　B. 配备最好的研究条件

    C. 提职　　　　　　　　　　　　D. 精神奖励（如评为劳模）

5. 赫茨伯格的双因素理论认为(　　)有助于激发员工的工作热情。

    A. 提供良好的工作条件　　　　　B. 工作上的成就感

    C. 改善员工的生活条件　　　　　D. 严格的劳动纪律

6. 中国企业引入奖金机制的目的是发挥奖金的激励作用，但目前，许多企业的奖金已经成为工资的一部分，奖金变成了保健因素，这说明(　　)。

    A. 双因素理论在中国不怎么适用

    B. 保健和激励因素的具体内容在不同国家是不一样的

    C. 防止激励因素向保健因素转化为管理者的重要责任

    D. 将奖金设计成为激励因素本身就是错误的

7. 企业中，常常见到员工之间在贡献和报酬上会相互参照攀比，你认为员工最可能将哪一类人作为自己的攀比对象(　　)？

    A. 企业的高层管理人员　　　　　B. 员工们的顶头上司

    C. 企业中其他部门的领导　　　　D. 与自己处于相近层次的人

8. 一位父亲为了鼓励小孩用功学习，向小孩提出：如果在下学期每门功课都考试 95 分以上，就给物质奖励。小孩会受到激励而用功学习的情况有(　　)。

    A. 平时成绩较好，有可能各门功课都考 95 分以上

    B. 奖励的东西是小孩最想要的

    C. 父亲说话向来都是算数的

    D. 上述三种情况同时存在

9. "多米诺比萨饼公司"在英格兰地区的一家分店，由于生面团用光而出现断档，致使该公司"30 分钟以内送到"的供应保证落空，失信于消费者。为此，地区经理买了一千条黑纱让他手下的全班人马佩戴以示哀悼。对该地区经理的这种做法，你的看法是(　　)。

    A. 该经理希望借助耻辱心理激励下属更加努力工作．不再出现类似的失误

    B. 这样做会打击下属的积极性，没有什么可取之处

    C. 这种做法符合当地的风俗习惯，不足为奇

    D. 商场如战场，企业失去顾客如同失去生命

10. 假设你是一家企业的经理，发现近来企业的各项工作开展都没有创业阶段时有声有色，经调查，发现员工没有不满情绪，但对工作并不满意，为此，你认为可以采取的措施是(　　)

    A. 给工人提供更多的升迁机会　　B. 改善工人的工作条件

　　C. 增加工人的工资　　　　　　　　D. 以上都不可行

● 综合案例

猎狗和兔子

　　一条猎狗将兔子赶出了窝，一直追赶他，追了很久仍没有捉到。牧羊看到此种情景，讯笑猎狗说："你们两个之间小的反而跑得快得多。"猎狗回答说："你不知道我们两个的跑是完全不同的！我仅仅为了一顿饭而跑，它却是为了性命而跑呀！"

　　这话被猎人听到了，猎人想：猎狗说得对啊，那我要想得到更多的猎物，得想个好法子。于是，猎人又买来几条猎狗，凡是能够在打猎中捉到兔子的，就可以得到几根骨头，捉不到的就没有饭吃。这一招果然有用，猎狗们纷纷去努力追兔子，因为谁都不愿意看着别人有骨头吃，自己没的吃。就这样过了一段时间，问题又出现了。大兔子非常难捉到，小兔子好捉。但捉到大兔子得到的奖赏和捉到小兔子得到的骨头差不多，猎狗们善于观察发现了这个窍门，专门去捉小兔子。慢慢的，大家都发现了这个窍门。猎人对猎狗说：最近你们捉的兔子越来越小了，为什么？猎狗们说：反正没有什么大的区别，为什么费那么大的劲去捉那些大的呢？

　　猎人经过思考后，决定不将分得的骨头的数量与是否捉到兔子挂钩，而是采用每过一段时间，就统计一次猎狗捉到兔子的总重量，按照重量来评价猎狗，决定一段时间内的待遇。于是猎狗们捉到兔子的数量和重量都增加了，猎人很开心。但是过了一段时间，猎人发现，猎狗们捉兔子的数量又少了，而且越有经验的猎狗，捉兔子的数量下降得就越厉害。于是猎人又去问猎狗。猎狗说："我们把最好的时间都奉献给了您，主人，但是我们随着时间的推移会变老，当我们捉不到兔子的时候，您还会给我们骨头吃吗？"

　　猎人做了论功行赏的决定，分析与汇总了所有猎狗捉到兔子的数量与重量，规定如果捉到的兔子超过了一定的数量后，即使捉不到兔子，每顿饭也可以得到一定数量的骨头。猎狗们都很高兴，大家都努力去达到猎人规定的数量。一段时间过后，终于有一些猎狗达到了猎人规定的数量。这时，其中有一只猎狗说："我们这么努力，只得到几根骨头，而我们捉的猎物远远超过了这几根骨头，我们为什么不能给自己捉兔子呢？"于是，有些猎狗离开了猎人，自己捉兔子去了，骨头与肉兼而有之……

　　猎人意识到猎狗正在流失，并且那些流失的猎狗像野狗一般和自己的猎狗抢兔子。情况变得越来越糟，猎人不得已引诱了一条野狗，问他到底野狗比猎狗强在哪里。野狗说："猎狗吃的是骨头，吐出来的是肉啊！"接着又道："也不是所有的野狗都顿顿有肉吃，大部分最后连骨头都没的舔！不然也不至于被你诱惑。"于是猎人进行了改革，使得每条猎狗除基本骨头外，可获得其所猎兔肉总量的 n，而且随着服务时间加长，贡献变大，该比例还可递增，并有权分享猎人总兔肉的 m。就这样，猎狗们与猎人一起努力，将野狗们逼得叫苦连天，纷纷强烈要求重归猎狗队伍。

　　日子一天一天地过去，冬天到了，兔子越来越少，猎人的收成也一天不如一天。而那些服务时间长的老猎狗们老得不能捉到兔子，但仍然在无忧无虑地享受着那些它们自以为应得的大份食物。终于有一天猎人再也不能忍受，把它们扫地出门，因为猎人更需要身强力壮的猎狗……

资料来源：http://www.duwenzhang.com/wenzhang/jingdianwenzhang/20070902/891.html.

问题：这个寓言故事说明了哪些道理？为什么？

● 综合实训

1. 实训目标

掌握激励的基本原理；能利用奖励系统进行绩效激励；提高学生的沟通能力；提高学生思考问题的能力。

2. 实训内容

背景资料：赵副厂长该怎么办

赵林德是某汽车零件制造厂的副厂长，分管生产。一个月前，他为了搞好生产，掌握第一手资料，就到第一车间甲班去蹲点调查。一个星期后，他发现工人劳动积极性不高，主要原因是奖金太低，所以每天产量多的工人生产二十几只零件，少的生产十几只零件。

赵林德和厂长等负责人商量后，决定搞个定额奖励试点，每天每人以生产 20 只零件为标准，超过 20 只零件后，每生产一只零件奖励 0.5 元。这样，全班二十三个人都超额完成任务，最少的每天生产 29 只零件，最多的每天生产 42 只零件，这样一来，工人的奖金额大大超过了工资，使其他班、其他车间的工人十分不满。

现在又修改了奖励标准，每天超过 30 只零件后，每生产一只零件奖励 0.5 元，这样一来，全班平均生产每天只维持在 33 只左右，最多的人不超过 35 只，赵林德观察后发现，工人并没有全力生产，离下班还有一个半小时左右，只要 30 只任务完成了，他们就开始休息。他不知道如何进一步来调动工人的积极性了。

资料来源：http://www.ot51.com/article_47948.html.

思考问题：

(1) 赵林德在激励员工时采取的措施有哪些不妥之处？

(2) 如果你是赵副厂长，会如何处理这个问题？

(3) 请运用所学知识，为该厂设计一个较为合理的激励方案。

3. 实训方法

利用情景模拟完成实训内容，分小组进行。

第7章　人际关系与沟通

学习目标

◎ 了解组织人际关系的含义；

◎ 掌握沟通的原理、方式和技巧；

◎ 了解群体和团队的管理；

◎ 掌握管理冲突的方法。

技能目标

◎ 具备沟通技能；

◎ 提高学生的人际关系能力；

◎ 培养学生的理解能力、分析解决问题的能力和团队合作意识。

【引例】

吉星保险公司

冷科长——吉星保险公司赔偿支付科科长。男，40岁。工作认真，性格内向。

牛先生——吉星保险公司赔偿支付科赔偿分析员。男，38岁。业务能力强，脾气倔犟。

中午快下班的时候，公司老板打电话向冷科长布置了一项紧急任务，并特别强调一定要在下午2点以前办好。于是，冷科长拦住了正收拾东西，准备下班的牛先生，请他把吃午饭的时间变动一下，要么在办公室吃一份盒饭，要么推迟一会儿回家吃饭，以便把这项紧急任务突击完成。其实，这项工作并不复杂，它要求在一大摞保险卷宗里，把几件事故索赔案卷查出来。冷科长知道，这件事情对于牛先生这样一个业务熟练的老手来说，根本不费吹灰之力，只不过需要一点时间而已。可是，牛先生表现出了明显的不情愿。他说："对不起，我还要到银行去一趟。而且，我还想趁午休时间干点私事，恐怕不能遵命。"

冷科长非常不满地说："你怎么总是这样，每次让你干点儿工作，你就有事，你的事可以挪到下午办嘛。"

"午休时间是所有职工都应享受的权利，你没权占用。"牛先生也气冲冲地顶了回去。两人就这样争执了起来。

冷科长与牛先生的矛盾由来已久。两年前赔偿支付科的前任科长调离，有小道消息传来，说牛先生是新任科长的候选人。他也认为凭自己的业务能力和工作经验可以当之无愧。但是，上级却从别的科室调来了冷先生当科长。冷先生对保险索赔业务完全是一个外行，性格也不像前任科长那样热情、开朗。他总是冷冰冰的、一本正经、严肃认真，从来不开玩笑，也不善于跟科里的人多来往，一副公事公办的样子。牛先生觉得冷科长一点也不喜欢他，他推测冷科长多半是提防着他这样一个经验丰富的人。而冷科长觉得牛先生由于没有当上科长对他充满了敌意，像牛先生这样一个业务能力强的人，准会讨厌一个外行来领导他。

科里有个高级赔偿分析员的职位出现空缺。牛先生肯定自己完全可以胜任这个职务。于是，他向科长提出了申请。但冷科长告诉他："提升，除了反映一个人的工作能力之外，也得反映出一个人的责任感。你的确是这里最敏锐的分析员之一，但这个职位要求个人具有高度的责任心，而你当了这么久的雇员，在这方面表现太一般了。"

科里的人都为牛先生打抱不平，让他去找老板提出控告，不能就此罢休。牛先生生性倔犟，因为自己的要求被置之不理，感到非常丢人，就什么也不想说了。他只希望冷科长在这里待不长，否则，他就要求调离。反正他是不能再与他共事了。

现在冷科长要求他午饭时间加班，他就存心与他过不去了。他在想，既然你说我没有工作责任心，那我就真的做给你看看，看你到底能把我怎么样。冷科长也非常生气，他想，上次拒绝牛先生想晋升为高级赔偿分析员的请求是做对了。他太不负责任了，他的出勤记录一向平平，又不服从工作安排，这样的人怎么能够得到提升呢？

现在他们俩的关系越来越僵了。

资料来源：http：//wenku.baidu.com/view/199dde1655270722192ef79f.html.

该案例表明： 上下级之间由于沟通不良导致相互猜疑、敌视，从而使正常的工作任务无法完成。因此，作为一个管理者，必须掌握必要的沟通技巧，排除沟通中的障碍，以建立良好的人际关系，保证工作的有效性。

7.1　组织人际关系

随着时代的发展，人际关系的理念也在不断地发展。在组织内创设和谐、顺畅、融洽的人际关系对一个组织来说至关重要。组织应创设良好的人际关系，利用良好的人际关系来提升工作效益，实现组织目标。

7.1.1　组织人际关系

1. 组织的概念

从管理学角度看，组织是人们为了达到共同目标，通过责权分配和层次结构所构成的一个完整的集体。

组织具有如下特点：有明确的目标，是实现特定目标的工具，有不同层次的分工合作，还是一个有机的系统整体。

组织是由一个个鲜活的人组成的集体，组织中的每个人都会有自己的行为规律，组织本身也会有自身的行为规律，所以，要想掌握组织的规律，不仅要掌握个体行为的规律还要掌握组织本身的行为规律。组织要掌握"人本原理"的原则，做到知人善任，人尽其才，才尽其用，用尽所能，这就有利于组织各项工作的完成。

2. 人际关系概述

人际关系是人们在交往中产生和发展起来的人与人之间的心理关系。

（1）人际关系的空间距离

人与人之间需要保持一定的空间距离。一般而言，交往双方的人际关系以及所处的情境决定着相互间自我空间的范围，美国人类学家爱德华·霍尔博士划分了四种距离，各种距离都与对方的关系相称。

亲密距离（0~18 英寸，相当于 0~0.5 米），通常用于父母与子女之间、情人或恋人之间，在此距离上双方均可感受到对方的气味、呼吸、体温等私密性刺激。个人距离（1.5~4 英尺，相当于 0.45~1.2 米），一般是用于朋友之间，此时，人们说话温柔，可以感知大量的体语信息。社会距离（4~12 英尺，相当于 1.2~3.5 米），用于具有公开关系而不是私人关系的个体之间，如上下级关系、顾客与售货员之间、医生与病人之间等。公众距离（12~25 英尺，相当于 3.5~7.5 米），用于进行正式交往的个体之间或陌生人之间，这些都有社会的标准或习俗。这时的沟通往往是单向的。

人际交往的空间距离与交往者的感情亲疏、性格、性别、地位有关。

（2）人际关系的心理距离（见表 7-1）

表 7-1　　　　　　　　　　　　　　　　人际关系的心理距离

人际关系等级	心理距离状态	人际关系等级	心理距离状态	人际关系等级	心理距离状态
+4	亲密无间	+1	好感合作	-2	情绪对立
+3	知心友好	0	互不干涉	-3	冲突报复
+2	主动交往	-1	不满共处	-4	不共戴天

3. 人际关系对组织的作用

（1）充当信息交流的渠道

组织内部良好的人际关系有助于促进上下级的沟通以及工作的部署、实施和跟踪。上级可以更好地了解员工的需求，改善上下级关系，从而提高员工的工作积极性。同时，下级还可以积极表达想法，激发创造性思维，传递有用的信息给管理者，有利于管理者更有效地组织工作。

（2）成为社会资源的一个网络

人际关系也可以成为社会资源的一个网络，良好的组织内部与组织外部成员之间的人际关系可以扩大企业同社会的联系面，掌握更多的社会资源，以在必要的时候为企业的发展提供必要的支持和帮助。

（3）有助于实现组织目标

良好的人际关系，有利于培养组织成员共同的价值观，创造积极向上的企业文化，协调组织内部各种利益群体关系，发挥组织的协同效应，增强企业的凝聚力，也有利于激发员工的工作积极性和创造性，有助于实现组织目标。

4. 人际关系的破坏

（1）人品的缺陷

组织成员人品的缺陷往往会造成人际关系的破坏。自私、自傲、排他、冷漠、嫉妒、虚伪、刁钻等不良心理会形成隔膜和屏障，阻碍良好人际关系的形成。

（2）管理工作的不足

①沟通不良。在组织的上下级之间、平行部门和同事之间沟通不良，造成互不了解，互不信任，甚至互相猜疑，互抱成见，影响人际关系的和谐。

②过分竞争。任何一个组织，没有竞争则缺乏活力，容易形成不思进取、得过且过的消极文化；但内部过分竞争，则会使同事成为对手，处处互留一手、互相戒备，难于互相帮助、主动协作。

③非正式组织的消极作用。由于正式组织管理不善，凝聚力下降，给非正式组织以很大的生存空间，广大职工在许多非正式组织的团体压力下活动，往往造成帮派心理，排除异己，打击先进，庸俗关系学盛行，人际关系遭到扭曲和破坏。

④政策和领导方式不当。或者由于分配政策、人事升迁政策不合理，造成人与人之间的不公平；或者由于领导专断，缺乏民主作风，盛气凌人，使得职工的不满情绪较大，人际关系失去平衡。

5. 人际关系的改善

为了改善人际关系，应该有针对性地从两个方面采取措施。

（1）改善人际交往素质

人们应努力改善人际交往素质，遵循正确的人际关系原则。

①求同存异。相似性因素是导致人际吸引、建立良好人际关系的重要因素。求同存异就是把双方的共同点发掘出来，作为改善关系的基础。因此，加强组织文化建设，培育共同的价值观，是在组织内部改善人际关系的基础性工作。

②以诚待人。真诚会产生感情的交融和心理的相悦，从而大大地增进人际吸引。要形成良好的人际关系，必须待人热情诚恳，真心实意地与别人交往。要培养自己在人际交往中的共知感，即心中装着他人，设身处地为他人着想，将心比心，善于体谅别人，与别人分担忧愁，共享欢乐。

③尊重他人。在与人交往时不要以自我为中心，而应当以他人为中心，耐心倾听对方

的讲话，不要心不在焉或随便打断别人讲话。要尊重别人的劳动、尊重别人的人格。只有尊重别人，才能赢得别人对你的尊重。

④严于律己。要建立良好的人际关系，在与人交往中必须谦虚谨慎、言行一致，严格要求自己。要求别人做到的，首先自己要做到；对自己的缺点勇于做自我批评，对于别人的批评应当虚怀若谷，客观地做出分析判断。

（2）提高管理工作水平

①优化组织风气。组织的领导者，应培育起优良的企业文化，在积极向上的价值观指引下，努力营造团结、友爱、和谐、进取的组织风气。在这种风气的熏陶感染下，组织内部就比较容易形成和谐和亲密的人际关系。

②重视人际关系培训。组织的领导者应关心组织成员的人际关系素质，并定期安排人际关系培训，以不断改善他们的人际关系素质和人际关系技巧。

③适当修改政策。在组织内的分配制度改革中，既不能再搞平均主义，也不宜过分强调拉开差距；在职务和岗位的聘任工作中，既要坚持"竞争上岗"，又要坚持公平考核、公开招聘；在工作中，既要强调优胜劣汰，又要强调真诚合作，靠团队的集体力量做好工作。总而言之，政策不能走极端，既借助适度竞争焕发组织活力，又防止过度竞争破坏人际关系。

④改善领导作用。组织的领导者应该礼贤下士，尊重人才，尊重职工，平等待人，与人真诚相处；在组织内部要发扬民主，让人们畅所欲言，把问题和争论摆到桌面上来，就会避免暗中钩心斗角的现象发生，从而建立亲密和谐的上下级关系和一切人际关系。

⑤及时调解帮助。组织内部一旦出现人际关系失衡或破坏的情况，作为组织的领导者应及时进行调解帮助，借助组织的力量，实现人际关系的主动平衡。

7.1.2　人际关系管理

1. 人际关系的概念

所谓人际关系，（interpersonal relation）就是人与之间心理上的关系或心理上的距离，它反映了个人与群体寻求满足需要的心理状态。它是在人与人之间发生社会性交往和协同活动的条件下产生的。它会对个体的心理和行为产生深远的影响。

美国心理学家修兹认为，每个人都期望得到别人的支持，每个人都有人际关系的需求，每个人都需要他人。在长期的生活实践中，人们逐渐形成了对人际关系的基本需求倾向，在人际交往中，每个人对他人的需求内容和方式都不相同。这种需求可分为三类：即相容的需求、控制的需求和感情的需求。

（1）相容的需求：希望与别人来往、结交，想跟别人建立并维持和谐关系的欲望。基于这种动机而产生的待人行为有：交往、沟通、参与、容纳等，以及与之相反的孤立、退缩、排斥、疏远等。

（2）控制的需求：是在权力上与别人建立并维持良好关系的欲望。其行为表现为运用权力、权威、控制、支配等。相反的行为有抗拒权威、忽视秩序、受人支配、追随他人等，社会的每个成员都有控制的需求。

（3）感情的需求：是在爱情与感情上希望与他人建立并维持良好关系的欲望。其行为表现是喜爱、亲密、同情、热情等,其相反的行为表现为憎恨、厌恶、冷淡等。

这三个方面的需求又分别可分为主动的需求和被动的需求,于是修兹在此基础上分出六种基本人际关系倾向 (见表 7-2)。

表 7-2 　　　　　　　　　　　　　　　　　　基本人际关系倾向

	主动性	被动性
包容	主动与他人来往	期待他人接纳自己
控制	支配他人	期待他人引导自己
感情	对他人表示亲密	期待他人对自己表示亲密

2. 人际关系的种类

组织中良好的人际关系具有交流信息以及增强组织凝聚力的功能。近年来,改善组织中的人际关系以及发挥组织的团队精神成为组织理论中研究的热点。

人际关系的类型多种多样,按照人际关系形成的原因来划分,可以分为血缘关系、亲缘关系、地缘关系、友谊关系和业缘关系。按照人际关系所连接双方是否组织成员,可以把人际关系划为组织内部成员之间的人际关系、组织内部与组织外部成员之间的人际关系、组织外部成员之间的人际关系三种类型。按照交往双方关系的强弱,可以将人际关系分为强关系和弱关系,人际关系在人与人、组织与组织、个体与社会之间发挥着不同的作用。

3. 建立良好的人际关系的原则

（1）平等原则

在人际交往中,平等待人是建立良好人际关系的前提。交往双方的社会角色和地位、影响力、对信息的掌握等方面往往是不对等的,这会影响双方形成实质性的情感联系。

（2）真诚原则

真诚是打开别人心灵的金钥匙,真诚的人使人产生安全感,减少自我防御,越是好的人际关系越需要关系的双方把自己真实的想法与人交流。

（3）宽容原则

人际交往中往往会产生误解和矛盾,这就要求我们在交往中不要斤斤计较,而要谦让大度、克制忍让,不计较对方的态度,不计较对方的言辞,并勇于承担自己的行为责任。

（4）主动原则

主动对人友好,主动表达善意能使人产生受重视的感觉。主动的人往往令人产生好感,这样的人也容易与人建立和谐的人际关系。

（5）互利原则

从心理学家的角度讲,每个人都希望被人所关心、所注意、所爱护,这是人的一种心理需要,那么我们在同他人交往的时候,就要注意关心、爱护他人,使别人获得心理满足。

（6）信用原则

交往离不开信用。信用是指一个人诚实、不欺、信守诺言。不要轻易许诺，一旦许诺，要设法实现，以免失信于人。

（7）自我价值保护原则

自我价值是个体对自身价值的意识和评价。自我价值保护是一种支持倾向的心理活动，目的是防止自我价值受到贬低或否定。由于自我价值是通过他人的评价而确立的，个体对他人评价极其敏感。

4. 构建良好人际关系的技巧

建立良好的人际关系，是一项具有挑战性的任务。要想获得良好的人际关系，我们需要掌握一些建立良好人际关系的技巧。

（1）不说别人坏话，不落井下石。不说别人的坏话，注意他人的长处，虚心学习和宣扬他人的优点，是建构良好人际关系的一项技巧。人难免会犯错误，对别人的错误应怀着善意帮其改正，而不能采取落井下石的态度。

（2）记住对方的名字。在与别人交往时，名字会显示它神奇的作用，花点时间，去记住别人的名字。能够得到别人好感的最重要、最简单而有效的方法，就是见面或交往时能自如地叫出对方的名字，使他觉得你心里有他这个人。

（3）对别人感兴趣。我们很容易犯的一个错误就是想办法使别人对自己感兴趣，而对别人却不那么感兴趣。维也纳著名心理学家亚德勒在《人生对你的意识》一书中说："对别人不感兴趣的人，他一生中的困难最多，对别人的伤害也最大。所有人类的失败都出于这种人。"我们要交朋友，首先得对他感兴趣，以热忱和高兴去迎接他。

（4）尊重别人，满足他的成就感。尊重别人，一是要给别人保住面子，特别是在公共场所要给他面子；二是要善于从对方的立场看问题，这样才能了解对方，找到和他进行沟通的方法，他才会愿意同你交往或合作。

（5）塑造自己良好的形象。形象是信誉的重要标志，人的形象有内在形象和外在形象。内在形象包括人的性格、学识、智慧、才能、处事态度、品质、风格等，它是个人长期努力的结果。外在形象通过人的衣着、谈吐、办事和交往等表现出来。我们应该记住，要使自己的内在形象和外在形象一致，内在美和外在美兼备。

（6）认真倾听别人。每个人都需要被别人倾听和被别人了解。大多数人在一生中除了睡觉外有 70%~80% 的时间在从事某种形式的沟通、倾听、说话或书写。学会倾听，才能真正了解别人，相互沟通，建立感情。

（7）进行措辞得当的交谈。相互进行交谈，特别是有目的、无拘束的交谈，有利于相互沟通、了解、契合和建立良好的关系。同别人交谈时，你用什么方式谈、措辞是否得当，效果会有天壤之别。

（8）真诚的微笑。令人喜欢的一个重要因素是动人的微笑。一个面带微笑的人，更容易受到大家的欢迎。微笑具有无与伦比的价值，它不花费什么，却能够带来许多好处。在人际交往中，需要真诚的微笑。微笑所表达的是：我喜欢你，很高兴见到你。

【知识链接】

处理人际关系的十大黄金法则

现代人的生存压力除了工作,很重要的是人际关系。人际关系如何,常常决定了一个人的状态。那么,如何处理人际关系呢?

一、换位思考,善解人意

这是处理人际关系的第一要则。人都习惯从自己的角度观察问题,自己的利益,自己的愿望,自己的情绪,自己的一厢情愿,从上述角度观察事物,常常很难了解他人。那么,想处理好自己和他人的双边关系,就要改变从我出发的单向观察与思维,要善于从对方的角度观察事物。

二、己所不欲,勿施于人

这个原则是对由彼观彼、善解人意的首要注释,是处理人际关系必须遵循的金科玉律。这是真正的平等待人,是古往今来都适用的民主精神。

三、不求取免费的午餐

这个世界原本没有免费的午餐。人们并不愿意给不相干的人提供免费午餐,然而,事情反过来针对自己时,往往就不明白道理了。别人有成就了,我应该分享。别人有钱了,我应该沾点光。别人有名声有地位,似乎都该瓜分。殊不知无功受禄、不劳而获古往今来都令人厌恶。

放下索取免费午餐之心,就多了清静和坦然,也多了自信与奋进之心。

四、己所欲而推及于人

懂得了己所不欲勿施于人,进一步就该懂得己所欲而推及于人。自己不喜欢的事情,不强加给他人。自己渴望的事情,要想到他人也可能渴望。当你渴望安全感时,就要理解他人对安全感的需要,甚至帮助他人实现安全感。你渴望被理解、被关切和爱,就要知道如何力所能及地给予他人理解、关切和爱。

五、永远不忘欣赏他人

这条原则是对己所欲而推及于人的首要注释。每个人都希望得到理解与欣赏,得到欣赏是一个人在这个世界生活与奋斗的很大动力。小时候,父母的欣赏会使孩子积极兴奋地上进发展,老师的欣赏会使学生废寝忘食地努力学习。成年了,社会的欣赏是一个人工作的最大动力之一。善于欣赏他人,就是给予他人的最大善意,也是最成熟的人格。

六、诚信待人

诚信待人,诚信做事,可以使我们理直气壮,正气凛然,心胸开阔,心无挂碍。诚信不仅是一种待人的态度,而且能提高生活质量。诚信不是生活的手段,而是生活的目的。一个人能够诚信地生活,是因为他有智慧,有状态,有条件。

七、和气宽仁

和气待人与和气待己是一回事。和气待人,必然宽容。当我们和气宽仁地对待所有人时,就能相当完整地和气宽仁地对待整个世界了。这个道理对朋友们自然毋庸多言。重要的不是停留在道理上，而要在实践中体验。

八、不靠言语取悦于人，而靠行动取信于人

在处理人际关系时，有些人喜欢急功近利，追求短期效应，恨不能讨好一切人，应酬好一切关系。这是拙劣低下的表现。按照正确的原则处理人际关系，是我们自然的流露，是我们长期的准则。相信别人总会理解和信任自己。即使有不理解不信任，也无所谓。这就是永远不怕半夜鬼敲门的境界。

九、要雪中送炭，不要锦上添花

当别人需要帮助时，你要尽力帮助。当别人顺风扬帆时，不必随大流凑热闹。这是由彼观彼、善解人意的自然行为逻辑，是诚信待人的自然表现。

十、以德报德，以直报怨

在生活中，有人有恩德于你，有人因伤害过你而有冤仇于你，应该如何对待这些德和怨？当别人有恩德于我们时，自然要回报恩德。当别人伤害侵犯了我们时，既不以怨报怨，因为那样就降低了自己的水平，与别人的错误做法对等混战；我们也不以德报怨，因为那会使得这个世界没有是非，甚至可能助长罪恶。

以直报怨，就是用正直的态度来对待怨恨。以直报怨，这里包含着道义的谴责，包含着不降低自己水准与对方混战的尊严，包含着既正义凛然又克制的沉默，还包含着一如既往诚信待人的基本信条。

资料来源：http://www.ceconlinebbs.com/FORUM_POST_900001_900008_1070820_0.HTM.

7.2　沟通

7.2.1　沟通的基本原理

1. 沟通的含义

沟通是指为了实现组织目标，信息从发送者到接收者的传递和理解的过程。首先，沟通包含着信息的传递。如果信息或想法没有被传送到，则意味着沟通没有发生。也就是说，说话者没有听众或写作者没有读者则不能构成沟通。其次，要使沟通成功，信息不仅需要被传递，还要被理解。

【案例分析】

史佩拉和米勒

牧师史佩拉见人总会热情地打招呼。他每天都要经过农夫米勒的土地，史佩拉每次看到米勒都会说："早安，米勒先生。"

就这样，年复一年。刚开始米勒不太搭理这个犹太人。在史佩拉持续的热情和温暖的笑容感化下，米勒也经常露出笑容，脱帽示意回礼："早安，史佩拉先生。"

这个习惯一直延续着，直到几年后纳粹党上台米勒成了纳粹党的指挥官。

这时候史佩拉全家和村中的犹太人都被集合起来送往集中营。到达集中营之后，纳粹党人便开始发配犹太人。指挥官指往左边就意味着死路一条，右边则还有生还的希望。

轮到史佩拉了，指挥官转过身来，两人目光相遇了。

史佩拉习惯性地说了句："早安，米勒先生。"

米勒听到后，嘴角动了几下，静静答道："早安，史佩拉先生!"然后手指向生存的右边。

分析：企业管理过程中每一件事都包含着沟通的任务。

2. 沟通的过程

沟通过程由两个阶段组成，即传播阶段和反馈阶段（见图 7-1）。

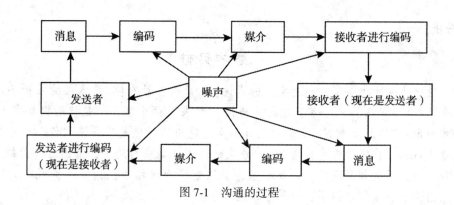

图 7-1　沟通的过程

（1）传播阶段

发送者（想与他人或群体分享信息的个人或群体）决定信号，即所要沟通的信息。然后，发送者将信号编译为符号或语言，这个过程叫做编码。一般来说，信号常编码为字词。噪声是指阻碍沟通过程的任何状况。

信号经编码后，通过媒介传送到接收者——信号预期要达到的个人或群体。媒介简单地说就是通道，比如电话、信件、便笺，或者在会议上面对面地交流，通过这些途径，将经过编码后的信息传送给接收者。在下一阶段，接收者翻译和理解信号的意思，这个过程叫做解码，这是沟通的关键点。

（2）反馈阶段

反馈阶段由接收者开始，接收者决定要对原发送者传送什么样的信号，将信号进行编码，然后通过选择好的渠道传送。信号必须确认原信息已经收到和理解，可重述原信息已经收到和理解，也可重述原信息被正确理解，或者请求更多的信息。原发送人对信号解码，确保达到共同理解。

如果原发送者认为还没有达到共同理解，发送者和接收者要循环沟通多次，直至达到共同理解。

　　因此，沟通是现代管理的神经系统，它不仅仅是组织管理的重要手段和方法，也是人们日常生活中不可缺少的重要内容。

7.2.2　沟通的方式与技巧

1. 沟通的方式

（1）按照信息传递媒介划分

①口头沟通。人们之间最常见的交流方式是交谈，也就是口头沟通。常见的口头沟通包括演说，正式的一对一讨论或小组讨论，非正式的讨论及传闻或小道消息的传播。口头沟通的优点是比较灵活、速度快、双方可以自由讨论、有亲切感，便于及时进行反馈。但是当信息经过多人传送时，口头沟通的主要缺点也会暴露出来，在此过程中涉及的人越多，信息失真的潜在可能性越大。每个人都以自己的方式解释信息，当信息到达终点时，其内容常常与最初大相径庭。

【案例分析】

秀 才 买 材

　　有一个秀才去买柴，他对卖柴的人说："荷薪者过来！"卖木柴的人听不懂"荷薪者"（担柴的人）三个字，但是听得懂"过来"两个字，于是把柴担到秀才前面。秀才问他："其价如何？"卖柴的人听不太懂这句话，但是听得懂"价"这个字，于是就告诉秀才价钱。秀才接着说："外实而内虚，烟多而焰少，请损之（你的木柴外表是干的，里头却是湿的，燃烧起来，会浓烟多而火焰小，请减些价钱吧）。"卖柴的人因为听不懂秀才的话，于是担着柴走了。

　　资料来源 http://www.feel-bar.com/html/Article/2012/05472.html.

　　分析： 管理者平时最好用简单的语言、易懂的言词来传达讯息，而且对于说话的对象、时机要有所掌握，有时过分的修饰反而达不到目的。

②书面沟通。书面沟通是指用文字作为信息媒介来传递信息的一种沟通形式。书面沟通的形式有备忘录、报告书、通知、内部刊物、布告栏和公司手册、信函等。为什么信息的发送者会选用书面沟通？因为它持久、有形、可以核实。一般情况下，发送者与接收者双方都拥有沟通记录，沟通的信息可以无限期地保存下去。

但是书面沟通也有自己的缺陷，书面沟通无法确知信息是否到达；有时书面沟通中的媒介在组织传递过程中，可能会被某一层次的管理者截留，以致该层次以下的管理者无法获得信息，书面沟通文字要求正确、规范；口头沟通能使接收者对其所听到的东西提出自己的看法，而书面沟通则不具备这种内在的反馈机制。

③非语言沟通。一些沟通既非口头形式也非书面形式。而是通过非文字的信息加以传递的。在沟通中，非语言沟通传递了大约 55% 的信息。非语言沟通是语言沟通的一种有效补充形式，强化了语言沟通。

非语言沟通形式非常多，如目光、人际距离、身体运动、电子媒介沟通等，由于个人风格不同，非语言沟通易产生误解。

（2）按照信息传递的方向划分

①下行沟通。下行沟通是指信息自上而下的沟通。如上级把企业战略目标、管理制度、政策、工作命令等传递给下级。下行沟通顺畅可以帮助下级明确工作任务、目标及要求，增强其责任感和归属感，协调企业各层次的活动，增强上下级之间的联系等。

②上行沟通。上行沟通是指自下而上点面结合的沟通，如下级向上级反映意见，汇报工作情况，提出意见和要求等。上行沟通是管理者了解下属和一般员工意见及想法的重要途径，上行沟通畅通无阻，各层次管理人员才能及时了解工作进展的真实情况。

③平行沟通。平行沟通是指组织内部平行机构之间或同一层级之间的信息交流，如组织内部各职能部门之间、车间之间、班组之间、员工之间的信息交流。它是加强各部门之间的联系、了解、协作，减少冲突，改善关系的重要手段。

④斜向沟通。斜向沟通是指处于不同层次的没有直接隶属关系的成员之间的沟通，它有利于加速信息流动，促进理解，并为实现组织目标而协调各方面的努力。

管理中这四种沟通缺一不可，纵向的上行、下行沟通应尽量缩短沟通渠道，以保证信息传递的快速与准确。横向的平行沟通应尽量做到广泛和及时，以保证协调一致和人际和谐。同时，为加速信息流动可灵活运用斜向沟通。

（3）按照沟通渠道划分

①正式沟通。正式沟通是通过组织明文规定的渠道所进行的信息传递与交流。正式沟通畅通无阻，组织的生产经营活动及管理活动才会井然有序；反之，整个组织将陷入紊乱甚至瘫痪状态。因此，正式沟通渠道必须灵敏而高效。正式沟通的优点是正规、权威性强、沟通效果好，缺点是对组织机构依赖性强而造成速度迟缓，沟通形式刻板，如果组织管理层次多，沟通渠道长，容易造成信息损失。

②非正式沟通。非正式沟通是指在正式沟通渠道以外信息的自由传递与交流，主要是通过个人之间的接触来进行。非正式沟通不受组织监督，是由组织成员自行选择途径进行，比较灵活方便。员工中的人情交流、生日聚会、工会组织的文娱活动都属于非正式沟通。与正式沟通相比，非正式沟通有如下特点：信息传播速度快，信息比较准确，可以满足职工的需要，沟通效率高，但是具有一定的片面性。

【案例分析】

斯塔福德航空公司的内部传闻分析

斯塔福德航空公司是美国北部一个发展迅速的航空公司。然而，最近在其总部发生了一系列的传闻：公司总经理波利想出卖自己的股票，但又想保住自己总经理的职务，这是公开的秘密了。他为公司制订了两个战略方案：一个是把航空公司的附属单位卖掉；另一个是利用现有的基础重新振兴发展。他自己曾对这两个方案的利弊进行了认真的分析，并委托副总经理本杰明提出一个参考的意见。本杰明曾为此起草了一份备忘录，随后叫秘书比利打印。比利打印完后即到职工咖啡厅去了，在喝咖啡时比利碰到了另一位副总经理肯尼特，并把这一秘密告诉了他。

比利对肯尼特悄悄地说："我得到了一个极为轰动的最新消息。他们正在准备成立另外一个航空公司。他们虽说不会裁减职工，但是，我们应该联合起来，有所准备啊！"这话又被办公室的通信员听到了，他立即把这消息告诉他的上司巴巴拉。巴巴拉又为此事写了一个备忘录给负责人事的副总经理马丁，马丁也加入了他们的联合阵线，并认为公司应保证兑现其不裁减职工的诺言。

第二天，比利正在打印两份备忘录又被路过办公室探听消息的人摩罗看见了。摩罗随即跑到办公室说："我真不敢相信公司会做出这样的事来。我们要被卖给联合航空公司了，而且要大量削减职工呢！"

这消息传来传去，三天后又传回到总经理波利的耳朵里。波利也接到了许多极不友好，甚至充满敌意的电话和信件。人们纷纷指责他企图违背诺言而大批解雇工人，有的人也表示为与别的公司联合而感到高兴。而波利则被弄得迷惑不解。

分析： 斯塔福德航空公司在私下传闻中发生了通过非正式沟通渠道信息传递失真的现象。由于错误的信息被人们信以为真，员工们纷纷对公司这一战略加以评论，更有甚者向总经理发来不友好的信件或电话，一时干扰了总经理的工作，也为公司新的战略计划的制订与执行增添了无形的阻力。总经理波利可以采用以下方案使问题得到澄清：方案 1，通过正式沟通渠道来澄清问题；方案 2，通过非正式沟通渠道来澄清问题；方案 3，利用时间效应来消除小道消息的负面影响。

2. 沟通的技巧

按沟通的三个层次或实质过程，分别研究信息沟通、情感沟通和行为沟通的艺术技巧。

（1）信息沟通

对有关事实、情报、思想和意见的信息传递与交流是管理沟通中的基本内容与形式。要实现对这些信息的高效率沟通，必须注意以下方面：

①沟通主体。沟通主体对沟通效果的影响主要表现为两个方面：一是发出的信息是否清楚、有效；二是在沟通对象看来，沟通者及其发出的信息是否可信。这主要受以下一些因素影响：沟通主体的专业权威性，对该事物的熟悉程度，其提供信息的动机以及与沟通对象的相互关系等。

②沟通对象。来自沟通对象方面的影响因素主要有：沟通对象对信息的需求，接收信息的能力以及价值观、知识、思维特点等。沟通者必须研究沟通对象的上述因素，以便有针对性地应对。

③沟通渠道。主体与对象之间的沟通渠道，如沟通的方式、途径、时间、地点、手段等，都将影响沟通的效果。

（2）情感沟通

在管理沟通实践中，管理者应协调各种关系，增强组织的凝聚力，必须高度重视，并努力做好情感沟通工作。

①研究并尽可能满足沟通对象的社会心理需要。要与沟通对象进行有效的情感沟通，

最重要的是要了解对方的社会心理需要，并尽可能加以满足。管理者在与下级的情感沟通中，注意观察和研究下级的心理需要，然后有针对性地加以满足，"投其所好"，就一定会赢得下级的真实情感，就会在彼此之间建立十分融洽的关系。

②真诚、热情、助人为乐。沟通技巧固然重要，但在根本上必须做到以诚相待，这是情感沟通的思想基础。管理者必须在沟通过程中，真诚地帮助下级排忧解难，解决他们的问题。

③运用心理规律，促进情感融通。从社会心理学角度看，人们之间的情感，在本质上是受喜欢与吸引的心理规律支配的。把握并运用这些喜欢与吸引的心理规律，就能实现感情的融通。相似性原则：人们在交往的过程中，存在或具备某些相同或相近属性或特征的人之间容易相互喜欢与吸引。这些相似的特征包括：民族、地域、政治信仰、宗教、职业、受教育水平、年龄、性格、态度、经理、兴趣爱好等。管理者应在与下级沟通过程中，注意寻找并强化与其具有共同性的一些因素，增加双方的喜欢与吸引程度，促进感情的加深。互补性原则：人们在交往的过程中，不但追求相似性，而且还在某种情况下追求互补性。例如，一个具有强烈支配欲的人，自然会选择、接近服从性的人，而避开同样属于支配性的人。管理者应运用这一原则，创造在个性方面的互补机会，增进相互的感情。相近性原则：地域或空间的接近，使人们之间容易形成密切的关系。如长期在一起工作的同事，容易形成密切的关系。相互性原则：也称报答性原则。它是指在沟通、交际过程中，一方对另一方的看法与态度直接决定另一方对这一方的看法与态度。因此，管理者应在沟通中善于发现对方的长处和优点，形成并表示出对对方的好看法和愿意接近的态度。

（3）行为沟通

管理沟通最主要的目的是影响组织成员的态度，改变其行为，以保证组织目标的实现，而改变行为的关键是态度的转变。

①把握与运用影响行为改变的因素。决定与影响一个人态度改变的因素主要有以下五方面：一是对传播者的估价。能否说服成功，首先取决于受传者对传播者的估价。主要包括：传播者的见解是否具有权威性；传播者劝说的动机是否值得怀疑；双方的关系是否密切。二是交流信息差异。这是指发自传播者的交流信息与受传者原有态度观点之间的差异。差异较大，可能造成要求其改变态度的较大压力，从而有利于受传者态度的改变。三是受传者特征。受传者自身的特性也会影响行为，如自尊、智能、性格、心理等。四是社会压力。社会压力主要包括受传者所属的群体的规范以及组织的各种行政、经济手段对态度改变问题的压力。五是情境。在劝说的过程中，会受到受传者心理、相关人之间的关系与态度、所处的时间与空间环境等因素的影响。

②管理者应善于运用说服技巧与策略。要劝说成功，关键的是要以理服人，以事实服人。但是正确地运用说服的技巧与策略也具有重要意义，有时甚至起着决定性作用。管理者应掌握一些社会心理规律，运用巧妙的导入策略，从容易使对方放松的话题谈起。同时，正确运用诱导技巧与策略，注意劝说的思维逻辑过程以及劝说的语言艺术。

4. 沟通的语言艺术

要有效沟通，就必须研究语言规律，结合实际需要，讲究语言艺术，运用语言技巧。

【案例分析】

陈红新的疑惑

　　陈红新是海门市化工原料厂综管部的负责人。他负责集团的日常管理。他最担心的是沟通和激励。虽然他觉得在开会时，所有的管理者及职工都在认真听自己讲话，但他们在工作中的表现使他疑惑。他们是否理解了他的意思。他的许多指导得不到实施。看了一些收集的反馈交流信息。他发现一些管理人员对自己的工作目标不太明确。但他们相信如果某些信息沟通得当，他们会做得更好。大多数办事人员和车间主任缺乏想象力和驱动力。由于他不能很好地与职工沟通，不能做好激励工作，有些职工甚至觉得他没能力胜任这个职位。为此，他很苦恼。

　　资料来源：http：//jxzy. wxit. edu. cn/skills/portal/blob？key＝755387.

　　思考：陈红新遇到了什么问题？

　　分析：陈红新遇到的问题是下属不能很好地理解他的意图，上下级信息不能进行有效的传递，沟通方式及沟通渠道不畅通，即沟通中存在障碍，不能满足员工的需要，员工没有工作积极性，不能很好地实现组织目标。

　　沟通技巧一是倾听的技巧，二是会话的技巧。

　　倾听的技巧。一个善于沟通的人，首先要善于倾听，倾听是沟通的关键性环节。美国公关大师卡内基曾给予倾听较高的评价：倾听是我们对任何人的一种最高的境界。管理者应用好倾听的技巧：倾听是多重沟通的过程，要以真诚的态度倾听，并适时进行必要的提问或回应。

【案例分析】

三个小金人

　　曾经有个小国家的人到中国来，进贡了三个一模一样的金人，金碧辉煌，把皇帝高兴坏了。可是这小国不厚道，同时出一道题目：这三个金人哪个最有价值？

　　皇帝想了许多的办法，请来珠宝匠检查，称重量，看做工，都是一模一样的。怎么办？使者还等着回去汇报呢。泱泱大国，不会连这个小事都不懂吧？

　　最后，有一位退位的老大臣说他有办法。

　　皇帝将使者请到大殿，老臣胸有成竹地拿着三根稻草，插入第一个金人的耳朵里，这稻草从另一边耳朵出来了。第二个金人的稻草从嘴巴里直接掉出来，而第三个金人，稻草进去后掉进了肚子，什么响动也没有。老臣说：第三个金人最有价值！使者默默无语，答案正确。

　　资料来源：http：//iask. sina. com. cn/b/5138201. html.

　　分析：最有价值的人，不一定是最能说的人，老天给我们两只耳朵一个嘴巴，本来就是让我们多听少说的。善于倾听是沟通最重要的技巧之一。

会话的技巧。会话是沟通中应用最多、最基本的语言形式。会话的技巧是管理者必备的素质和基本功。要言之有理，并有足够信息量。所说内容可以是新知识、新信息、新方法，至少是新简介，这样以内容吸引人。选择对方感兴趣或擅长的话题谈。在交往与会话的过程中，注意发现与寻找对方的长处与优点，并出于真诚，实事求是地赞美对方的长处。回避忌讳的话题。传递信息的语言要准确、简明、生动。善于运用体态语言。运用幽默，要注意说话的数量、速度与声调控制。

7.3 工作群体和团队的管理

【导入情景】

机械厂增建女工休息室

机械厂未建家属宿舍，职工散居全市各地。为避免上班迟到，职工们通常很早出门。由于女工休息室少，休息环境拥挤嘈杂，女工们并没有得到很好的休息，她们时常因为操作失误而造成废品，被扣奖金。女工李木兰先是一个人向厂部反映希望增建女工休息室，没有引起厂领导的重视。后来，李木兰说服20位车间女工联合起来向厂部提出她们的要求，终于引起了厂部的重视。

分析：人们常说，个人力量难以达到的目标往往通过群体行动可以实现。群体行为和团队管理是组织必须加以研究的重点内容。

7.3.1 组织中的群体和团队

1. 群体的定义和特征

群体（group）是指为了实现某个特定的目标，由两个或更多的相互影响、相互作用、相互依赖，遵守共同行为规范的个体组成的个体集合体。

群体具有以下特征：

（1）群体拥有一定的行为规范，群体成员在行为上相互制约，须遵守共同的行为规范。

（2）群体成员直接接触，相互联系，相互影响，相互作用。

（3）群体成员具有群体意识和归属感，意识到自己是群体中的一员。

（4）群体成员分工协作，具有共同的目标，因而赋予群体一定的组织性。

2. 正式群体与非正式群体

组织中的群体，可以划分为正式群体和非正式群体。

（1）正式群体

正式群体是指为实现组织目标，按照组织规程正式建立起来的组织内部的群体。它为实现组织目标而建立，基本职能是完成组织任务。同时，它按组织的章程和组织规程建立起来，列入组织正式机构的序列之中，正式群体的成员也有明确的编制，其领导者有正式的职务头衔，由组织赋予明确的职权与职责，例如工厂里的班组、科室都是正式群体。

（2）非正式群体

非正式群体是指为满足组织成员的个人需要，在共同工作与生活交往中自发组合到一起的一群人，它是适应组织成员的某种需要而逐步形成的，包括工作上、社会上、感情上的需要等。它也是在长期的共同工作和生活交往中自发形成的，而非组织干预的结果。非正式群体没有正式的组织形态、名称与规程，但却有不成文的群体规范和内在影响力。它一般是建立在感情逻辑基础上，主要追求成员之间的亲密感情、友好相处。

（3）正确处理非正式群体和正式群体的关系

①正确分析与对待非正式群体。非正式群体的存在是一个客观事实，必须正视。要通过认真的分析，弄清其人员结构、目标、规范等，并同正式群体的目标与规范加以比较，对非正式群体积极引导，创造一种高层次的归属情感，对非正式群体的合理要求要给予支持。

②做好非正式群体核心人物的工作。任何群体中都有自己的核心人物，无论是正式群体的负责人还是非正式群体的领袖，他们在群体成员中都有较高的威信，他们个人的认知、态度和情感很容易影响群体中的成员。做好这些人的工作，就会有效地引导、影响非正式群体成员的思想与行为，从而有利于组织目标的实现。

③在组织上实现非正式群体与正式群体的统一。如果条件允许，可以参考非正式群体的人员构成，调整正式群体的人员，并可以挑选具备条件的非正式群体的核心人物担任正式群体的负责人，实现两者在组织上的融合。

3. 群体凝聚力

①群体凝聚力的定义。群体凝聚力是指群体成员之间相互吸引并愿意留在群体中的程度。群体凝聚力与群体团结性既有相似之处，又有严格的区别：凝聚力主要是指群体内部的团结，而且可能出现排斥其他群体的倾向；群体团结则既包括群体内部的团结，也包括与其他群体的相互支持、相互协调。

【案例分析】

惠普公司的凝聚力

美国惠普公司创建于 1939 年，1997 年销售额为 429 亿美元，利润额为 31 亿美元，雇员近 12 万人，在全球 500 家最大的工业公司中排名第 47 位。惠普公司不但以其卓越的业绩跨入全球百家大公司行列，更以其对人的重视、尊重与信任的企业精神闻名于世。

作为大公司，惠普对员工有着极强的凝聚力。到惠普的任何机构，你都能感觉到惠普人对他们的工作是如何满足。这是一种友善、随和而很少压力的气氛。在挤满各阶层员工的自助餐厅中，用不了三美元，你就可以享受丰盛的午餐，笑声洋溢使人仿佛置身在大学校园的餐厅中。惠普公司的成功，靠的正是"重视人"的宗旨，惠普重视人的宗旨源远流长，目前还在不断自我更新。公司的目标总是一再重新修订，又重新印发给每位职工。每次都重申公司的宗旨："组织之成就乃系每位同仁共同努力之结果。"然后，就要强调惠普对有创新精神的人所承担的责任，这一直是驱使公司获得成功的动力。正如公司目标的引言部分所说："惠普不应采用严密之军事组织方式，而应赋以全体员工以充分的自由，使每个人按其本人认为最有利于完成本职工作的方式，使之为公司的目标做出各自的贡献。"

惠普公司的成功相当程度上得益于它诚信的企业文化：惠普公司对员工的信任表现得最为清楚，实验室备品库就是存放电器和机械零件的地方，工程师们不但在工作中可以随意取用，而且还鼓励他们拿回家去供个人使用！惠普公司认为，不管工程师用这些设备做的事是否和他们手头从事的工作项目有关，反正他们无论是在工作岗位还是在家摆弄这些玩意儿，都能学到一些东西。因为它充分相信员工，公司员工才会与它有难同当、有福同享。归根结底，它是一种精神、一种理念，员工感到自己是整个集体中的一部分，而这个集体就是惠普。

因此，惠普的创建人比尔·休利特说："惠普的这些政策和措施都是来自于一种信念，就是相信惠普员工想把工作干好，有所创造。只要给他们提供适当的环境，他们就能做得更好。"这就是惠普之道。惠普之道就是尊重每个人和承认他们每个人的成就，个人的尊严和价值是惠普之道的一个重要因素。

资料来源：http://www.techweb.com.cn/manage/2007-11-26/273890.shtml.

分析：惠普的成功得益于较强的凝聚力。

②提高群体凝聚力。一般情况下高凝聚力的群体确实比低凝聚力的群体更有效，但群体凝聚力与组织绩效的关系比较复杂，还有其他种种因素，如态度、目标一致性等在起作用。

【案例分析】

向蚂蚁学习群体智慧

在自然界里，蚂蚁是随处可见的，有时一窝蚂蚁多达几万只，但每一个蚁窝只由一只蚁后（有时会多于一只）和若干工蚁、雄蚁及兵蚁共同组成，它们各司其职、分工明细。蚁后的任务是产卵、繁殖，同时受到工蚁的服侍；工蚁负责建造、觅食、运粮、育幼等；而雄蚁负责与蚁后繁殖后代；兵蚁则负责抵御外侵、保护家园。大家各尽所长、团结合作、配合默契，共赴成功。蚁群能对环境做出快速有效的反应，比如寻找食物源的最短路径、分派工蚁做不同的工作或保卫领土不受邻居侵袭。这是因为蚁群拥有一种被称作"群体智慧"的东西。

现在"蚂蚁搬家及运食"的故事，经常被人们用于诠释齐心协力、团队合作的意义。因为它们这种群策群力和高效率的团队协作方法，是值得人类深思与借鉴的。

资料来源：http：//simon007008. blog. 163. com/blog/static/2236285200692413035/ .

分析：蚂蚁搬家体现了群体力量的强大。

4. 团队（team）的基本概念

团队是由一些知识技能互补、彼此承诺、协作完成一项共同目标或一系列绩效目标的成员组成的特殊群体，每个成员都负有共同的责任。

5. 团队的特征

①在组织形态上，团队属扁平型组织。实行团队模式的企业，管理层次较少，取消了许多中间管理层次，以保证员工可以直接面对顾客与公司的总目标。

②在目标定位上，团队有明确的目标，每个成员都有明确的角色定位与分工。

团队成员的角色主要有三种：以工作为导向的角色，其主要任务是促进团队目标的实现；以关系为导向的角色，其主要任务是促进团队各种关系的协调与发展；以自我为导向的角色，其主要任务是注重自我价值的实现。

③在控制上，强调自主管理，自我控制。在团队中，领导者逐步由监督者变为协调者，团队成员充分发挥主动性、创造性，为满足顾客的需要与实现企业的总目标而自觉奋斗。

④在功能上，团队形成一种跨部门、交叉功能的融合体系。团队可以跨部门建立，来自不同部门的成员，淡化原有界限，实现功能交叉与融合，成员以多种技能实现互补，实行一种高度融合的协同作战。

⑤在相互关系上，团队构建合作、协调的团队。团队成员有共同的价值观和理念，建立了良好的沟通渠道，相互之间高度信任，团结合作，整体协调，形成强大的凝聚力和战斗力。

6. 团队建设的要领

要建设有效团队，应注意以下工作：

（1）科学设定目标

团队的目标，既是团队设立的出发点与归宿，又是凝聚团队成员、合作协调、团结奋战的纽带。团队的目标要先进合理，特别注意在可行的基础上，一定要使团队目标具有挑战性，以激励团队成员合作奋战，并尽可能使成员的目标与团队的目标紧密融合，促进团队整体战斗力的提升。

【案例分析】

同样是行走

唐太宗贞观年间，有一匹马和一头驴子，它们是很要好朋友。贞观三年，这匹马被玄奘选中，前往印度取经。

17 年后，这匹马驮着佛经回到长安城后，即刻到磨房会见它多年未见的老朋友驴子。老马谈起了自己这 17 年中的精彩经历：有浩瀚无边的沙漠、高耸入云的山峰、炽热的火山、奇幻的波澜……神话般的境界，让驴子听了后很是羡慕。

驴子感叹道："这些年你爬雪山，渡沙河，天天与炙热的太阳，疯狂的风沙为伴，还得躲藏那些凶恶的野兽，过着提着脑袋的日子，还要走那么遥远的路途，这些……我连想都不敢想。"老马说："其实，这个过程也并非你想象的那样可怕，我每天也是和你一样为了我的目标一步步地往前走而已。其实我们跨过的距离大体是相同的，当我向印度前进的时候，你一刻没有停步。不同的是，我是在去印度的路上一步步往前行走，而你却在磨盘周围一步步地行走。当然也有区别，我认为最大的区别是：我同玄奘大师有一个遥远的目标，按照始终如一的方向前行，所以我们走进了一个广阔的世界。而你却整天围着磨盘打转，所以永远也走不出狭隘的天地……"

马和驴子最大的差别就在于目标的不同，最终导致了不同的结果。

彼得·杜拉克说："目标并非命运，而是方向。目标并非命令，而是承诺。目标并不决定未来，而是动员企业的资源与能源以便塑造未来的那种手段。"

资料来源：http://blog.ceconlinebbs.com/BLOG_ARTICLE_76781.HTM.

分析：团队的作用取决于共同的目标。

（2）打造团队文化

共同的价值观与文化是团队建设的灵魂。首先，要确立正确的价值观，并通过各种文化建设，使全体成员共同认可，进而塑造健康向上的团队精神，全面建设具有本团队特色的组织文化。

（3）促进跨部门整合与技能互补

工作团队与一般的工作群体的一个本质的区别就是实行跨部门整合，其成员具有多种技能，并且在各成员之间实行技能互补，以形成团队的整合优势。因此，要根据目标的要去，科学设计不同部门之间成员的组合，注重成员技能的培养，促进不同技能间的互补，打造整体优势。

（4）维持小规模的团队

如果团队的规模过大，人数过多，就无法进行团队所需要的建设性沟通与互动，成员对管理与决策的参与程度低，而且对于共同面临的一些问题也不宜达成共识。因此必须适当控制团队的规模，以保证有效的沟通和合作。

（5）重新设计信息系统

团队的建设与绩效同信息沟通关系极为密切，没有有效的沟通，就没有团队的合作与协调。信息科技将员工们彼此连接在一起，也可以使客户、供应商和企业伙伴取得联络。因此，要按照团队建设的要求重新设计与完善信息系统，实现团队内外信息的有效沟通，促进团队的合作与协调。

（6）重新设计报酬系统

必须突破传统的奖酬理念与体系，采取一种以知识技能为中心的报酬系统。即把员工的技能与知识作为决定奖酬多少的主要依据，而不是根据其所处的职位而定，同时，要把团队绩效与整个团队的奖酬挂钩，利益与风险共担，荣辱与共，使团队真正成为利益共同体。

【小思考】

群体与团队的区别

答：所有的工作团队都是群体，但只有正式群体才有可能成为工作团队。团队和群体的主要区别体现在绩效、管理、目标、联系方式、技能组合等几个方面。

【小思考】

龙舟队、旅行团、足球队和候机室的乘客这四个类型中，哪些是群体？哪些是团队？

答：龙舟队和足球队是真正意义上的团队；而旅行团由来自五湖四海的人组成，它只是一个群体，候机室的乘客也只能是一个群体。

【知识链接】

高绩效团队的 7 个特征

高效的企业团队往往拥有相同的优点特质，它们多数拥有以下七个特征：

特征一：目标明确价值观统一

一支优秀的团队，必定拥有一个合理的目标，这个目标可以使团队迸发出巨大的力量。清楚地制定团队自身的目标，不仅能使团队成员明白团队以及自身所追求的方向，更能激发团队成员的热情、好奇心、活力和创造力。应该说，目标使得团队的存在有了价值。

因此，领导者在团队管理中，首要的任务就是先确定目标、方向。这样不但能使不同角色的团队成员有完全一致的目标，更重要的是使团队有前进的动力。这正是高效团队的不同之处。

特征二：自信豁达真诚共享

打造高绩效团队还需要团队中拥有共享机制和氛围。因为不管是什么样的团队，它们都不可能是闭塞的，不与内部成员及外部交流的。而在团队分享中，包括很多，但是最主要的有两点，一个是经验分享，另一个是信息分享。

特征三：定位准确合理分工

一个合理的团队结构，其成员的年龄、专业知识和智力水平等，不应该也不可能是整齐划一的。在成员的总体构成上，既要有强有力的主要负责人，又必须有各具专长的其他成员。主要负责人的责任是把群体成员的积极性最大限度地调动起来，使全体成员之间长短互补，相互配合，充分发挥群体的整体功能，所以他是实现群体结构科学化的关键。

特征四：相互信任精诚沟通

　　沟通就像一个组织生命体中的血管一样，贯穿全身每一个部位、每一个环节，促进身体循环，提供补充各种各样的养分，从而让生命鲜活起来。

　　沟通是解决一切问题的基础。很难想象，在一个以人为主的团队里，失去了沟通的团队是如何进行生产计划的实施、战略的执行、基层工作的开展的。这一切如果没有了沟通作为基础，可以说也就失去了其存在的可能。

　　特征五：流程清晰制度规范

　　不同的公司、不同的团队都有属于自己的规范，它们各具特色而且都是独一无二的。正式规范，是那些已经编入规章制度和员工手册中的东西，它们规定着员工应遵循的规则和程序。对于团队而言，规章制度的建立对团队的运行和发展起到了规范化的作用，使事情有据可查，使之良性循环。

　　特征六：胜似一家人

　　得人心者得天下，失人心者失天下。这个道理，古人早就给我们做了深刻的总结。这个道理在现代企业的发展中同样适用。在世界经济和文化高度发展的现代社会，在产品过剩，物质极大丰富的时代里，一个企业想要获得长远的发展，员工的人心向背与凝聚力变得越来越重要。

　　特征七：有效授权相互激励

　　授权是提高团队效率的秘诀之一，妥善地分派工作有利于提高工作效率，从而创造出更大的价值。企业是一个团队，不是一个人能支撑下去的，企业的发展壮大需要上下齐心协力、共同发展，只有团结每一位员工，协调彼此间的关系，才能提高工作效率。

　　资料来源：http://blog.ceconlinebbs.com/BLOG_ARTICLE_199756.HTM.

7.3.2　人际冲突与群体间冲突

1. 人际冲突（interpersonal conflict）

（1）人际冲突的含义

人际冲突是一种对立状态，表现为两个或两个以上相互关联的主体之间的紧张、不和谐、敌视甚至争斗的状态。

（2）人际冲突的作用

人际冲突既有正面作用，又有负面作用。

　　如果妥善处理冲突，对组织具有积极作用，如促进问题的公开讨论和尽快解决，提高成员在组织事物中的参与程度，增进成员间的沟通与了解，化解积怨，激发成员的创造力，给组织带来活力，避免个人停滞不前，而且还能宣泄愤怒与敌意，避免过度累积各种负向情绪，终致不可收拾、关系破裂的地步。

　　如果处理不好冲突，对组织具有消极作用，不仅影响组织成员的心理健康，造成组织内部的不满与不信任，而且使组织内相互支持、相互信任的关系变得紧张，导致成员和整个组织变得封闭、缺乏合作，阻碍组织目标的实现，破坏团体中的凝聚力。

　　总之，人际冲突可能带来彼此关系的紧张和压力，并可能使当事人经历失望或愤怒等负面情绪。从另一个角度来看，如果能够有效地解决冲突，则除了能宣泄不满之外，还可以使双方更加亲密，并且促进个人的成长和需求的满足。

（3）常见的人际冲突处理方式

①对抗型。对抗型的人只追求满足一己之私，而不管他人，为了争取胜利而不惜攻击、侵犯与伤害他人。这种做法常导致关系的破裂、敌意升高。

②迎合型。迎合型的人通常不果决，合作性较高，他们最常使用的策略是顺从、遵从他人的要求，一味屈从对方，完全听任对方，满足对方需求，将对方需求看得比自己还重要。

③合作型。合作型的人不但关心自己目标的达成，同时，也关心与他人维持良好的人际关系。合作型的人彼此都愿意用开放、平等、客观的态度来沟通，澄清彼此差异，共同思考如何来解决问题。

④折中型。折中型的人达成自己目标的企图，并不像对抗型那样强烈，同时也不会像迎合型一样完全放弃自己的目标，以满足或顺应他人的要求。

⑤回避型。回避型的人与合作型的人恰好相反，既不关心自己的目标能否达成，也不关心与他人的关系是否良好，不会主动与他人合作。发生冲突时，他们最常见的反应是冷淡，保持缄默，不发表任何意见，因此，他们不但不能达成自己的目标，也无法与他人维持和谐的人际关系。

总而言之，上述五种处理冲突的方式中，合作型的人最具建设性。回避型和对抗型的人则很可能会损害与对方的人际关系。迎合型的人放弃自己的目标以顺应他人的要求。折中型仍属于具建设性的处理方式，虽然有所退让，但同时也有所获得，因此他们的人际关系较能维持。

（4）解决人际冲突的策略

①学会换位思考。换个角度，站在对方的立场来考虑问题，不仅能注意到自己的情绪、思维和行为方式，而且能理解和关注别人的思维和行为方式，拉近人与人之间的距离，减少隔阂，使交流更顺畅。

②尊重对方，求同存异。每个人都拥有自己的个性特点，我们要尽可能地理解别人的需要，尊重别人的兴趣爱好，承认别人与自己的某些差异，不轻易贬低别人的某些特性。

③学会沟通。由于文化知识和生活阅历有限，许多人的人际交往能力与技巧还需提高，有时不能把握好人与人的关系是正常的，人与人之间不管有没有矛盾，都要多进行沟通。

2. 群体冲突（group conflict）

（1）群体冲突的定义

群体冲突是指在群体内部存在的两种互不相容或相互排斥的对立状态，造成失误、矛盾的群体状态。影响群体冲突的主要因素有：个体差异、利害冲突、工作矛盾等。

（2）群体冲突的作用

群体冲突既有破坏性的冲突，也有建设性的冲突。破坏性的冲突使群体成员在认知上产生分歧，成员之间的关系紧张，使组织不能形成统一的意志和行动，组织的目标难以实现。建设性冲突是具有积极意义的冲突，有利于群体观念的更新，有利于决策方案的多重优化，有利于激发成员间的竞争心理，有利于发挥成员的创造性等。例如，为开拓一个新的市场，群体成员见解不同，引发激烈的争论，这样有利于拓宽视野，寻找开发市场的多种可能途径，从而使决策更为科学。

（3）分清冲突的性质，区别对待

处理群体冲突，首先应进行冷静的分析，区分是建设性冲突还是破坏性冲突，从而采取不同的方法进行科学、适宜的处理，以发挥冲突的积极作用，限制冲突的消极作用。例如，当群体的成员由于奖金发放不当而产生矛盾时，对于这种具有破坏性的冲突，就应千方百计地化解，如改进分配方法，做好相应的思想工作；而如果是销售业绩上的差别而使得奖金差别大，使得群体成员产生竞争压力，那么应强化这种积极作用的心理冲突，以推进更为有效的竞争。

（4）群体冲突的处置方法

对待一些破坏性冲突或有消极作用的冲突，可以采取一些有效方法来加以化解：

①协商法。冲突双方通过有效沟通进行协商，各自做出妥协，化解冲突。

②回避法。对一些不适宜大刀阔斧解决的冲突，可通过适当方式进行回避，以减缓冲突带来的破坏作用。

③仲裁法。由高层领导出面或由专门机构进行仲裁，以求冲突的解决。

④调节法。由第三者出面为冲突双方进行调节，从而化解矛盾。

7.3.3　组织内冲突的管理

企业组织之所以存在冲突，最根本的根源在于涉及各方之间利益的不平衡。无论是哪种形式的组织，都不同程度地存在着各种极为错综复杂的矛盾或冲突，而且正是这些冲突导致了企业内部资源没有能够得到充分的共享和利用。极少有管理者能够深刻地认识到这种冲突给企业带来的影响，或者即使认识到了，但认为这是人的本性使然，根本就无法彻底解决，由此企业运营效率十分低下的问题在企业内比较普遍。

1. 冲突（conflict）的概念

冲突是指人们由于某种抵触或对立状况而感知到的不一致的差异。对组织中存在的冲突形成了三种不同的观点：

（1）传统的冲突观点

它认为冲突是有害的，会给组织造成不利影响。冲突成为组织机能失调、非理性、暴力和破坏的同义词。因此，传统观点强调管理者应尽可能避免和清除冲突。

（2）冲突的人际关系观点

它认为冲突是任何组织无法避免的自然现象，不一定给组织带来不利的影响，而且有可能成为有利于组织工作的积极动力。既然冲突是不可避免的，管理者就应该接纳冲突，承认冲突在组织中存在的必然性和合理性。

（3）冲突的互动作用观点

与人际关系观点只是被动地接纳冲突不同，互动作用观点强调管理者要鼓励有益的冲突，认为融洽、和平、安宁、合作的组织容易对变革和革新的需要表现为静止、冷漠和迟钝，一定水平的有益的冲突会使组织保持旺盛的生命力，善于自我批评和不断革新。

2. 解决企业组织内部冲突的原则

在处理企业组织内部冲突的过程中，组织应该遵循"疏导、发泄、升华和转移"四原则，并且要特别强调反对用压制和镇压的手段来管理企业内部的冲突。对于企业组织内部冲突可以采用以下几种方法来处理：

①坦诚相待，摒弃偏见。很多企业组织内部存在一些不应有的偏见是很正常的，当然这些意见里也会含有很正确的成分，但我们必须通过正确的方式解决问题，相互埋怨解决不了问题。作为企业组织成员，我们理应首先调整好心态，以客观公正的态度看待部门中存在的问题，如果内部真正能够坦诚相待，畅通的沟通便会开始，这就意味着我们可以用来消除这种来自内部的阻力。

②职责明确，按岗位要求界定工作职责。很多企业员工看到了这种冲突的存在，但自觉不自觉地在扩散这种影响和传播，周而复始导致矛盾积压越来越深。无论是领导还是员工，都应该从个人定位做起，调整好心态，努力把自己的工作做好。在现有职位上做不好工作的人，是不应该得到升迁和加薪的。只要工作一天，就必须考虑为企业组织多创造价值，少增加无形成本。

③分工合作，从领导做起，坚决根除企业组织不良冲突的存在。在冲突管理过程中，其中起关键作用的还是领导。分工之后，还必须考虑组织内部的合作，有分有合，才能系统处理企业内部事务的具体运作。

④协商统合，实现企业目标。要解决好企业组织内部冲突，除了要加强协商和沟通，解决好过去存在的问题，加强内部资源（人力、物力和综合资源）的合理运用，还要善于借用好企业组织本身和外部资源，创造更好的实绩，以实绩来印证冲突管理工作的成效。

⑤要做好企业组织内部冲突管理工作，必须树立企业组织良好形象，必须从塑造专业服务精神开始，从注意每一个细节开始。要做到这一点，必须做到两个明确：一是要明确一个宗旨，那就是让外界更加认可本企业存在的价值；二是要明确一个目标，那就是改造工作从自己做起，向那些心胸开朗的同事学习，注意做好每一个细节，从而通过建立企业组织荣誉感，化解企业组织不良冲突所带来的不良影响。

3. 冲突管理的基本方法

处理组织内的冲突一般可选择三种主要方法：结构法、对抗法和促进法。

结构法和对抗法通常假定冲突已经存在并且要求处理。结构法往往通过隔离各个部分来减少冲突的直接表现。与之相反，对抗法则力图通过把各个部分聚集在一起使冲突表面化，促进法则以缺乏"足够"的冲突的假设为基础。因此，促进法力图提高冲突的等级、数量或者同时提高两者。

（1）结构法

组织通常运用以下几种方法来处理冲突，即运用职权控制、隔离法、以储备作缓冲、以联络员作缓冲。

①运用职权控制。管理人员可通过发出指示，在职权范围内解决冲突。这些指示指出期望下级遵循的行动步骤。例如，在同一家企业的两位副总裁可能都在拟定组织的策略。一位副总裁可能倡导以增产为基础，而另一位副总裁要求把权力集中到组织的最高层，这样，增产和集中权力的目标发生了直接的冲突。总裁则应该行使权力来确定执行什么目标。

②隔离法。管理人员可以直接通过组织设计减少部门之间的依赖性。分别向各部门提供资源和存货，使之独立于其他部门的供应，能够将它们隔离起来，从而减少部门之间冲突发生的可能性。不过，由于隔离需要花费精力和设备，这种独立可能会提高成本。

③以储备作缓冲。完全隔离部门，或者使它们完全独立，可能花费太大。因此，一个组织可能通过储备缓冲部门之间的工作流程。如果部门 A 生产的产品是部门 B 的输入，那么可以在两个部门之间建立储备，防止部门 B 受到部门 A 的暂时停产或减产的严重影响。这样，部门 B 的成员对部门 A 担心的可能性减低了。

④以联络员作缓冲。当两个部门之间整体性很差并存在不必要的冲突时，组织可以安排一些了解各部门操作情况、通过联系活动来协调部门的联络员，从而协调各部门活动。

（2）对抗法

冲突管理中的对抗不是指包含敌对的相互行动，而是用来描述一种处理冲突的建设性方法。在这种意义上，对抗是冲突双方直接交锋，公开地交换有关问题的信息，力图消除双方分歧，从而取得一个双方都满意的结果的过程。对抗法假设所有的部门都有所得，实际上是一种双赢的局面。

用对抗法解决冲突的方法有：

谈判。当双方对某事意见不一致而希望达到一致时，他们可能进行谈判，在这个过程中，双方力图对每一方在交易中付出什么和得到什么达成一致意见。像做买卖一样，谈判中既有分配性因素，又有增益性因素。如果双方仅仅看到非赢非输因素，谈判就不会产生对抗。但是如果双方都认识到取胜因素，谈判就能为冲突的建设性对抗处理提供机会。实现对抗型处理冲突方式要求公开地交流信息，寻找共同的目标，保持灵活态度并避免使用威胁手段。

咨询第三方。大多数对抗采取双方谈判的形式，但是，中立者即第三方提供意见者，能帮助双方解决他们的冲突。第三方在策略上所起的作用如下：保证相互激励，每一方都应当有解决冲突的动机；维持形势力量平衡。如果双方力量不是大致相等，就很难建立相互信任，保持公开的沟通渠道；使对抗努力同步。

（3）促进法

认识性冲突能够帮助避免小团体思想，所以促进职能的认识性冲突可能是处理冲突的一种有效的实际方法。用促进法解决冲突的方法有：

辩证探究法。辩证探究法是把认识性冲突导入决策过程的一种方法。这指的是由一位或一组倡议者提出并推荐一套行动方案，同时由另一位或另一组倡议者提出并推荐另一套对立的行动方案，决策者在选择一种方案或综合方案之前考虑这两组建议。既然推荐的行动方案来自同一形势下的相反观点，决策者考虑这两组建议时，必然会产生认识性冲突。通过解决这种冲突，决策者能够做出反映冲突观点的统一决策。

树立对立面法。把认识性冲突导入决策过程的另一种方法是树立对立面法，即对所推荐的行动方案采用系统化的批评，而不像辩证探究法那样提供可供选择的行动方案。单纯的批评已经能推动决策者产生认识性冲突。解决认识性冲突的需要会促成对问题的更好理解，从而使决策更合理。在某些情况下，和辩证探究法相比较，树立对立面法能形成更好的决策。它可能使决策者不把任何个人或群体的建议当作既定方案，并且对所推荐的行动方案表示肯定或否定的资料更加敏感。

【案例分析】

广州达克林培训公司的内部冲突

1999 年广州达克林培训公司面临着经营压力，公司负责人 James 先后引进了一些人才，试图突破困境。客户部经理 Michael 加入后大力强化内部管理制度，公司业绩明显提升，但员工工作压力增大，加之个性、价值观的矛盾，整个公司的内部冲突越来越多，其中 Michael 与培训讲师 Paul 的冲突最为激烈。James 为了缓和矛盾，组织了有六人参加的管理层扩大会议，但 Michael 拒绝和解，James 最终没能控制会议的局面。矛盾激化致使公司大换血，达克林公司进入一个新时期。

资料来源：http：//d. wanfangdata. com. cn/Thesis/W005466.

分析：有人群活动的地方，就有社会和组织。社会和组织出现的最初目的就是协调人群之间的利益冲突，或为谋求内部平衡与相安无事，或为协调目标一致，减少组织的摩擦与内耗。然而，由于现代社会各种组织日益庞大，除了外部之间的冲突，还有一种经常被我们忽视、回避但又非常现实地存在于各组织内部之间的冲突。功利化目的非常明确的企业组织里，冲突的存在更是不可避免的。公司内部存在着的冲突，也影响着公司的正常运营，如果不能妥善解决组织内部的冲突，组织将如广州达克林培训公司一样面临重新洗牌的格局。作为管理者，我们该如何识别、分析和解决企业组织内部的冲突呢？

● 基本训练

□ 知识题

7.1　阅读理解

1. 结合实际，谈谈沟通的重要性。
2. 怎么处理正式群体和非正式群体的关系？
3. 沟通的技巧有哪些？
4. 怎样建设"有效团队"？
5. 如何处理团队冲突？

7.2 知识应用

一、判断题

1. 沟通是要传递信息的，这种信息只能是语言。（　　）

2. 有冲突的团队，才能更加健康。（　　）

3. 倾听可以掩盖自身的弱点。（　　）

4. 非正式沟通体现了信息的自由交流。（　　）

5. "仁者见仁，智者见智"说明对于同样的信息在不同的人眼中有着不同的含义。（　　）

二、选择题

1. 人际关系是人与人在沟通与交往中建立起来的直接的（　　）的联系。
   A. 心理上　　　　　B. 行为上　　　　　C. 合作方面　　　　　D. 利益上

2. 下列选项中，不属于良好的人际关系原则的是（　　）。
   A. 交换性原则　　　B. 平等性原则　　　C. 强化原则　　　　D. 相互性原则

3. 经理在职工生日时送去一张贺卡，这是（　　）。
   A. 工具式沟通　　　B. 感情式沟通　　　C. 正式沟通　　　　D. 平行沟通

4. 如果发现一个组织内小道消息很多，而正式渠道的消息较少，据此，你认为该组织出现了什么问题（　　）？
   A. 非正式沟通渠道中信息传递很顺畅，运作良好
   B. 正式沟通渠道中信息传递不畅，需要调整
   C. 其中有部分人特别喜欢在背后乱发议论，传递小道消息
   D. 充分运用了非正式沟通渠道的作用，促进了信息的传递

5. 组织中容易发生冲突的潜在原因不包括（　　）。
   A. 情绪化　　　　　　　　　　　B. 资源或信息混乱
   C. 有确切的规范规定　　　　　　D. 组织结构不对

6. 关于沟通的说法正确的是（　　）。
   A. 沟通是一个互动的过程　　　　B. 沟通是一个双向的过程
   C. 沟通是双方就看法达成一致的过程　　　D. 以上说法都正确

● 综合案例

节约后的致歉

如果有人能给公司带来 1000 万美元的节约，大多数的管理人员会对此给予赞赏的，除非这意味着要砍掉一个他们所喜爱的项目。但是，一位刚走出校门的年轻人却从此举中得到了深刻的教训。

从表面上看，情况似乎一清二楚。这家拥有 700 个床位的美国中西部医院门前有一个停车场，在高峰期间常常拥挤不堪，给病人及其家属带来了诸多不便。即使医院管理人员并没有那么强的道德感，光从财务方面考虑，鉴于最近有越来越多的患者另寻他处就医，从而给医院带来很大的损失，这一点也迫使医院的院长助理查尔斯得想

法解决问题。

　　查尔斯吩咐刚从大学拿到工商管理硕士学位的莫里对这种情况进行调查，并提出改进意见。他解释说，要是问题尚不严重，医院可能会设法腾出楼前的一块地方做停车用。要是问题非常严重，就要考虑建一个新的多层停车场，为此得投资 1000 万美元。查尔斯在对莫里作了这次交代后，便到外地休假三个星期。

　　希望自己能一显身手的这位年轻人，在接受任务后进行了两周的调查，分析了停车场发出的印有停车时间标记的票据，最后发现一个不曾预料到的事实：停车场之所以拥挤，完全是因为医院的职工不顾院规将车停放在这里，而不是停在靠近高速公路的一个较不方便的宽敞的停车场里。医院并不需要作 1000 万美元的投资，它需要的只是强化已颁布的职工停车条例。

　　因为院长助理仍在休假中，这位年轻人便把他的发现直接在一次大型的会议上报告给了医院高层经理人员，听到这条令人振奋的消息后，这些高层经理人员对莫里说了一番鼓励和感谢的话，然后要求他的部门做进一步的研究。

　　在院长助理返回前，一切都进展顺利。可是，这天查尔斯回来了，听说他提议的 1000 万美元的投资项目被取消了——这使他看起来像个低能者。而且更令他难受的是，在医院白领职工中很少得到遵守的停车条例，现在得到了三令五申。不幸的莫里，在他的上司责备下，不得不向院长助理道歉，并且又承担了寻找落实医院停车条例最有效方式的任务！

　　在思量了各种方案后，莫里最后向一个副总裁和几位部门负责人提议，下午 5 点钟在门前停车场会合，准备当面逮住那些违规停车的职工，并要求他们缴纳停车时间内的所有停车费。如此进行了连续两天的行动后，医院门前的这块停车场在高峰期间也有一半是空的。

　　至于那位年轻的毕业生莫里，他不久就离开医院，在一家私人公司找到了新的工作。他离开时对曾经同窗过的一些朋友说，自己得到了一次深刻的教训，现在明白了过度的坦诚与精明为人之间有何等的区别。

　　资料来源：http：//3y.uu456.com/6p-68b339csOc22s90102029dbf-1.thml.

问题：

　　(1) 你如何评价这位 MBA 毕业生将所学管理理论应用于实践的能力？他的做法有何不妥之处？你认为妥当或者不妥当是从哪个角度分析的？

　　(2) 如果你是莫里，你会怎么避免类似情形的发生？

　　(3) 在组织中处理好人际关系是否有必要使用政治（或权术）手段？你怎么看待工作中的伦理问题？

● **综合实训**

1. 实训目的：

　　(1) 掌握沟通的基本原理；(2) 提高学生的人际关系能力；(3) 提高学生的沟通能力；(4) 提高学生思考问题的能力；

2. 实训内容：

背景资料：亚通公司的冲突管理分析

亚通公司是一家专门从事通信产品生产和电脑网络服务的中日合资企业。公司自1991年7月成立以来发展迅速，销售额每年增长50%以上。与此同时，公司内部存在着不少冲突，影响着公司绩效的继续提高。

因为是合资企业，尽管日方管理人员带来了许多先进的管理方法，但是日本式的管理模式未必完全适合中国员工。例如，在日本，加班加点不仅司空见惯，而且没有报酬。亚通公司经常让中国员工长时间加班，引起了大家的不满，一些优秀员工还因此离开了亚通公司。

亚通公司的组织结构由于是直线职能制，部门之间的协调非常困难。例如，销售部经常抱怨研发部开发的产品偏离顾客的需求，生产部的效率太低，使自己错过了销售时机；生产部则抱怨研发部开发的产品不符合生产标准，销售部门的订单无法达到成本要求。

研发部胡经理虽然技术水平首屈一指，但是心胸狭窄，总怕他人超越自己。因此，常常压制其他工程师。这使得工程部人心涣散，士气低落。

资料来源：http：//bbs.pinggu.org/thread-372658-1-1.html 029dbf-1.html.

思考：

（1）亚通公司的冲突有哪些？原因是什么？

（2）如何解决亚通公司存在的冲突？

3. 实训地点：校实训室。

4. 案例要求：在老师的指导下完成，用角色模拟的方法。

第8章 控 制

知识目标

◎ 理解控制的概念和重要性；

◎ 了解控制的特点和层次性；

◎ 了解组织中的控制系统；

◎ 掌握控制的主要过程；

◎ 掌握绩效考核的各种方法；

◎ 掌握控制的各种方法的含义；

◎ 理解有效控制的基本特征。

技能目标

◎ 具备总体控制的能力；

◎ 运用现代控制方法解决实际问题；

◎ 用绩效考核和评价的方法进行考核和评价。

【引例】

澳柯玛大股东资金占用

2006 年 4 月 14 日，澳柯玛发布重大事项公告：公司接到青岛市人民政府国有资产监督管理委员会《关于青岛澳柯玛集团公司占用上市公司资金处置事项的决定》，青岛市人民政府将采取措施化解澳柯玛集团面临的困难。至此，澳柯玛危机事件公开化。

澳柯玛危机的最直接导火索，就是母公司澳柯玛集团公司挪用上市公司 19.47 亿元资金。澳柯玛集团利用大股东优势，占用上市子公司的资金，用于非关联性多元化投资（包括家用电器、锂电池、电动自行车、海洋生物、房地产、金融投资等），投资决策失误造成巨大损失。资金链断裂、巨额债务、高层变动、投资失误、多元化困局等众多因素，使得澳柯玛形势异常危急。

澳柯玛症结并非仅仅是多元化投资下的资金问题，关键问题还有自身的管理模式，是鲁群生近 17 年的家长式管理模式。鲁群生在特定环境中创业成功，然而在扩张中缺乏应有的风险意识，澳柯玛近亲繁殖任用干部使企业对市场缺乏应有的敏感度。

　　资料来源：http：//www.kuaiji.com/shiwu/1436056.

　　分析：扩张几乎是每个企业追求的目标。而同在青岛的三家家电集团（都是上市公司）却有不同的选择：海尔的扩张基于品牌战略；海信的扩张基于技术突围；而澳柯玛的扩张却选择了不相关多元化道路。发散型的多元化扩张，不但没有让澳柯玛做大做强，反而使其一盘散沙。澳柯玛集团大额占用上市公司资金，用于其非相关多元化投资；然后频频发生的投资失败和管理不善，致使资金链断裂，也把集团风险转嫁给上市公司。应当说，澳柯玛危机的根本原因是管理层投资决策失误、投资监管不到位、管理能力不足的综合因素造成的。

8.1　控制的基本要素

8.1.1　控制的基本原理

1. 控制的含义
　　控制是根据组织的计划和事先规定的标准，监督检查各项活动及其结果，并根据偏差或调整行动或调整计划，使计划和实际相吻合，保证目标实现。

2. 前提条件
　　（1）计划前提：要制订一套科学的，切实可行的计划。控制的基本目的是防止工作出现偏差，需要将实际工作的进展与预先设定的标准进行比较，因此控制之前必须制定相应的评价标准，即计划。计划不仅为实际工作提供了行动路线，也为后续的控制工作奠定了基础。在制订计划时不仅要考虑其实施问题，还要考虑后续控制工作的需要。计划越明确、全面、完整，控制越容易，效果越好。

　　（2）组织结构前提：要有专司控制职能的组织机构，即控制机构。在开展控制工作之前应明确界定负责评价和纠正偏差工作的机构、岗位和个人。这样不仅明确了职责也清楚了相互之间的监督关系。

　　（3）信息沟通网络前提：应建立起相对完善的信息沟通网络。控制工作本身是一个信息交流的过程，控制者需要不断收集相关信息，以及时判断实际工作的进展。

3. 控制的目的
　　（1）限制偏差的累积以及防止新偏差出现：偏差随时会出现，但都在计划允许的范围，一旦出现不可逆转的偏差，并且在实际工作中不断放大，到最后可能会导致计划失败。

　　（2）适应环境的变化：通过控制工作，使得组织活动在维持平衡的基础上，螺旋上升，即适应环境变化，取得管理突破。

4. 控制的作用

（1）是保证目标实现必不可少的活动。

（2）通过纠正偏差的行为与其他管理职能紧密地结合在一起。

（3）有助于管理人员及时了解组织环境的变化并对环境变化做出迅速反应，确保组织安全。

（4）为进一步修改完善计划提供依据。

8.1.2　控制的基本类型

在控制工作中，人们通常根据实施控制活动的时间进程把控制分成三种类型——事前控制、事中控制和事后控制。

1. 事前控制

为了完成一项工作任务，在任务还没有正式展开之前，管理人员就必须配备合适的人员并准备好所需物质，还要考虑可能出现的问题，防止不必要的情况发生，这就属于事前控制。事前控制是指为增加将来的实际结果达到预期计划的可能性，而事前所进行的管理活动。这种控制的中心问题是防止组织所使用的资源在质和量上产生偏差。事前控制主要是搞好资源配置，包括人员、技术设备、商品、材料配置等，保证组织目标的顺利实现。

2. 事中控制

事中控制是指管理人员在计划执行过程中，指导、监督下属完成计划要求的行动。在下属执行计划的过程中，管理者的主要职能转为控制、指导下属开展工作，监控执行情况并及时采取必要的纠正行动。事中控制是防止与纠正执行计划行动与计划标准的偏差。这种控制通过对下属人员及其活动进行指导、监督、调解等方式来实现，这样能及时发现问题，以便准确解决问题。

3. 事后控制

事后控制是对已经出现的结果进行事后的分析，从而找出事发的原因并提出解决的办法，也为将来行为的控制提供参考依据。管理过程是连续的、循环的过程。对前一个过程进行监控，正是为下一个过程更有效地按计划执行提供参考。事后控制是分析评价计划执行的最终结果与计划目标的偏差，即通过财务分析、内部流程分析及职工绩效考核测定与分析产生的偏差，目的在于改进下一过程中资源的配置及运作过程，有利于组织实现其目标任务。

【案例分析】

事前事中事后控制管理

"事前事中事后控制管理"就是在研发设计阶段，做好预立项产品事前预防，加强风险评估；在试产与量产阶段，做好事中管理控制，排除后续隐患；最后，在产品生命周期末段，做到事后总结管理。

CKT 公司推行落地"事前事中事后控制管理"已有一段时间了，在此期间不仅获得了成功的经验，也有一些值得反思的教训。

关于新工艺及供应商选用：在 XXX/YYY 等几个项目中，CKT 公司选用业界此前极少采用的冲压+CNC 五金外观件，在项目前期已经识别到存在的高风险，但迫于成本压力，供应商资质原则上基于成本导向，选取资质未达到此项目需求标准的供应商。在项目进行中，一些严重问题在各阶段持续发生。

为此，CKT 成立专案组挑选专业人员（包含 PM/结构/品质/采购等），对供应商现场进行技术方面/品质方面/交期方面长达 1 个多月的（目前还在持续）辅导。供应商目前在品质及交期上有所改善，但整体离 CKT 的目标还有差距。这不仅严重影响到项目的进度与交付，同时导致一些客户抱怨与罚款损失。

在新材料、新工艺和金属件一供、二供资源的资质标准与要求的管理中，在 ZZZ 项目中因为替代方案与资源管控较好，在基于成本的旭硝子玻璃质量异常得不到解决时，立即采用康宁玻璃的替代方案，以解决存在的重要异常，保证项目的顺利量产与交付。

资料来源：http：//mp.weixin.qq.com/s？_biz＝MzA5MjgzMDQzMw＝＝&mid＝400229322&idx＝1&sn＝aa3174507303857352fdc61b1e411cd3&3rd＝MzA3MDU4NTYzMw＝＝&scene＝6#wechat_redirect.

分析：为了避免以上案例中，因供应商资质原则上基于成本导向，迫于成本压力而选取资质未达到项目需求标准的供应商，使得在后续项目进行中，出现了很多严重问题的情况，CKT 公司对于新材料、新工艺和金属件一供、二供资源的资质标准与要求的管理办法，务必要落实到位：一供确保质量与交付，兼顾成本，供应商资质能力必须得到保证；二供保证成本，兼顾质量。

4. 三种控制类型的特点

（1）事前控制，为了避免产生错误或减少以后的修改活动而采取的措施，是建立在对资源的属性与特征了解的基础上，主要是合理配置与调整即将投入的资源，防止组织使用不合要求的资源。

（2）事中控制，对正在进行的活动给予指导和监督，在活动进行的同时实施控制，其控制信息来源于执行计划的过程，其纠正的对象也正是执行计划的过程。

（3）事后控制，控制发生在行动之后，管理人员在获得信息时损失已经形成。它是建立在分析计划执行最终结果的基础上，其所要纠正的不是测定出的各种结果，而是分析事故发生的原因并为执行计划的下一个过程的资源配置提供参考经验。三种控制手段的过程图见图 8-1。

8.1.3 控制的具体方法

控制是管理的一个重要职能，那么如何能做到有效的控制呢？必须使用一些现代的控

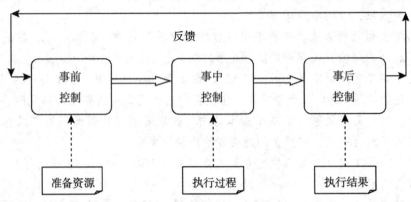

图 8-1 三种控制手段的过程图

制方法来达到这样的目标。这些现代的控制方法可以帮助组织管理者提前发现偏差，找出偏差产生的原因，并有效消除偏差，使得组织的运转不会脱离既定的目标，也有利于加速目标的实现进程。下面介绍一些常用的现代控制方法，通过一些案例分析和相应的实训来提高学生运用这些控制方法的能力。

1. 传统的控制方法

（1）预算控制

在管理过程中，使用最普遍的一种控制方法就是预算控制方法。所谓预算就是用数字编制未来某一个时期的计划，也就是用财务数字或非财务数字来表明预期的结果。预算控制就是根据预算规定的收入与支出标准来检查和监督各个部门的生产经营活动，以保证各种活动或各个部门在充分达成既定目标、实现利润的过程中对经营资源的利用，而费用的支出受到严格有效的控制。

①收支预算。收支预算是以货币的形式表示的收入和支出的计划。它具体包括收入预算和支出预算。收入反映了组织行为的预期结果；而支出反映了对组织资源的分配与使用情况。一个组织的收入与支出可以反映其经济活动的基本情况，科学的收支预算能有效控制组织的总体行动，保证组织的有序运转。

②运营预算。运营预算是指组织日常发生的各项基本活动的预算。组织能否正常运转，主要取决于这些基本活动是否正常运转。运营预算主要包括生产、销售、直接材料采购、直接人工、制造费用、单位生产成本、管理费用等预算。这些预算当中，销售预算又是最关键的，主要因为它是计划的基础，又是组织收入的主要实现手段。

③资产负债预算。资产负债预算是表示某一个会计末期的资产、负债和净值这几项计划的预测结果，它是对组织的资产、负债、所有者权益及其相互关系进行预测，如组织的资产负债表。

④现金预算。现金预算是以收支预算为基础编制的预算，它是根据实际现金收支的经验数据，分别预测与安排现金的收入与支出数额，是组织在预算期内所需要的现金的详细

说明。这也是控制组织基本经济活动的一个重要手段。

⑤利润预算。利润预算是用来综合反映组织在计划期间生产经营过程中的财务状况，并作为预测组织经营活动最终成果的重要依据。

⑥投资预算。投资预算是对组织固定资产的购置、扩建、改造、更新等活动进行的预算。这个预算可以反映的信息包括：何时进行投资，投资多少，如何获得资金，何时可获得收益，每年的现金净流量是多少，需要多少年回收全部投资等。投资预算一般结合组织的战略目标和计划进行编制，这样才能体现组织的战略意图。

【案例分析】

美心公司的成本控制

2002年，美心公司与大多数高速发展的企业一样，开始面临增长瓶颈。掌门人夏明宪毅然采取以利润换市场的策略，大幅降低产品价格。然而，降价不久，风险不期而至，主要原材料钢材的价格突然飙升。继续低价销售，则卖得越多，亏得越多；涨价销售，则信誉扫地，再难立足。面对两难抉择，降低成本，尤其是原材料的采购成本就成了美心公司生死攸关的"救命稻草"。

夏明宪向采购部下达指令：三年内企业的综合采购成本，必须以每年平均10%的速度递减。此前美心公司的"开架式采购招投标制度"属国内首创，既有效降低成本，又杜绝暗箱操作，中央电视台都为此做过专题报道。

此举已经为美心公司节约了15%的采购成本，还有什么魔法能够让青蛙变得更苗条？该公司之前采取的是以低价换市场的做法，在大背景原材料价格大幅上升的情况下，成本居高不下，利润空间急剧缩小，美心公司如何摆脱困境？解决方法如下：

1. 降低采购成本，解决原材料上涨带来的压力

首先是联合采购，分别加工。针对中小供应商，将这些配套企业联合起来，统一由美心公司出面采购原材料，由于规模扩大，综合成本减少了20%，配套企业从美心公司领回原材料进行加工，生产出来的半成品直接提供给美心公司，然后凭验收单到美心公司的财务部领取加工费。同时随着原材料成本的降低，配套企业也更具竞争力，规模扩大，价格更低，形成良性循环。

其次是原材料供应，成为战略合作伙伴。针对上游的特大供应商即国内外大型钢铁企业，美心公司做法是收缩采购线，率先成为其中一两家钢厂的大客户乃至于战略合作伙伴。而钢厂面向战略合作伙伴的价格比普通经销商低5%~8%，比市场零售价低15%。于是仅2002年的一次采购，美心公司就比同行节约成本近1000万元。

最后是循环取货，优化物流。由于不同配套企业的送货缺乏统一的标准化的管理，在信息交流、运输安全等方面，都会带来各种各样的问题，必须花费很大的时间和人力资源成本。美心公司明白，配套企业物流成本的提高，将直接转嫁到配套产品的价格上。于是美心公司就聘请一家第三方物流供应商，由他们来设计配送路线，然后到不同的配套企业取货，再直接送到美心公司的生产车间。这样一来，不仅节约了配套企业的运送成本，提高了物流效率，更重要的是，把这些配套产品直接拉到生产

车间，保持了自身很低的库存，省去了大量的库存资金占用。

美心公司通过与原材料供应商及配套企业的携手合作，使原材料厂商拥有了稳定的大客户，配套企业降低了生产风险，而自身则在大大降低成本的同时，扩大了产销量，形成了各方皆大欢喜的共赢局面。

2. 降低采购成本不能损害产品的质量

产品的质量在市场上直接关乎企业在顾客中的形象。目前有很多中国企业在生产产品的过程中忽视了产品质量这一重要方面，导致顾客对产品，对某行业，乃至对整个市场都失去信心。

对于美心公司来说，在产品的设计开发阶段，要灵活，通过设计个性化的产品来面对细分市场，赢得市场份额，再扩大销售，获取更多的利润。在生产阶段，要设立各道工序的产品检验岗位，有条件的设置专人，也可以将检验工作外包，降低检验成本，降低废品率。在销售阶段，加强产品的包装、储藏、运输的质量管理，降低产品质量损失。在售后阶段，积极解决顾客的投诉、抱怨、退货等情况，维护好与客户的关系。

资料来源：http：//wiki. mbalib. com/w/index. php？ title＝%E6%88%90%E6%9C%AC%E6%8E%A7%E5%88%B6%E6%96%B9%E6%B3%95&action＝edit.

分析：以上案例反映了一个企业成本控制的问题。无论企业的大小，在正常生产经营中都必须重视和严控成本。原材料的采购、产品生产直至最后成品的销售都要认真对待企业成本。只有这样企业才能持续发展壮大。

（2）非预算控制

①观察法。观察法主要通过管理人员对下级人员工作的观察和交谈来取得有关组织运营状况的第一手资料。这种方法能提高所得信息的真实性和准确性，管理人员能及时了解组织活动的变化情况，有利于管理人员做出正确的决策。

②报告法。报告法是下级人员向管理人员全面、系统地报告相关工作的进展情况、存在的问题及原因、采取的措施、产生的效果等内容的一种控制方式。这种方法对于管理人员来说，可以了解事情的来龙去脉，判断下级的工作是否与计划相符；对于下级人员来说，可以把自己的工作重点呈现给管理人员，以求获得其支持，也可以体现自己的工作能力。

③财务比率。组织的财务状况综合地反映组织的生产经营状况。通过财务状况的分析可以迅速地、全面地了解一个组织资金来源和运用的情况，了解组织资金利用的效果以及组织的支付能力和清偿债务的能力。财务比率主要有以下几种：

销售利润率。它是反映利润在销售收入中所占比重的一个指标，比重越大，表明组织获利能力越强，组织的经营效果就越好。其计算公式为：

$$销售利润率＝利润÷销售收入×100\%$$

成本利润率。它是组织经营所获利润与成本比值的指标。其计算公式为：

$$成本利润率＝利润÷成本×100\%$$

总资产报酬率。它是组织息税前利润与组织资产平均总额的比率，反映组织资产综合利用效果的指标。其计算公式为：

$$总资产报酬率=息税前利润÷资产平均总额×100\%$$

所有者权益报酬率。它是净利润与所有者权益的比值，是反映资金投资收益水平的指标。其计算公式为：

$$所有者权益报酬率=净利润÷平均所有者权益×100\%$$

资本保值增值率。资本保值增值率是指所有者权益的期末总额与期初总额的比值。其计算公式为：

$$资本保值增值率=期末所有者权益总额÷期初所有者权益总额×100\%$$

流动比率。流动比率是流动资产与流动负债的比率。由于流动资产减去流动负债的净额是营运资金，流动比率又称营运资金比率。一般认为 2：1 的比率比较合适，表明组织的财务状况稳定可靠。其计算公式为：

$$流动比率=流动资产÷流动负债$$

速动比率。速动比率是组织速动资产与流动负债的比率。所谓速动资产是指流动资产减去变现能力较差且不稳定的存货、待摊费用、待处理流动资产损失等后的余额。速动比率较之流动比率能够更加准确、可靠地评价组织资产的流动性及其偿还短期负债的能力。一般认为，这个比率在 1：1 以上为好；若低于 0.6，就说明组织的某些方面可能很糟糕；若低于 0.4，就已经接近了破产的边缘。其计算公式为：

$$速动比率=速动资产÷流动负债$$

存货周转率。存货周转率是一定时期内组织销售成本与存货平均资金占用额的比率，反映组织销售能力和流动资产流动性的一个指标，也是衡量组织生产经营各环节中存货运营效率的一个综合指标。其计算公式为：

$$存货周转率=销货成本÷存货平均余额$$

存货周转速度的快慢，不仅反映组织采购、储存、生产、销售各个环节管理工作状况的好坏，而且对组织的偿债能力及获利能力产生决定性影响。一般来说，存货周转率越高越好，存货周转率较高，表明组织变现的速度越快，周转额越大，资金占用水平越低。

④统计分析法。统计分析法是一种用各种图或表格的形式表示组织实际情况的控制方法。这种方法主要得益于对原始数据的获取和分析、处理，如果掌握了能够连续反映组织运营情况的原始记录，就有利于进行有效的控制。

2. 现代控制方法

（1）全面质量管理

全面质量管理是企业管理现代化、科学化的一项重要内容，于 20 世纪 60 年代首先出现在美国，后来在西欧与日本等国逐渐得到推广与发展。它应用数理统计方法进行质量控制，使质量管理实现定量化，变产品质量的事后检验为生产过程中的质量控制。全面质量管理（Total Quality Management，TQM），是一种由顾客的需要和期望驱动的管理哲学。全面质量管理是指为了能够在最经济的水平上并考虑到充分满足顾客要求的条件下进行产品研究、设计、制造和售后服务，把企业内各部门的设计质量、维持质量和提高质量等活动构成一体，形成一种有效的质量控制体系。应从以下几个方面着手：

①理解全面质量管理的含义。始终关注顾客，不断进行改进，精确度量，授权给员工。

②PDCA 循环。PDCA 循环也叫戴明环，是一种科学的工作程序，通过 PDCA 循环提高产品、服务或工作质量。P（plan）——计划；D（do）——执行；C（check）——检查；A（action）——处理。这个循环围绕四个阶段不断进行：

计划阶段，这个阶段的主要内容是通过市场调查、用户访问等，搞清楚用户对产品质量的要求，确定质量政策、质量目标和质量计划等。

执行阶段，这个阶段是实施计划阶段所规定的内容，如根据质量标准进行产品设计、试制、试验，还包括计划执行前的人员培训。

检查阶段，这个阶段主要是在计划执行过程中或执行之后，检查执行情况是否符合计划预期结果。

处理阶段，主要是根据检查结果，采取相应的措施。

四个阶段循环往复，没有终点，只有起点。

【小思考】

全面质量管理的执行

某化纤公司供应顾客的主要产品是合成纤维产品氨纶。从生产线投产以来，一天 24 小时连续生产，产品供不应求。用户反映产品质量上乘，与其他厂家相比，无论质量、价格都有优势，交货期也基本有保证。公司年年超额完成企业目标，税利大增，上级和国家相关部门年年都给予表彰。但是，由于生产线自投产以来环保设施未能按时安装，而且安装投产后设备泄漏，环保质量过不了关，造成在生产过程中分离出来的氰酸和乙氰酸无法及时处理而排放污水沟。氰酸比砒霜的毒性还大，在土壤中 1 万年也不会分解。环保部门已经给黄牌警告，限令半年内达标，否则关闭。公司领导自以为公司是当地纳税大户，产品备受用户欢迎，企业备受领导宠爱，不至于关闭，对黄牌警告重视不够，未采取得力措施。黄牌期限到后仍未达标，环保部门下达停产关闭令。地区有的领导认为该公司产品质量上乘，缴纳的税收对国家贡献大，环保部门对该公司的关闭令欠妥。在当地，此事议论纷纷。

资料来源：http：//wenku.baidu.com/view/12f114d9240c844769eaee9a.html? re＝view.

问题：请你根据质量管理的有关知识和理论，按下列问题对案例进行分析，阐述意见。

1. 按不同时代的质量观念，对该公司的产品质量做出评述。

2. 该公司为什么会被下令关闭？若想不关闭，应如何实施正确的管理？

（2）计划评审技术

计划评审技术（Program Evaluation and Review Technique，PERT），是把过程项目当

作一个系统，用网络图或表格或矩阵来表示各项具体工作的先后顺序和相互关系，以时间为中心，找出从开工到完工所需时间最长的关键线路，并围绕关键线路对系统进行统筹规划、合理安排以及对各项工作的完成进度进行严密控制，以达到用最少的时间和资源消耗来完成系统预定目标的一种计划与控制方法。

计划评审技术的思路是，对每项活动都采用三个时间估计值，使用贝塔分布进行分析，它强调用灵活的成本来达到进度要求。计划评审技术的主要功能是帮助管理人员在众多的有时间顺序联系的单个活动中找到对整个计划按期完成或在最短时间内完成有重大影响的关键活动，并提供各项活动运行的时间区间和机动时间，将杂乱繁多的活动安排得井井有条。

计划评审技术多用于一些难于控制，缺乏经验、不确定性因素多而复杂的项目中。这类项目往往需要反复研究和反复认识，具体到某一工作环节，事先不能估计其所需时间，而只能推测一个大致的完成时间的范围。利用计划评审技术，可以把每个工作环节的不确定性及对完成该工作环节的信心因素加入其中，从而给出更有价值的信息。

（3）库存控制

对库存的控制主要是为了在保证生产经营活动正常进行的前提下，降低各种与库存有关的成本耗费，提高经济效益。库存控制常采用经济订购批量模型（Economic Order Quantity，EOQ）。

①两种成本：订货成本和保管成本。

②最优订购量：

$$EOQ = \sqrt{\frac{2 \times D \times O}{P \times C}}$$

D——一定时间内总需求量；

O——每次订购所需的费用；

P——库存物品单价；

C——保管成本与库存物品价值之比。

（4）六西格玛管理（6σ管理）

6σ管理是一种统计评估法，核心是追求零缺陷生产，防范产品责任风险，降低成本，提高生产率和市场占有率，提高顾客满意度和忠诚度。

6σ管理既着眼于产品、服务质量，又关注过程的改进。一般组织的瑕疵率是3到4个西格玛，以4西格玛而言，相当于每一百万个机会里，有6210次误差。如果组织不断追求品质改进，达到6σ的程度，绩效几近于完美地达成顾客要求，在一百万个机会里，只找得出3.4个瑕疵，即99.99966%是无缺陷的。

①6σ管理的关键环节。为了达到6σ，首先要制定标准，在管理过程中随时跟踪考核实际操作与计划标准的偏差，不断改进，最终达到6σ。这个目标可以通过以下5个环节的不断改进来实现：

界定：确定需要改进的目标及其进度，组织高层领导确定组织的战略目标，中层营运目标可能是提高制造部门的生产量，项目层的目标可能是减少次品和提高效率。界定前，需要辨析并绘制出流程。

测量：以灵活有效的衡量标准测量和权衡现存的系统与数据，了解现有质量水平。

分析：利用统计学工具对整个系统进行分析，找到影响质量的少数几个关键因素。

改进：运用相应工具，针对关键因素确立最佳改进方案。

控制：监督控制新的系统流程，采取措施以维持改进的结果，使整个流程充分发挥作用。

② 6σ 管理的特点。关注顾客的需求。6σ 管理关注影响顾客满意的所有方面。6σ 管理的绩效评估首先就是从顾客开始的，其改进的程度用对顾客满意度和价值的影响来衡量。6σ 质量代表了极高的对顾客要求的符合性和极低的缺陷率。它把顾客的期望作为目标，并且不断超越这种期望。组织从 3σ 开始，然后是 4σ、5σ，最终达到 6σ。

以统计数据为依据。统计数据是实施 6σ 管理的重要工具，所有的生产表现、执行能力等，都量化为具体的数据。管理人员可以从各种统计报表中找出问题，掌握产品不合格情况和顾客抱怨情况等。

改进业务流程。传统的质量管理理论和方法往往侧重结果，通过在生产的终端加强检验以及开展售后服务来确保产品质量。然而，生产过程中已产生的废品对组织来说却已经造成损失，售后维修需要花费企业额外的成本支出。由于容许一定比例的废品已司空见惯，人们逐渐丧失了主动改进的意识。

改进主动性更强。缺陷犹如灰尘，存在于组织的各个角落，这使管理者和员工感到不安。6σ 管理的实施可以减少这样的担心，在 6σ 管理实施过程中，员工会不断地问自己：现在达到了几个 σ？问题出在哪里？能做到什么程度？通过努力提高了吗？这样，组织始终处于一种不断改进的过程中。

营造合作和学习型的企业文化。6σ 管理扩展了合作的机会，当人们确实认识到流程改进对于提高产品品质的重要性时，就会意识到在工作流程中各个部门、各个环节的相互依赖性，加强部门之间、上下环节之间的合作和配合。6σ 管理所追求的品质改进是一个永无终止的过程，而这种持续的改进必须以员工素质的不断提高为条件，因此，有助于形成学习型的企业文化。6σ 管理的过程本身就是一个不断培训和学习的过程，通过组建推行 6σ 管理的骨干队伍，对全员进行分层次的培训，使大家都了解和掌握 6σ 管理的要点，充分发挥员工的积极性和创造性，在实践中不断进取。

【小思考】

6 西格玛模式在中国

自 1981 年起，Motorla 取得了 1000 倍（1000∶1）的品质改善。其他公司，譬如 Boeing，Caterlpillar，Corning，General Electric，Digital Equipment 和 IBM 等公司都采用"6 西格玛"方法去改善品质。6 西格玛（Six Sigma）在 20 世纪 90 年代中期开始从一种全面质量管理方法演变成为一个高度有效的企业流程设计、改造和优化技术，继而成为世界上追求管理卓越的企业最为重要的战略举措。比如在《财富》杂志的"世界最受推崇企业"名单上一直名列榜首的美国通用电气公司 GE 从 1995 年以来一直把 6 西格玛列为其四大战略举措之首（另外三个是全球化、服务业、电子商务）。

基于 6 西格玛的管理思想和行为准则迅速渗透到 GE 庞大组织的每一个角落，为这个百年老店注入了前所未有的活力，并带来了巨大的经济效益。

中国的企业在后危机时代，必将面临来自全球的激烈竞争，同时信息化的飞速发展将从根本上改变经济的组织结构和消费行为，如何在这种新的经济环境中生存、成长、壮大是对每一个企业领导人的挑战。6 西格玛，由于其严谨的方法和实施步骤、以面向最终用户建立营运体系的管理思想，对于中国企业建立卓越的管理体系、获取并保持在国际市场上的竞争优势提供了一个非常有效的管理思想和实践。

我们不能从传统的质量管理角度来看待 6 西格玛，传统的观念只是为了顺应内部的要求，而 6 西格玛是为了帮助公司节省更多的钱。6 西格玛的目的在于提高生产流程管理水平以提高生产力而增值，而质量被分为两个层面：潜在性质量和实际的质量。

潜在性的质量被视为所能产生的最大增值可能性；实际的质量是每一单位的投入所创造的实际价值。那么潜在性质量和实际的质量的差额便是浪费成本。6 西格玛是通过更好、更快、更节省的原则提高生产和服务的流程管理质量来减少浪费从而达到增值的效应，例如：6 西格玛强调减少次品，降低流程运作时间和成本等。与盲目地降低成本影响到产品质量的行为所不同的是，6 西格玛识别和排除的是那些并没有给顾客带来价值的成本浪费。

在 GE、摩托罗拉、联信和柯达等世界级大公司的中国合资企业中，6 西格玛已成为其企业文化的一部分。再如，从事软件生产的希捷技术公司 5 年多来，一直在中国使用 6 西格玛模式，并且对其大加赞赏。利乐华新包装（中国）有限公司高级工程师曾在访谈中说："6 西格玛模式提高了我们的生产率并削减了巨大的成本。当前它只应用在制造工艺上，但将很快推广到设计程序当中。"现在，其公司先进的流程管理已经被认为是行业的标杆。

调查发现，89% 的管理人员认为 6 西格玛模式将有助于中国参与国际市场竞争，使他们争取更多的市场份额和削减制造成本。

资料来源：http://blog.sina.com.cn/s/blog_7eb535660102vyoy.html.

问题：看完此案例你有什么看法？讨论这些看法。

（5）标杆控制

标杆控制是以在某一项指标或某一方面实践上竞争力最强的企业或行业中的领先企业或组织内某部门作为基准，将本组织的产品、服务管理措施或相关实践的实际状况与这些基准进行定量化的评价、比较，从而对组织的相关指标进行有效的控制的一种方法。

①操作步骤。组成工作小组，确定工作计划；确定标杆控制的指标或项目；确定标杆控制的对象；调查并收集相关资料信息；对信息进行分析比较，找出差距，确定最佳纠偏做法；明确改进方向，制订改进计划；评价控制效果并总结经验和教训。

②不足之处。标杆管理和控制容易导致企业的竞争战略趋同；标杆控制容易使企业陷入"落后——标杆——又落后——再标杆"的"标杆管理陷阱"之中。

（6）平衡计分卡法

平衡计分卡法是指由财务、顾客、内部经营过程、学习和成长四个方面构成的衡量企业、部门和人员的方法，这种方法的特点是兼顾战略与战术、长期和短期目标、财务和非财务衡量方法、滞后和先行指标。平衡计分卡法的作用主要体现在下面几个方面：

①平衡计分卡可以阐明战略目标并在企业内部达成共识；

②在整个组织中传播战略目标；

③把部门和个人的目标与这一战略目标联系在一起；

④把战略目标与战术安排衔接起来；

⑤对战略进行定期和有序的总结；

⑥利用反馈的信息改进战略。

8.2　控制的本质

控制，是指对事物起因、发展及结果的全过程的一种把握，能预测和了解并决定事物的结果。其本质就是掌握住对象不使其任意活动或超出范围；或使其按控制者的意愿活动。

8.2.1　运营、财务、结构控制

1. 运营控制

运营控制就是对运营过程的计划、组织、实施和控制，是与产品生产和服务创造密切相关的各项管理工作的控制总称。从另一个角度来讲，运营控制管理也可以指对生产和提供公司主要的产品和服务的系统进行设计、运行、评价和改进。

在当今社会，不断发展的生产力使得大量生产要素转移到商业、交通运输、房地产、通讯、公共事业、保险、金融和其他服务性行业和领域，传统的有形产品生产的概念已经不能反映和概括服务业所表现出来的生产形式。因此，随着服务业的兴起，生产的概念进一步扩展，逐步容纳了非制造的服务业领域，不仅包括有形产品的制造，而且包括无形服务的提供。实施有效的运营控制管理越来越重要。面对全球性的竞争压力，企业管理人员迫切需要对运营控制管理的一些基本关系和概念有深刻的了解，更重要的是，他们必须知道如何运用这一知识来最大限度地提高质量和生产率。

现代管理理论认为，企业管理按职能分工，其中最基本的也是最主要的职能是财务会计、技术、生产运营、市场营销和人力资源。这五项职能既是独立的又是相互依赖的，正是这种相互依赖和配合才能实现企业的经营目标。企业的经营活动是这五大职能有机联系的一个循环往复的过程，企业为了达到自身的经营目的，上述五大职能缺一不可。

（1）运营控制对象

运营控制的对象是运营过程和运营系统。运营过程是一个投入、转换、产出的过程，是一个劳动过程或价值增值的过程，它是运营的第一大对象，运营必须考虑如何对这样的生产运营活动进行计划、组织和控制。运营系统是指上述变换过程得以实现的手段。它的构成与变换过程中的物质转换过程和控制管理过程相对应，包括一个物质系统和一个控制

管理系统。

（2）运营控制目标

运营控制的主要目标是质量、成本、时间和柔性（灵活性/弹性/敏捷性），它们是企业竞争力的根本源泉。因此，运营控制在企业经营中具有重要的作用。

特别是近二三十年来，现代企业的生产经营规模不断扩大，产品本身的技术和知识密集程度不断提高，产品的生产和服务过程日趋复杂，市场需求日益多样化、多变化，世界范围内的竞争日益激烈，这些因素使运营控制本身也在不断发生变化。尤其是近十几年来，信息技术突飞猛进的发展，为运营增添了新的有力手段，也使运营学的研究进入了一个新阶段，使其内容更加丰富，范围更加扩大，体系更加完整。

（3）运营控制范围

现代运营控制涵盖的范围越来越大，已从传统的制造业企业扩大到非制造业。其研究内容也已不再局限于生产过程的计划、组织与控制，而是扩大到包括运营战略的制定、运营系统设计以及运营系统运行等多个层次的内容，把运营战略、新产品开发、产品设计、采购供应、生产制造、产品配送直至售后服务看作一个完整的"价值链"，对其进行集成管理。信息技术已成为运营控制的重要手段。由信息技术引起的一系列管理模式和管理方法上的变革，成为运营控制的重要研究内容。近30年来出现的计算机辅助设计（CAD）、计算机辅助制造（CAM）、计算机集成制造系统（CIMS）、物料需求计划（MRP）、制造资源计划（MRPII）以及企业资源计划（ERP）等，在企业生产运营中得到广泛应用。

（4）运营控制全球化

随着全球经济一体化趋势的加剧，"全球化运营"成为现代企业运营的一个重要课题，因此，全球化运营也越来越成为运营学的一个新热点。

（5）运营系统的柔性化

生产运营的多样化和高效率是相矛盾的，因此，在生产运营多样化前提下，努力搞好专业化生产运营，实现多样化和专业化的有机统一，也是现代运营追求的方向。为做到这一点，现代运营实践中正努力推广柔性运营系统。例如，产品设计中的并行工程、快速原型法、虚拟制造技术、CAD/CAM技术、模块化技术等，产品制造中的数控机床、柔性制造单元、成组技术等。供应链管理成为运营控制的重要内容。企业开始致力于整个供应链上物流、信息流和资金流的合理化和优化，与供应链上的企业结成联盟，以应对日趋激烈的市场竞争。

（6）运营和营运的区别

营运，经营的运行，名词，表示经营状态；运营，运行和经营，着重点在后面，是一个动词。所以，企业的运营是指以增值为目的，实现利润最大化而展开的各种经营活动的总称，主要指过程和方式方法。营运则是指经营运转，主要指结果和对象等。这两个词在不太严格的情况下，可以混用。

2. 财务控制

财务控制是指对企业的资金投入及收益过程和结果进行衡量与校正，目的是确保企业目标以及为达到此目标所制订的财务计划得以实现。财务控制作为现代企业管理水平的重要标志，它是运用特定的方法、措施和程序，通过规范化的控制手段，对企业的财务活动进行控制和监督，是企业理财活动的关键环节，也是确保实现理财目标的根本保证，所以财务控制将服务于企业的理财目标。

（1）财务控制特征

它是指按照一定的程序与方法，确保企业及其内部机构和人员全面落实和实现财务预算的过程。特征有：以价值形式为控制手段；以不同岗位、部门和层次的不同经济业务为综合控制对象；以控制日常现金流量为主要内容。

它是内部控制的一个重要组成部分，是内部控制的核心，是内部控制在资金和价值方面的体现。从工业化国家发展的经验来看，企业的控制存在着宏观和微观两种不同模式。其中财务的宏观控制主要借助于金融、证券或资本市场对被投资企业直接实施影响来完成，或者通过委托注册会计师对企业实施审计来进行，前者主要反映公司治理制度、资本结构以及市场竞争等对企业的影响，后者实际是外部审计控制。

必须以确保单位经营的效率性和效果性、资产的安全性、经济信息和财务报告的可靠性目的。它的作用主要有以下三方面，一是有助于实现公司经营方针和目标，既是工作中的实时监控手段，也是评价标准；二是保护单位各项资产的安全和完整，防止资产流失；三是保证业务经营信息和财务会计资料的真实性和完整性。

（2）财务控制原则

基本原则包括：目的性原则、充分性原则、及时性原则、认同性原则、经济性原则、客观性原则、灵活性原则、适应性原则、协调性原则、简明性原则。

（3）财务控制种类

按照内容，可分为一般控制和应用控制两类。按照功能，可分为预防性控制、侦查性控制、纠正性控制、指导性控制和补偿性控制。按照时序，可分为事前控制、事中控制和事后控制三类。

（4）财务控制七大方式

①组织规划。根据财务控制的要求，单位在确定和完善组织结构的过程中，应当遵循不相容职务相分离的原则：是指一个人不能兼任同一部门财务活动中的不同职务。单位的经济活动通常划分为五个步骤：授权、签发、核准、执行和记录。如果上述每一步骤由相对独立的人员或部门实施，就能够保证不相容职务的分离，便于财务控制作用的发挥。

②授权批准。授权批准控制指对单位内部部门或职员处理经济业务的权限控制。单位内部某个部门或某个职员在处理经济业务时，必须经过授权批准才能进行，否则就无权审批。授权批准控制可以保证单位既定方针的执行和限制滥用职权。授权批准的基本要求是：首先，要明确一般授权与特定授权的界限和责任；其次，要明确每类经济业务的授权批准程序；最后，要建立必要的检查制度，以保证经授权后所处理的经济业务的工作质量。

③预算控制。预算控制是财务控制的一个重要方面，包括筹资、融资、采购、生产、销售、投资、管理等经营活动的全过程。其基本要求是：第一，所编制预算必须体现单位的经营管理目标，并明确责任。第二，预算在执行中，应当允许经过授权批准对预算进行调整，以便预算更加切合实际。第三，应当及时或定期反馈预算的执行情况。

④实物资产控制。实物资产控制主要包括限制接近控制和定期清查控制两种。限制接近控制是控制对实物资产及与实物资产有关的文件的接触，如现金、银行存款、有价证券和存货等，除出纳人员和仓库保管人员外，其他人员则限制接触，以保证资产的安全；定期清查控制是指定期进行实物资产清查，保证实物资产实有数量与账面记载相符，如账实不符，应查明原因，及时处理。

⑤成本控制。成本控制分粗放型成本控制和集约型成本控制。粗放型成本控制是对从原材料采购到产品的最终售出进行控制的方法。具体包括原材料采购成本控制、材料使用成本控制和产品销售成本控制三个方面；集约型成本控制一是通过改善生产技术来降低成本，二是通过产品工艺的改善来降低成本。

⑥风险控制。风险控制就是尽可能地防止和避免出现不利于企业经营目标实现的各种风险。在这些风险中经营风险和财务风险显得极为重要。经营风险是指由于生产经营方面的原因给企业盈利带来的不确定，而财务风险又称筹资风险，是指由于举债而给企业财务带来的不确定性。经营风险和财务风险对企业的发展具有很大的影响，所以企业在进行各种决策时，必须尽力规避这两种风险。如企业举债经营，尽管可以缓解企业运转资金短缺的困难，但由于借入的资金需还本付息，到期一旦企业无力偿还债务，必然使企业陷入财务困境。

⑦审计控制。审计控制主要是指内部审计，它是对会计的控制和再监督。内部审计是在一个组织内部对各种经营活动与控制系统的独立评价，以确定既定政策的程序是否贯彻，建立的标准是否有利于资源的合理利用，以及单位的目标是否达到。内部审计的内容十分广泛，一般包括内部财务审计和内部经营管理审计。内部审计对会计资料的监督、审查，不仅是财务控制的有效手段，也是保证会计资料真实、完整的重要措施。

（5）财务控制内容

企业财务控制应当从建立严密的财务控制制度、现金流量预算、应收账款、实物资产、成本和财务风险的控制等方面入手。企业由于经营规模的大小不同，资本和技术构成有差异，发展时间不等，受自身体制和外部环境影响大等因素，财务控制方面存在一些薄弱环节；如财务控制制度不健全、现金管理不当、实物资产控制薄弱、粗放的成本管理、会计人员素质不高。企业财务控制中存在的问题是由宏观经济环境和自身因素造成的，针对这些问题，必须结合企业的特点，从多方面入手搞好财务控制。

建立严密的财务控制制度，是企业搞好财务工作的重要环节，具体包括以下几个方面：

①不相容职务分离制度。②授权批准控制制度。③会计系统控制制度。

（6）财务控制实施方法

从机制角度分析，财务控制要以致力于消除隐患、防范风险、规范经营、提高效率为宗旨和标志，建立全方位的财务控制体系、多元的财务监控措施和设立顺序递进的多道财务控制防线。

所谓全方位的财务控制体系是指财务控制必须渗透到企业的法人治理结构与组织管理的各个层次、生产业务全过程、各个经营环节，覆盖企业所有的部门、岗位和员工。所谓多元的财务监控措施是指既有事后的监控措施、更有事前、事中的监控手段、策略；既有约束手段，也有激励的安排；既有财务上资金质量、存量预算指标的设定、会计报告反馈信息的跟踪，也有采用人事委派、生产经营一体化、转移价格、资金融通的策略；所谓顺序递进的多道财务控制防线，是指对企业采购、生产、营销、融资、投资、成本费用的办理与管理必须由两个人、两个系统或两个职能部门共同执掌，如是单人单岗处理业务更需要相应的后续监控手续；这种对一线岗位双人、双职、双责的制度可以成为第一道财务防线，能够成为企业财务控制第二道防线的是在上述制度的基础上建立相关的票据、合同等业务文件在相关部门和相关岗位之间传递的制度、预算和目标。可以成为企业财务控制第三道防线的是财务、审计部门能够独立对各岗位、各部门各项活动尤其是财务活动全面实施监督、检查、调节。这样的财务控制手段、方式决不局限于财经制度、财务计划、资金费用定额，它也需要创新，现实企业中创造的诸多具体的、可操作性的财务控制方式都值得深入研究、进一步完善。包括：

①董事会制度。②授权书控制。③预算管理。④财务结算中心。⑤财务总监委派制。⑥业绩评价体系的建立。

(7) 财务控制局限性

良好的控制虽然能够达到上述目标，但无论控制的设计和运行多么完善，它都无法消除其本身固有的局限，为此必须对这些局限性加以研究和预防。

局限性主要有三方面：一是受成本效益原则的局限；二是财务控制人员由于判断错误、忽略控制程序或人为作假等原因，导致它失灵；三是管理人员的行政干预，致使建立的控制制度形同虚设。由于财务管理存在于企业经济活动的方方面面，其对企业生产经营的影响非常大。财务管理有一套完整的体系，由环境、会计系统和控制程序三部分组成。其环境指建立或实施控制的各种因素，主要因素为管理单位和相关人员对它的态度、认识和行为。

3. 结构控制

(1) 结构含义

结构是指组织中的全体成员为实现组织目标，在管理工作中进行分工协作，在职务范围、责任、权力方面所形成的体系，表明组织各部分排列顺序、空间位置、聚散状态、联系方式以及各要素之间相互关系的一种模式，是整个管理系统的"框架"。结构是组织在责、权、利方面的动态体系，其本质是为实现组织战略目标而采取的一种分工协作体系，结构必须随着组织的重大战略调整而调整。

该体系包括以下四个方面内容（见表8-1）：

表8-1　　　　　　　　　　　　　组织结构体系

职能结构	即完成组织目标所需的各项工作及其比例关系
层次结构	即各管理层次的构成，又称组织的纵向结构
部门结构	即每一管理层级上各管理部门的构成，又称组织的横向结构
职权结构	即各层次、各部门在权力和责任方面的分工及相互关系

（2）典型结构图

结构图标明了组织中的职位以及职位的排列顺序，展示了组织的汇报结构（谁向谁汇报）以及不同个体的不同任务，图8-2所示为典型的体系结构图。

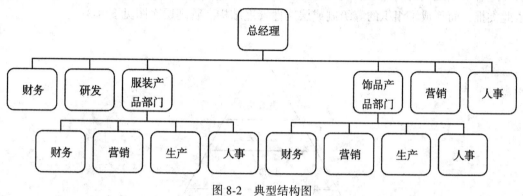

图8-2 典型结构图

上述典型结构图包含的信息有：方框代表不同的工作；方框中的名称表明每个单位负责的工作；实线注明了汇报与职权关系；水平排列的方框代表着管理层次。所有同一级别并向同一人汇报的个人或部门都在同一个等级水平上。

（3）结构基本特征

结构描述了组织的框架体系，可以从以下三个方面来描述结构的基本特征：

①复杂性。复杂性是指组织的分化程度。一个组织劳动分工越细密，纵向的等级层次就越多；组织单位的地理分布越广泛，则协调人员活动及其关系就越困难。

②正规化。正规化指组织依靠规则、程序来引导和控制员工行为的程度。一个组织使用的规章制度或条例越多，其组织结构就越正规化。

③集权化。集权化描述了决策制定权在组织内的分布情况。在一些组织中，决策是高度集中的（这称为集权化），而在另外一些组织中，其决策制定权则授予下层人员（这称为分权化）。

（4）结构基本形态

管理幅度与管理层次是结构的基本范畴。管理幅度与管理层次是影响结构的两个决定性因素。幅度构成组织的横向结构，层次构成组织的纵向结构，水平与垂直相结合构成组织的整体结构。在组织条件不变的情况下，管理幅度与管理层次通常成反比例，即管理幅度宽，则管理层次少，反之亦然。

①管理幅度，又称管理宽度，是指在一个组织结构中，管理人员所能直接管理或控制的部属数目。这个数目是有限的，当超过这个限度时，管理的效率就会随之下降。因此，主管人员要想有效地领导下属，就必须认真考虑究竟能直接管辖多少下属的问题，即管理幅度问题。在组织内，管理幅度不宜过宽。有效的管理幅度受到诸多因素的影响，主要有：管理者与被管理者的工作内容、工作能力、工作环境与工作条件。

②管理层次。就是在职权等级链上所设置的管理职位的级数。当组织规模相当有限

时，一个管理者可以直接管理每一位作业人员的活动，这时组织就只存在一个管理层次。而当规模的扩大导致管理工作量超出了一个人所能承担的范围时，为了保证组织的正常运转，管理者就必须委托他人来分担自己的一部分管理工作，这使管理层次增加到两个层次。随着组织规模的进一步扩大，受托者又不得不进而委托其他的人来分担自己的工作，依此类推，而形成了组织的等级制或层次性管理结构。管理层次图见图 8-3。

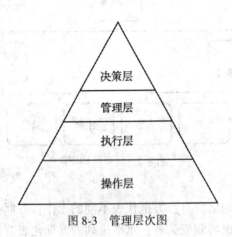

决策层

管理层

执行层

操作层

图 8-3　管理层次图

③管理幅度与管理层次的关系。在组织规模已定的条件下，管理幅度与管理层次成反比例：主管直接控制的下属越多，管理层次越少；相反，管理幅度减少，则管理层次增加。在管理幅度与管理层次的关系中，管理幅度起主导作用，即管理幅度决定管理层次。这是由管理幅度的有限性所决定的，因为任何主管的知识、经验和精力都是有限的，所以管理幅度总是有限的；同时，管理层次对管理幅度也存在一定的制约作用，因为管理层次过多，沟通难度加大，效率就会下降。

④两种基本的结构形态。管理层次与管理幅度的反比关系决定了两种基本的管理结构形态：扁平结构形态和锥形结构形态。

扁平结构是指组织规模已定、管理幅度较大、管理层次较少的一种结构形态。这种形态的优点是：层次少，信息的传递速度快，从而可以使高层尽快地发现信息所反映的问题，并及时采取相应的纠偏措施；同时，由于信息传递经过的层次少，传递过程中失真的可能性也较小；此外，较大的管理幅度，使主管人员对下属不可能控制得过多过死，从而有利于下属主动性和首创精神的发挥。但由于过大的管理幅度，也会带来一些局限性：比如主管不能对每位下属进行充分、有效的指导和监督；每个主管从较多的下属那儿取得信息，众多的信息量可能淹没了其中最重要、最有价值者，从而可能影响信息的及时利用等等。

锥形结构是管理幅度较小，从而管理层次较多的高、尖、细的金字塔形态。其优点与局限性正好与扁平结构相反：较小的管理幅度可以使每位主管仔细地研究从每个下属那儿得到的有限信息，并对每个下属进行详尽的指导。

企业组织设计要尽可能地综合两种基本结构形态的优势，克服它们的局限性。

（5）结构控制影响因素

结构控制的影响因素主要包括：组织目标与任务、组织环境、组织的战略及其所处的发展阶段、生产条件与技术状况、组织规模、人员结构与素质。

企业的结构控制要紧紧围绕以上几个方面，扬长避短，发挥优势，才能对组织发展起到支撑作用。

8.2.2 组织中控制的管理

控制管理因对象不同，控制的要求也不一样，但是控制的过程基本上是相同的，主要分为四个阶段：制定标准、衡量绩效、分析结果、纠正偏差。

1. 制定标准

标准就是衡量工作绩效的尺度，任何工作都必须先制定一个参考标准，才能对工作的执行进行有效的控制，标准是控制的基础，在制定标准时，管理人员一般在一个完整的计划中选出若干关键点，把处于关键点的工作预期成果作为控制标准。

（1）标准范围的确定

管理人员应该为组织的基本活动和主要辅助活动制定控制标准，以便能对组织进行重点、有效的控制。比如制定业务标准、政策标准、职能标准、设备结构标准、人事标准及工作标准等。有了范围确定的标准，管理人员才能有的放矢，将自己有限的时间和精力用在企业各项关键活动控制上，这样更有利于发现并解决问题。

（2）标准的类型

如果一个企业各项活动的控制标准只有一种类型，那么这样的控制结果很可能不全面，缺乏系统、准确性。标准必须由各种类型组成，才能更全面地反映企业可能存在的问题。一般情况下，标准应该既要有定性的，也要有定量的，而且定量的标准应该比例大些，这更能体现标准体系的科学性。

常用的标准类型主要有：数量标准、质量标准、时间标准、行为标准、成本标准。

组织不同，战略目标不同，其控制的重点也可能不同，那么其控制的标准相应就有所区别，所以组织应该根据自身的战略目标和所处环境制定适合自己的控制标准。

【小思考】

客户服务质量控制

某信用卡公司的卡片分部认识到高质量客户服务是多么重要。客户服务不仅影响公司信誉，也和公司利润息息相关。比如，一张信用卡每早到客户手中一天，公司可获得33美分的额外销售收入，这样一年下来，公司将有140万美元的净利润，及时地将新办理的和更换的信用卡送到客户手中是客户服务质量的一个重要方面，但这远远不够。

决定对客户服务质量进行控制来反映其重要性的想法，最初是由卡片分部的一个地区副总裁凯西·帕克提出来的。她说："一段时间以来，我们对传统的评价客户服务的方法不大满意。向管理部门提交的报告有偏差，因为它们很少包括有问题但没有抱怨的客户，或那些只是勉强满意公司服务的客户。"她相信，真正衡量客户服务的标准必须基于和反映持卡人的见解。这就意味着要对公司控制程序进行彻底检查。第一项工作就是确定用户对公司的期望。对抱怨信件的分析指出了客户服务的三个重要特点：及时性、准确性和反应灵敏性。持卡者希望准时收到账单，快速处理地址变动，采取行动解决抱怨。

了解客户期望后，公司质量保证人员开始建立控制客户服务质量的标准。所建立的 180 多个标准反映了诸如申请处理、信用卡发行、账单查询反应及账户服务费代理等服务项目可接受的服务质量。这些标准都基于用户所期望的服务的及时性、准确性和反应灵敏性。同时也考虑了其他一些因素。

除了客户见解，服务质量标准还反映了公司竞争性、能力和一些经济因素。比如：一些标准因竞争引入，一些标准受组织现行处理能力影响，另一些标准反映了经济上的能力。考虑了每一个因素后，适当的标准就成型了，接着开始实施控制服务质量的计划。计划实施效果很好，比如处理信用卡申请的时间由 35 天降到 15 天，更换信用卡从 15 天降到 2 天，回答用户查询时间从 16 天降到 10 天。这些改进给公司带来的潜在利润是巨大的。例如，办理新卡和更换旧卡节省的时间会给公司带来 1750 万美元的额外收入。另外，如果用户能及时收到信用卡，他们就不会使用竞争者的卡片了。

该质量控制计划潜在的收入和利润对公司还有其他的益处，该计划使整个公司都注重客户期望。各部门都以自己的客户服务记录为骄傲。而且每个雇员都对改进客户服务做出了贡献，使员工士气大增。每个雇员在为客户服务时，都认为自己是公司的一部分，是公司的代表。

卡片分部客户服务质量控制计划的成功，使公司其他部门纷纷效仿。无疑，它对该公司的贡献将是非常巨大的。

资料来源：http://wenku.baidu.com/view/617942ea102de2bd96058857.html? from＝search.

问：
1. 该公司控制客户服务质量的计划是前馈控制，反馈控制还是现场控制？
2. 找出该公司对计划进行有效控制的三个因素？
3. 为什么该公司将标准设立在经济可行的水平上，而不是最高可能的水平上？

（3）制定标准的主要方法
明确制定什么样的标准后，应该如何才能得到这些标准呢？管理人员必须掌握一些主要的制定标准的方法。因为标准的类型很多，制定标准的方法也很多，关键是管理人员应根据自己组织的具体情况，选择适当的方法制定标准。下面介绍几种常用的制定标准的方法。

历史分析法，是运用统计方法分析和处理企业内外反映企业在各个历史时期的经营资料，以便组织进行正确的决策，确定工作预期水平和标准。这种标准以对历史统计数据的分析为基础，这些数据可能来自企业内部，也可能来自企业外部，所选择的具体统计数据可能是行业或者企业自己的平均水平，对企业过去的经营状况有一定的说服力，为企业的未来决策提供了有价值的参考依据。然而，企业面临的环境时刻都在发生巨大变化，由于这种方法的分析数据具有历史性，制定出来的标准会受到历史数据的局限，可能无法正确反映企业经营的现状，也无法准确预测企业的未来状况。历史分析的目的是弄清楚工作在发生和发展过程中的"来龙去脉"，从中发现问题，启发思考，以便认识现状和推断未来。因此，这种方法的关键在于：如何在众多的历史数据中找出符合未来发展趋势的数据，为组织准确决策提供有效帮助。

技术分析法。这种方法是根据实际工作情况，对工作进行客观的定量分析，得出准确的技术参数和实测数据，并依此制定标准。它不是对历史数据进行分析，而是借助一些工具对实际工作进行测量，运用科学的分析方法对所获数据进行技术分析，最终制定出符合工作实际的标准。这种方法具有一定的局限性，通常是发生在对数据的实测工作中，由于环境和成本的影响，这直接加大了对数据获取的难度，即使费了很大力气获得了这些数据，经过数据加工、处理等大量工作后，可能又错过了决策的最佳时机。

经验法。顾名思义，经验法就是在适当考虑实际情况的基础上，主要还是根据标准制定者过去的经验、判断而制定标准的一种简单方法。经验法就像做菜放盐，有经验的厨师并不用称盐的重量，而是凭感觉，靠经验，味道就能把握得准，这是多年积累的结果。这种方法制定的标准，反映了一种价值判断，标准制定者对预期目标的期望及其个人价值系统将起关键作用。标准制定者也应该考虑环境的变化，对经验结果作出一定幅度的校验，这样制定的标准才可能更符合组织的实际情况。

（4）制定标准的原则

一个标准制定得是否先进合理，切实可行，直接影响到该标准的实施效果，影响到组织经济效益的大小，因此，制定标准时，必须遵循下列几项原则：

实事求是原则。管理人员制定的标准，主要是在组织相关领域贯彻实施，就应该从组织的实际情况出发。具体地说，就是制定标准时要结合组织的人、财、物各项资源条件，适应组织内外部环境，不能脱离组织的实际情况，讲求实事求是原则。

针对性原则。由于每项工作的目的、对象和侧重点不同，在制定标准时要有一定的针对性，不能搞一刀切。即使类似的工作岗位也有其自身的独特性，必须针对其不同之处制定出科学的衡量标准。

科学性原则。制定标准，应以人体工学、心理学、管理学、行为科学等科学原理为依据，用科学的调查研究方法，借用先进的测量工具，通过数据资料的采集、整理、汇总、分析和处理，以保证所制定标准的科学性。

定量定性结合原则。制定的标准应该有描述性的定性标准，也要有能够量化的定量标准，而且应尽可能使用数量表示和计量，即定量标准比例尽可能大于定性标准。

先进合理原则。制定标准必须满足先进合理的要求，先进是指标准不但反映组织的生产技术和管理水平，还应当具有一定的超前性；合理是指标准应该反映组织正常的条件下，员工中少部分人可以超过，大部分人经过努力可以接近或达到，极少数人可能达不到的水平。

（5）制定标准的程序

制定标准也有规定的工作程序，只有严格地遵循这些程序，才能保证标准的质量。下面介绍一下制定标准时应该遵循的程序：

标准制定团队的组建。制定标准不是一项简单的任务，它必须由一个专业的团队来共同完成，该团队的成员应该包括直接管理人员、普通员工、行业专家、组织内部技术骨干等。这些团队成员也要接受相应的培训和相互沟通后才能开始展开工作，否则达不到理想的效果。

标准项目的确定。每项工作涉及的事务是比较多的，究竟哪些事务应制定标准，哪些标准要先制定？这就产生了一个标准项目的确定问题。一般而言，标准项目应该是这项工作的关键事务，这些事务得到合理准确衡量后，其他事务也就迎刃而解。选择标准项目时一定要讲求实事求是的原则，将关键性的事务制定为衡量标准，这样才能使标准项目对完成工作任务有促进作用。

制定标准工作的开展。标准制定团队应该进行一些调研工作，然后根据实际情况，运用一些科学的方法和先进的工具进行具体的标准制定工作，形成一个标准体系的初步方案并进行可行性论证，最后得出一个试验性的标准体系。

标准的试验实施。这个时候的标准体系还不能全面推广，应该在一个小范围内先进行试验性的实施，获取一些较实用的数据，为标准体系的修订提供一手数据资料。

标准的修订。有了以上步骤的数据资料，标准制定团队就应该对标准进行修订。修订标准时要多考虑环境的变化因素和组织的自身水平，并征询多方面的参考意见，保证标准的先进合理性，以形成最终的标准实施方案。

标准的正式实施。在进行大量的制定和修订工作之后，组织就要将这个标准体系进行全面的实施，以发挥其应有的作用。

当然，制定标准并不是一个单向工作，它应该是一个闭合的循环系统，而且要在循环中不断进行优化，这样的标准才能使得员工和组织都获得利益。

【小思考】

麦当劳的控制标准

世界著名的快餐店麦当劳非常注重及时服务，它制定的控制标准包括：

①95%的顾客进店 3 分钟内应受到接待；

②预热的汉堡包在售给顾客前，烘烤的时间不得超过 5 分钟；

③顾客离开后 5 分钟内所有的空桌必须清理完毕。

资料来源：http://baike.sogou.com/v53083318.htm.

问：麦当劳为什么会制定以上的控制标准？这对企业经营有什么帮助？

2. 衡量绩效

衡量绩效其实就是将工作的实际结果与预先制定的标准进行比较，衡量实际结果与期望之间符合程度的过程。很明显，要完成这个工作，主要就是解决两个问题：一是衡量的内容有哪些。一般是根据之前制定的标准来选择，没有标准就没有比较的参照物，也就没有比较的意义。衡量的方面主要涉及受控系统的资源状况、运行情况、工作成果、环境等。二是衡量的方法有哪些。衡量过程中主要可以采用现场观察法、资料统计分析法、工作日志法、汇报法、调查法等。另外，对于一些无法直接测量的工作，管理人员必须靠自身的经验和思维能力去推断从而获取所需信息。

衡量绩效还必须符合一些要求，才能保证所获取的数据资料的科学、有效性。衡量绩效的要求主要包括：

（1）衡量的及时性

衡量工作必须及时进行，否则很难掌握所需的一手资料，如果不及时衡量，即使得到了一些相关数据，那么其价值也会大打折扣，很可能将错过决策的最佳时机，对组织的各项活动都可能产生不利的影响。因此，组织应该形成一套完善的控制制度，而且必须及时实施，这样才能将可能产生的问题解决于初期阶段。

（2）衡量的准确性

衡量必须准确无误，不然就可能会"差之毫厘，谬以千里"。管理人员要用科学的衡量方法，只有科学的衡量方法，才能得出准确的衡量结果。

3. 分析结果

衡量绩效所得出的结果并不会对下一步的管理活动产生多大的价值，管理人员必须利用一些科学的分析处理工具来对这些结果资料进行加工，也就是分析这个结果与预期制定的标准有没有偏差，这样才能促进下一步的控制过程更有针对性和有效性。只有通过分析结果并准确找出可能存在的偏差，才能为有效控制提供可靠的保证。分析结果的答案不外乎两种：

①存在偏差。这说明实际工作的结果与预期的标准有一定的距离，这可能是操作不当造成的，也可能是环境变化的结果，还有一种可能是标准本身可能并不合理，需要管理人员进一步去确认。偏差也有两种情况：正偏差，也就是衡量的实际结果比先前制定的标准要好，这样的结果应该得到肯定，保证组织运转在一个较高的水平之上。负偏差，这说明衡量的实际结果没有达到事先的期望标准，应该找出原因，使得绩效能得到改善，不至于影响组织的正常发展。

②不存在偏差。这说明实际工作达到了预期的工作标准，是管理人员期望的结果。需要注意的是，并不是所有与标准不符合的结果都被归纳为偏差，如果实际结果与标准的差距属于正常的波动范围之内，那也是合理的。这就要求标准制定者在制定相应的标准时，在条件允许的情况下，标准应该保持一定的波动幅度。因此只有衡量结果超出了这个范围才被视为存在偏差，否则被视为不存在偏差。

4. 纠正偏差

控制过程的最后一个环节是纠正偏差，纠正偏差就是使得绩效衡量的结果与预期标准之间不再有偏差。纠正偏差必须在正确的分析结果之上才能有效进行。前面我们已经提过，造成偏差的原因归纳起来大概有三种，可以通过改进工作、营造环境、修订标准等措施来纠正偏差：

①改进工作。造成偏差的第一种原因就是操作不当。这主要是因为员工的能力和态度造成的，一方面，员工的实际能力当前还达不到其所任职工作的要求，所以难免操作不当，其结果当然就有偏差，而且往往偏差较大；另一方面，员工具有相应的能力素质，可能其他原因导致他的工作态度不好，以至于造成工作失误。这两种原因比较好解决，组织一般都可以通过对他们进行相应的培训来提高能力和端正态度，并促进其工作绩效的提高。

②营造环境。造成偏差的第二种原因就是环境的变化。每个企业都要面临一定的经营环境，所以环境的变化也会导致偏差的出现。环境也包括两个方面：一是组织外部环境，也就是通常的行业环境，外部环境对于组织而言是很难去改变的，主要是竞争对手、政策和顾客等共同作用所导致，组织一般只能去研究这些对象的特点，找到应对策略以适应外部环境；二是组织内部环境，组织可以通过提高自己的管理能力来营造一个良好的内部经营环境，比如通过招聘有能力的管理者，增强组织的凝聚力，组织的环境就会得到大大的改善。

③修订标准。造成偏差的第三种原因就是标准本身不合理，这种标准不合理现象也有两种表现，一种是标准太低，另一种则是标准过高，那么要纠正这样的偏差就应该认真修订标准，使其与实际相符合：

标准太低。如果标准太低，对于有些员工来说会觉得没有挑战性，就容易滋生轻视的心理，导致工作不能按要求完成。另外，标准太低使得任务可以比较轻松地完成，可能出现实际结果比预期标准高出许多的"假象"，使得管理人员和操作人员都产生自我感觉良好的心理，而这种实际绩效结果实际上不如行业的水平，这就不利于进行正常的控制工作。因此，针对这种现象，管理人员应该适当调高组织的标准。

标准过高。很多人认为高标准能激发员工的潜力和积极性，这确实有几分道理。然而，过高的标准往往是坏处大于好处，因为每个人的能力是有限的，当标准高于其能力的最高限度时，这个标准不但不能激发其积极性，相反一定程度上可能会打击其积极性，令其觉得无论自己如何卖力也没有办法实现标准目标，心中就会产生不努力的想法。因此，管理人员应该根据实际情况适当调低组织的标准，让大部分人能够达到标准的要求。

综上所述，控制管理的四个阶段是紧密联系的，控制管理的过程应该是一个持续改进的循环过程，以保证组织目标的科学性、有效性，最终实现组织的战略目标。

- **基本训练**
  - □ **知识题**
  - **1.1 阅读理解**
  - 1. 控制的基本类型有哪些？
  - 2. 控制过程包括哪几个阶段？
  - 3. 6 西格玛模式是怎样的？
  - 4. 什么叫事前控制？
  - 5. 什么是历史分析法？

6. 简述标准的类型。

1.2 知识应用

一、单项选择题

1. 利用财务报告分析进行控制是属于按纠正措施环节分类的(　　)。

　　A. 现场控制　　　　B. 反馈控制　　　C. 前馈控制　　　D. 直接控制

2. 现场控制方法主要适用于(　　)。

　　A. 基层主管人员　　B. 中层主管人员　　C. 高层主管人员　　D. 非主管人员

3. 控制工作的第一个步骤是(　　)。

　　A. 拟订标准　　　　B. 分析问题　　　C. 纠正偏差　　　D. 衡量成效

4. 种庄稼需要水，但某一地区近年老不下雨，怎么办？一种办法是灌溉，以补天不下雨的不足。另一办法是改种耐旱作物，使所种作物与环境相适应。这两种措施分别是(　　)。

　　A. 纠正偏差和调整计划　　　　　　B. 调整计划和纠正偏差

　　C. 反馈控制和前馈控制　　　　　　D. 前馈控制和反馈控制

5. "亡羊补牢"是一种(　　)。

　　A. 现场控制　　　　B. 预先控制　　　C. 反馈控制　　　D. 前馈控制

6. 某商场经理为了提高商场的服务质量，聘请有关专家到售货现场对销售人员的售货进行指导，这是一种(　　)。

　　A. 现场控制　　　　B. 预先控制　　　C. 事后控制　　　D. 前馈控制

7. 控制的主要目的是(　　)。

　　A. 提高企业的整体素质　　　　　　B. 改善组织的外部环境

　　C. 确保组织目标的实现　　　　　　D. 保证组织不出现偏差

8. 控制的构成要素包括(　　)。

　　A. 控制标准、信息储存和矫正措施　　B. 控制标准、偏差信息和矫正措施

　　C. 控制标准、信息收集和信息反馈　　D. 控制标准、信息储存和信息反馈

9. 关于控制标准，下述说法中不正确的是(　　)。

　　A. 建立的标准应有利于组织目标的实现

　　B. 建立的标准应是经过努力后可以达到的

　　C. 建立的标准应有一定的弹性

　　D. 建立的标准应代表目前的最高水平

10. 就客观条件，尤其是对管理者需要的信息的量和可靠性而言，要求最高的控制类型是(　　)。

　　A. 预先控制　　　　B. 现场控制　　　C. 事后控制　　　D. 反馈控制

二、多项选择题

1. 下列属于运用前馈控制的是 (　　)。

　　A. 企业根据现有产品销售不畅的情况，决定改变产品结构

　　B. 猎人把瞄准点定在飞奔的野兔的前方

　　C. 根据虫情预报，农业公司做好农药储备

    D. 汽车驾驶员在上坡时，为了保持一定的车速，提前踩加速器

    E. 瞄准靶心射击

2. 管理控制必要性的原因，除了环境变化以外，还有（　　　　）。

    A. 管理权力的分散　　　　　　　　B. 组织分工

    C. 利益的差别　　　　　　　　　　D. 工作能力的差异

3. 下列关于纠正偏差工作表述正确的有（　　　　）。

    A. 纠正偏差是控制的关键

    B. 纠正偏差是整个管理系统中的部分工作内容

    C. 纠正偏差是控制过程的一个重要步骤

    D. 纠正偏差是制定控制标准的前提

    E. 纠正偏差是其他各项管理职能发挥作用的关键环节

4. 控制工作除了要能及时地发现执行过程中发生偏离计划的情况外，还必须知道
（　　　）。

    A. 发生偏差的时间　　　　　　　　B. 发生偏差的责任

    C. 采取纠正措施应由谁来负责　　　D. 对偏差的处理结果

    E. 偏差所造成的经济损失

三、判断题

1. 控制的主要目的在于保证组织不出现偏差。（　　　　）

2. 前馈控制、实时控制和反馈控制是与组织运行过程的三个基本环节：资源投入、
工作过程和产出相联系的。（　　　　）

3. 控制过程就是管理人员对下属行为进行评价考核的过程。（　　　　）

4. 控制是为保证计划实现的，所以，计划就是控制标准。（　　　　）

5. 控制系统和控制方法应当与计划和组织的特点相适应。（　　　　）

6. 前馈控制是以计划为导向的控制。（　　　　）

7. 控制的第一步就是按照成绩衡量的标准来评估结果。（　　　　）

8. 在实际生活中，管理完善的组织也是需要控制的。（　　　　）

9. 没有计划，就没有控制。（　　　　）

10. 控制的实质就是使实践符合计划，计划就是控制的基础。（　　　　）

□ **技能题**

由任课老师介绍，或者学生自己寻找一家生产某产品的企业，然后对该企业的生产控
制过程进行观察，获取相应信息，并运用所学知识分析，得出生产该产品的主要控制过程
流程图。

实训目的：1. 促进学生了解企业中控制过程的各个阶段；2. 增强学生对控制过程四
个阶段的相关理论的进一步认识；3. 培养学生将控制过程理论应用于实际工作的能力。

实训要求：1. 进行人员分组，并组内分工；2. 确定各自小组所调查的企业和产品；
3. 现场观察，收集相关的信息；4. 整理所收集的信息；5. 根据现场所见和手头资料，各
组分别讨论所调查企业产品的控制过程的初步划分。

综合案例

中外运敦豪平衡计分卡使用

背景

中外运敦豪国际航空快件有限公司于 1986 年 12 月 1 日在北京正式成立。自公司成立以来，随着中国经济迅速增长，中外运敦豪也创下骄人业绩。中外运敦豪是个西方管理和东方文化相互融合的公司，中国区总经理就来自中西融合的新加坡。

1998 年起，中外运敦豪开始在北京、上海和广州三个合资公司实行罗伯特·卡普兰的作业成本法（activity-based costing，ABC）。通过 ABC 的运用，中外运敦豪对成本结构和在中国不同地区的成本差异有了进一步的了解，有效地辅助了成本基准的制定和管理，并且为公司能够制定具有竞争力和有盈利的价格政策提供了更具有价值的信息，从而帮助管理层更有效地制定公司总体战略目标。

中外运敦豪对运用作业成本法后取得的成果非常满意，决定继续运用这个管理理论去不断完善内部程序，为客户提供更好的服务。同时，罗伯特·卡普兰的管理工具——平衡计分卡（balanced scorecard）也引起中外运敦豪的关注。

正巧，2002 年被中外运敦豪设定为"服务年"，这本来是加强内部服务意识的一个项目，但是公司在全国 39 个地区共有 2800 名员工，让每一个员工对客户的服务意识和态度都得到提升是一个极其艰巨的任务。中外运敦豪认识到平衡计分卡能够配合内部的组织结构，帮助公司制定一个把管理目标和奖励系统相结合的模式，便决定开始实行平衡计分卡。

平衡计分卡的实施

中外运敦豪首先建立了公司的远景战略，就是"Market leader"（市场领导者），在国际快递行业中提供最高的服务给客人，这就是中外运敦豪的战略目标。

他们认为平衡主要体现在四部分的平衡：内部和外部、短期和长期、结果和动机、数量和质量。

中外运敦豪以前衡量分公司主要是用财务指标，看收入的增长是否达到标准，采用的是盈利和收款的情况等这些硬性的财务指标。中外运敦豪觉得这样看待公司的经营是远远不够的。在平衡计分卡里他们不但重新设计了财务指标，如使用超过 90 天的应收账款来描述收入与预算的完成情况，利润和预算的完成情况，还涵盖了很多客户指标进去，如客户保有率，还有新增客户、客户满意度等外部的、软性的指标。

这些数据指标被称作 KPI（key performance index，关键绩效指标）。运用 KPI 能够起到通过指标控制流程的作用。中外运敦豪明确了给客人提供最好的服务时，重在过程，而不仅仅是一个结果。

为此，中外运敦豪在总部成立了"平衡计分卡小组"，负责公司的策略制定、实施、考评和完善。他们还邀请了一家培训公司设计整个课程，然后再培训 39 个分公司的内部培训师，内部的培训师再培训内部员工。这样的实施就非常有效。因为内部讲师来进行培训，他讲的故事或者模式，都很贴近员工。

　　实施平衡计分卡促进了中外运敦豪的业绩增长，公司业务年平均增长率为 40%，营业额跃升 60 倍之多。目前，中外运敦豪已在中国建立了最大的合资快递服务网络，稳居中国航空快递业的领导地位，在中国的市场占有率达到 37%。

　　中外运敦豪平衡记分卡案例中有四个方面可以体现其出色之处：

　　（1）中外运敦豪使用平衡记分卡作为公司的战略管理体系，并充分意识到平衡记分卡的重要性。中外运敦豪明确了他们的长期战略目标——成为全球市场领导者，并维持这一地位。然后，他们把公司的战略目标细化为财务、效率指数和服务质量这三个具体的领域。中外运敦豪意识到要达到这样的目标，必须从客户、流程及人员这三个角度设定具体的绩效测评指标。他们意识到平衡计分卡的重要性。

　　（2）中外运敦豪根据中国的国情对总部使用的指标进行调整，然后再根据北方区、东方区和南方区这三个区域的地理、人文和经济发展水平的特点调整指标值。在这三个区域总部再次调整，然后向下级一共 39 个分公司扩散。

　　（3）由于有了这一整套平衡记分卡的绩效考评指标，中外运敦豪的管理层得以及时跟踪并修正指标，提高了效率，增加了透明度，管理因此变得更加便捷有效。中外运敦豪的 39 个分公司可能存在地区差异，但评估体制是一样的，因而他们也就多了一份共同语言：无论是在服务质量还是在服务效率上，这些量化的标准可以让他们很清楚地知道自己在全国所有分公司中所处的水平。

　　（4）中外运敦豪把平衡记分卡和浮动薪资联系起来，企业员工将会更多地关注公司与部门的绩效，员工在平时无形的工作中能够逐步向正确目标发展，明白自己的努力将会帮助企业达到怎样的目标。

　　当然，中外运敦豪的平衡计分卡并非完美，这个案例也提供了可以改进的地方：

　　① 中外运敦豪的平衡计分卡架构并不完整。平衡计分卡的目标和指标来源于企业的愿景和战略，这些目标和指标从四个层面来考察企业的业绩，即：财务、客户、内部业务流程、学习与成长。这四个层面组成了平衡计分卡的框架，而中外运敦豪的平衡计分卡在表面上只能看到三个维度，但实质上只涉及平衡计分卡的两个层面，缺少"内部业务流程"和"学习与成长"层面，而这对任何公司成功执行战略都是至关重要的。

　　② 财务层面的指标有所缺失。卡普兰和诺顿认为，衡量一个战略是否得到有效执行，要通过长期股东价值判断，因此将长期的股东价值分解为生产率战略和增长战略。生产率战略考虑的是短期财务成果的实现，增长战略强调长期财务成果的实现。而中外运敦豪的平衡计分卡中所反映的指标并不全面，这很可能与中外运敦豪当时所处的环境、公司运营的具体状况有关。

　　③ 在指标分类方面有待优化的地方。指标分类体系中存在归属关系不当的问题，比如，第二部分的"顾客保有率、新增客户"实际上放在"客户层面"更合适；此外，"员工流动率"就属"学习与成长层面"。

　　从这个案例我们可以主要借鉴以下几点：

- 平衡计分卡方法使执行层有机会在组织和战略意图上达到一致；
- 平衡计分卡的目标必须根据中国的具体国情进行调整；

● 平衡计分卡系统能够让公司在绩效考核与让员工承担责任方面发生本质变化。这在很多公司中会涉及巨大的文化变革，如果处理不当，则会带来风险

资料来源：http://zhidao.baidu.com/question/96761382.

问题：根据以上事例，结合自己学习的控制管理的基础知识，举例谈谈平衡计分卡在大学学习中的实际应用。

● **综合实训**

一、实训目的（"绩效考核"内容）

1. 培养学生制定绩效考核方案的能力；
2. 增强学生的全局观念和系统思维的能力；
3. 掌握360度绩效考核方法的基本步骤。

二、实训项目安排

1. 5人一组，将学生分成若干小组；
2. 以小组为单位，由学生自己选择相应的组织机构作为绩效考核的目标单位；
3. 根据制订方案的需要，由小组组长对本小组的人员进行分工；
4. 在组长的带领下，小组制订360度绩效考核的方案。

三、实训纪律

严格服从企业的安排，遵守企业的规章制度，虚心向企业指导老师学习，吃苦耐劳，团结协作。

四、实训要求

1. 确定绩效考核的目标单位；
2. 了解单位的人员和组织结构具体情况；
3. 根据组织具体情况选择考核主体并培训考核主体；
4. 根据组织的情况选择几个岗位作为考核的内容；
5. 以角色扮演方式，将小组内任意一个成员作为岗位从业者，用360度绩效考核法对其进行绩效考核。

第9章 管理创新和创业

 学习目标

◎ 理解管理创新的内涵及其在管理职能中的意义；

◎ 理解管理创新系统；

◎ 理解创新管理策略；

◎ 掌握创业的注意事项。

 技能目标

◎ 能把创新服务各项知识应用于实践；

◎ 培养创新能力；

◎ 培养创业能力。

【引例】

苹果公司的创新之路

乔布斯有句经典名言：领袖和跟风者的区别就在于是否创新。从苹果公司的发展历程来看，每一次的飞跃发展都是由创新带动。过去的 10 年，苹果获得了 1300 项专利，相当于微软的一半，相当于戴尔的 1.5 倍。

1. 产品和技术创新

最早苹果是以电脑发家，但在其后的发展过程中，不断推出的创新产品才是让苹果公司屹立不倒的重要原因。从 iPod、iMac、iPhone 到 iPad，苹果公司不断地推陈出新，引领潮流。苹果也从最初单一的电脑公司，逐步转型成为高端电子消费品和服务企业。

更重要的是，在微软 Windows 操作系统和 Intel 处理器独霸市场的时候，苹果依然坚持推出了自己独立开发的系统和处理器。一开始得到了大批设计人员的青睐，到最后得到大众的认可。

在这些产品中，最重要的是 iPhone 的推出。手机智能化是移动电话市场的发展趋势，苹果抓住了这一机会，或者说苹果推动了这一趋势的普及。2007 年 1 月，苹

222

果公司首次公布进入 iPhone 领域，正式涉足手机市场。苹果在 MP3 市场上依靠 iPod+iTunes 大获成功后，紧接着在手机市场依靠 iPhone+APP Store 的组合，通过在产品、性能、操作系统、渠道和服务方面的差异化定位，一举击败其他竞争对手。2011 年 2 月，苹果公司打破诺基亚连续 15 年销售量第一的垄断地位，成为全球第一大手机生产厂商。

2. 营销创新

苹果的"饥饿营销"策略让很多消费者被它牵着鼻子走，同时也为苹果聚集了一大批忠实粉丝。

在市场营销学中，所谓"饥饿营销"，是指商品提供者有意调低产量，以期调控供求关系，制造供不应求"假象"，维持商品较高售价和利润率，以达到维护品牌形象，提高产品附加值的目的。从 2010 年 iPhone 4 开始到 iPad 2 再到 iPhone 4S，苹果产品全球上市呈现出独特的传播曲线：发布会—上市日期公布—等待—上市新闻报道—通宵排队—正式开卖—全线缺货—黄牛涨价。

与此同时，苹果一直采用"捆绑式营销"的方式带动销售量。从 iTunes 对 iPod、iPhone、iPad 和 iMac 的一系列捆绑，让用户对其产品形成很强的依赖性。

3. 商业模式创新

最初苹果就通过"iPod+iTunes"的组合开创了一个新的商业模式，将硬件、软件和服务融为一体。在"iPod+iTunes"模式的成功中，苹果看到了基于终端的内容服务市场的巨大潜力。在其整体战略上，也已经开始了从纯粹的消费电子产品生产商向以终端为基础的综合性内容服务提供商的转变。

此后，推出 APP Store 是苹果战略转型的重要举措之一。"iPhone+APP Store"的商业模式创新适应了手机用户对个性化软件的需求，让手机软件业务开始进入一个高速发展空间。与此同时，苹果的 APP Store 是对所有开发者开放的，任何有想法的 APP 都可以在 Apple Store 上销售，销售收入与苹果七三分成，除此之外没有任何的费用。这极大地调动了第三方开发者的积极性，同时也丰富了 iPhone 的用户体验。这才是一种良性竞争：不断拓展企业的经营领域和整个价值链范围，使得市场中的每个玩家都能获益。

不过，苹果公司的问题在于，苹果是典型的"个人魅力型"企业，受制于灵魂人物的寿命。乔布斯不仅是苹果公司的灵魂人物，更是成为苹果品牌不可分割的一个重要元素。2011 年 10 月 20 日，乔布斯病逝。没有了乔布斯的苹果，创新力能够持续吗？从目前来看，乔布斯去世后，苹果推出的产品大多停留在部分改善现有产品功能的水平上，并无新的重磅创新产品推出。很多人认为，没有了乔布斯的苹果公司，已经失去了持续创新的核心竞争力。

从这一点来看，一个企业的创新力不能完全捆绑在个人身上，这样是非常危险的。

资料来源：http://finance.stockstar.com/SN2013082800003318.shtml，2015-12-6.

案例分析：从苹果公司的案例看，它之所以在几十年的时间内处于同行业的领先地位，主要在于乔布斯的创新理念，他从经营的各方面进行创新带来了苹果公司强大的竞争力。同时，我们也要看到，没有了乔布斯的苹果公司，已经失去了持续创新的核心竞争力。这对所有企业也是一个警示：创新不能寄予在某个人身上，而应该成为整个企业的理念！

9.1 管理创新

9.1.1 管理创新概述

1. 管理创新的概念与理论依据

（1）概念

经济学家约瑟夫·熊彼特于 1912 年首次提出了"创新"的概念。创新是指以独特的方式综合各种思想或在各种思想之间建立起独特的联系这样一种能力。能激发创造力的组织，可以不断地开发出做事的新方式以及解决问题的新办法。管理创新是组织形成一种创造性思想并将其转换为有用的产品、服务或作业方法的过程。也即，富有创造力的组织能够不断地将创造性思想转变为某种有用的结果。当管理者说到要将组织变革成更富有创造性的时候，他们通常指的就是要激发创新。

管理创新是指企业把新的管理要素（如新的管理方法、新的管理手段、新的管理模式等）或要素组合引入企业管理系统以更有效地实现组织目标的活动。

（2）管理创新的理论依据

要有效地进行管理创新，就必须依照企业创新的特点和基本规律，因此，管理创新要依据以下基本的理论：

①企业本性论。追求利润最大化。企业是现代社会的经济主体，是社会政治、经济和文化生活的基本单元。现代社会是以企业为主宰的团体社会。企业没有利润，怎样体现自己的生命意义，又怎样追求自己的价值？这是企业进行管理创新首要的和基本的理论依据。

②管理本性论。"企业本性论"指明了企业生存的目标，而"管理本性论"则指明了实现这一目标必须依靠科学的管理。通过加强基础管理和专业管理，保证产品质量的提高，产量的增加，成本的下降和利润的增长。这是企业管理创新的又一依据。

③员工本性论。"员工本性论"明确创造利润这一企业本性，认识到实现企业本性要靠科学的管理。根据市场和社会变化，有效地整合企业内部资源，创造更高的生产率，不断满足市场需求，是管理创新的常新内容。但这还不够，还必须明确管理的主体。在构成企业的诸多要素中，人是最积极、最活跃的主体性要素，企业的一切营运活动必须靠人来实现。人是生产力的基本要素，又是管理的主体。这是企业活力的源泉所在，也是管理能否成功的关键。

④国企特性论。国有企业是国有资产的运营载体，当前在国民经济中占有主导地位，是一种"特殊"的企业。政府要依靠和发挥国有经济的作用，通过国有企业实现宏观调控，稳定市场秩序，维护公开，公平的市场竞争，保证经济社会发展目标的实现。改革只

会改变国企承担社会目标的形式和某些内容，但决不会改变其承担社会目标的职能，也不会改变经营者所面对的较之私人企业更多的管理难题。

2. 管理创新的基本条件

为使管理创新能有效地进行，还必须创造以下的基本条件：

（1）创新主体应具有良好的心智模式

创新主体（企业家、管理者和企业员工）具有良好的心智模式是实现管理创新的关键。心智模式是指由于过去的经历、习惯、知识素养、价值观等形成的基本固定的思维认识方式和行为习惯。创新主体具有的心智模式：一是远见卓识；二是具有较好的文化素质和价值观。

（2）创新主体应具有较强的能力结构

管理创新主体必须具备一定的能力才可能完成管理创新，管理创新主体应具有核心能力、必要能力和增效能力。核心能力突出地表现为创新能力；必要能力包括将创新转化为实际操作方案的能力以及从事日常管理工作的各项能力；增效能力则是控制协调加快进展的各项能力。

（3）企业应具备较好的基础管理条件

现代企业中的基础管理主要指一般的最基本的管理工作，如基础数据、技术档案、统计记录、信息收集归档、工作规则、岗位职责标准等。管理创新往往是在基础管理较好的基础上才有可能产生，因为基础管理好可提供许多必要的准确的信息、资料、规则，这本身有助于管理创新的顺利进行。

（4）企业应营造一个良好的管理创新氛围

创新主体能有创新意识，能有效发挥其创新能力，与拥有一个良好的创新氛围有关。在良好的工作氛围下，人们思想活跃，新点子产生得多而快，而不好的氛围则可能导致人们思想僵化，思路堵塞，头脑空白。

（5）管理创新应结合本企业的特点

现代企业之所以要进行管理上的创新，是为了更有效地整合本企业的资源以完成本企业的目标和任务。因此，这样的创新就不可能脱离本企业和本国的特点。在当前的国际市场中，短期内中国部分企业的实力比西方企业弱，如果以刚对刚则会失败，若以太极拳的方式以柔克刚，则可能是中国企业走向世界的最佳方略。中国企业应充分发挥以"情、理、法"为一体的中国式管理制度的优势和特长。

（6）管理创新应有创新目标

管理创新目标比一般目标更难确定，因为创新活动及创新目标具有更大的不确定性。尽管确定创新目标是一件困难的事情，但是如果没有一个恰当的目标则会浪费企业的资源，这本身又与管理的宗旨不符。

（7）提高公司的管理创新能力

有意识地进行管理创新。很多公司建立了研发实验室，或是为某些个人指定了明确的创新职责。但有多少公司建立了专门的组织架构来培育管理创新？要成为一个管理创新者，第一步须向整个组织推销其观念。

　　创造一个怀疑的、解决问题的文化。当面临挑战时，公司员工会如何反应？他们会开始怀疑吗？他们是会借助竞争者采用的标准解决方案，还是会更深入地了解问题，努力发现新的解决之道？只有最后一条路才能将公司引向成功的管理创新，管理者应当鼓励员工解决问题而非选择逃避。

　　寻求不同环境中的类比和例证。公司应该向一些高度弹性的社会体系学习。如果公司希望提高员工的动力，就应该去观察、学习各种志愿者组织。鼓励员工去不同的国家工作也非常有价值，这可以开阔员工的视野并激发思维。

　　培养低风险试验的能力。有一家公司的管理人员不断鼓励员工及团队提出管理创新办法。但他们很快意识到，要想使能动性转化为有效性，就不能放任所有的新主意在整个组织内蔓延。他们规定，每种创新只能在有限的人员范围和有限的时间内进行。这既保证了新创意有机会实施，同时也不会危害到整个组织。

　　利用外部的变革来源来探究新想法。当公司有能力自己推进管理创新时，有选择地利用外部的学者、咨询顾问、媒体机构以及管理大师们，会很有用。他们有三个基本作用：新观念的来源；作为一种宣传媒介让这项管理创新更有意义；使公司已经完成的工作得到更多的认可。

　　持续地进行管理创新。真正的成功者决非仅进行一两次的管理创新。相反，他们是持续的管理创新者。通用电气就是一个例子。它不仅成名于其"群策群力"原则和无边界组织，还拥有很多更为古老的创新，例如战略计划、管理人员发展计划、研发的商业化等。

3. 管理创新的必要性

（1）知识经济和现代科学技术的要求

　　科学技术发展史是人类认识自然、改造自然的历史，也是人类文明史的重要组成部分。知识经济时代的今天，当人类豪迈地飞往宇宙空间，当机器人问世，当高清晰度数字化彩电进入日常家庭生活，当人们在为现代科学技术的神奇功能而叹为观止的时候，任何一个企业如果总把管理技术停留在原点上，那么企业的生存也将成为难点，发展更无路径了。

（2）市场经济和激烈的市场竞争的要求

　　"以产定销"的计划经济时代已经成为过去，信息化为经济市场化、国际化提供了生产力基础。企业的生存必将是全球范围内的生存。全球电子数据交换系统 EDI，使企业在产品生产和供应方面的地理概念与时间概念大大淡化，资金流通与商品流通日趋市场化、全球化。这些变化既给企业带来了机遇和挑战，又给企业带来了更高的要求与残酷的竞争。

（3）企业现状和深化企业改革的要求

　　管理要合理组织生产力，同时又要不断调整生产关系。当今我国企业正处于生产力大发展，生产关系大变革的环境之中。要提高企业经济效益，经济增长方式就必须从粗放经营转到集约经营上来，即由"总量增长型"向"质量效率型"转变。

4. 管理创新的特征

管理创新是不同于一般的"创新"，其特点来自于创新和管理两个方面。管理创新具有创造性、长期性、风险性、效益性和艰巨性。

（1）创造性

以原有的管理思想、方法和理论为基础，充分结合实际工作环境与特点，积极地吸取外界的各种思想、知识和观念，在汲取合理内涵的同时，创造出新的管理思想、方法和理论。其重点在于突破原有的思维定式和框架，创造具有新属性的、增值的东西。

所谓创造性，一是体现在新技术、新产品、新工艺的显著变化上；二是体现在组织制度、经营和管理方式的创新上，这种创新的特点是打破常规、敢走新路、勇于探索。

【案例分析】

博洛尼的设计创造性

家居企业博洛尼认为，橱柜行业也跟时装、汽车等时尚产品一样，有自己独特的风向标，意大利的设计无疑是前沿潮流的代表。他们从意大利高薪聘请了首席设计师，让博洛尼展示出纯正的意大利风格。披上了意大利时尚设计的外衣，博洛尼的品牌效应凸显，迅速坐上国内整体厨房业第一的位置。

博洛尼以及其他具有"设计创造价值"理念企业的成功，至少给人们这样的启示：要使设计体现价值，首先要认识到设计的价值！只有将关注设计融入企业的DNA，以产品卓越的性能为基础，满足人们对视觉审美的品位，才能使产品整体表现得以飞跃，使产品附加值和品牌力得以提高。

资料来源：http://job.foodmate.net/hrinfo/zhenduan/13403.html.

分析：通过本案例，我们看到在管理创新中创造性所产生的巨大价值，这也是管理创新最重要的特点体现。

（2）长期性

管理创新是一项长期的、持续的、动态的工作过程。

（3）风险性

风险是无形的，对管理进行创新具有挑战性。管理创新并不总能获得成功。创新作为一种具有创造性的过程，包含许多可变因素、不可知因素和不可控因素，这种不确定性使得创新必然存在许多风险。这也就是创新的代价所在。但是存在风险并不意味着要一味地冒险，去做无谓的牺牲，要理性地看待风险，要充分认识不确定因素，尽可能地规避风险，使成本付出最小化，成功概率最大化。

（4）效益性

创新并不是为了创新而创新，而是为了更好地实现组织的目标，取得效益和效率。通过技术创新提高产品技术含量，使其具有技术竞争优势，获取更高利润。通过管理创新，建立新的管理制度，形成新的组织模式，实现新的资源整合，从而建立起企业效益增长的长效机制。

（5）艰巨性

管理创新因其综合性、前瞻性和深层性而颇为艰巨。管理创新涉及人们的观念、知识、经验等及组织目标、组织结构、组织制度，关系到人的意识、权力、地位、管理方式和资源的重新配置，这必然会牵涉到各个层面的利益，使得管理创新在设计与实施中遇到诸多"麻烦"。

9.1.2　管理创新的内容

1. 观念创新（idea innovation）

管理观念又称为管理理念，指管理者或管理组织在一定的哲学思想支配下，由现实条件决定的经营管理的感性知识和理性知识构成的综合体。一定的管理观念必定受到一定社会的政治、经济、文化的影响，是企业战略目标的导向、价值原则，同时管理的观念又必定折射在管理的各项活动中。从 20 世纪 80 年代开始，经济发达国家的许多优秀的企业家和专家提出了许多新的管理思想和观念，如知识增值观念、知识管理观念、全球经济一体化观念、战略管理观念、持续学习观念等。我国企业的经营管理理念存在经营目标不明确、经营观念不当和缺乏时代创新精神的问题，应该尽快适应现代社会的需要，结合自身条件，构建自己独特的经营管理理念。

2. 组织创新（organizational innovation）

企业系统的正常运行，既要求具有符合企业及其环境特点的运行制度，又要求具有与之相适应的运行载体，即合理的组织形式。因此，企业制度创新必然要求组织形式的变革和发展。从组织理论的角度来考虑，企业系统是由不同成员担任的不同职务和岗位的结合体。这个结合体可以从结构和机构这两个不同层次去考察。所谓机构是指企业在构建组织时，根据一定的标准，将那些类似的或与实现统一目标有密切关系的职务或岗位归并到一起，形成不同的管理部门。它主要涉及管理劳动的横向分工问题，即把对企业生产经营业务的管理活动分成不同部门的任务。而结构则与各管理部门之间、特别是与不同层次的管理部门之间的关系有关，它主要涉及管理劳动的纵向分工问题，即所谓的集权和分权问题。不同的机构设置，要求不同的结构形式；组织机构完全相同，但机构之间的关系不一样，也会形成不同的结构形式。机构设置和结构的形成要受到企业活动的内容、特点、规模和环境等因素的影响，因此，不同的企业有不同的组织形式，同一企业在不同的时期，随着经营活动的变化，也要求组织的机构和结构不断调整。组织创新的目的在于更合理地通过组织管理人员的努力，来提高管理劳动的效率。

【案例分析】

四川长虹的组织创新

基于对未来 3C 融合的战略把握，四川长虹 2006 年发布了其新的品牌形象，传统家电制造商的定位已被彻底颠覆，取而代之的是"面向 3C 融合的信息家电集成供应商"的新定位。这使过去数十年来，由军工企业演变而来的厚重国企形象，正在变身为科技、时尚、快乐的国际化品牌形象，这种战略调整，使长虹焕发出勃勃生机。

资料来源：http://job.foodmate.net/hrinfo/zhenduan/13403.html.

分析：通过长虹的案例，我们看到作为组织创新的品牌定位要随着市场竞争形势而变。品牌再造，解决的正是品牌年轻化的问题——只有不断设计出符合时代需求的品牌，重新擦亮品牌，企业才能保持品牌永远领先和鲜活的形象。

3. 制度创新（institutional innovation）

制度创新需要从社会经济角度来分析企业系统中各成员间的正式关系的调整和变革。制度是企业运行的主要原则。企业制度主要包括产权制度、经营制度和管理制度三方面的内容。产权制度是决定企业其他制度的根本性制度，它规定着企业最重要的生产要素的所有者对企业的权力、利益和责任。不同的时期，企业各种生产要素的相对重要性是不一样的。在主流经济学的分析中，生产资料是企业生产的首要因素，因此，产权制度主要是指企业生产资料的所有制。目前存在的相互独立的两大生产资料所有制——私有制和公有制（或更准确的是社会成员共同所有的"共有制"），在实践中都是不纯粹的。私有制正越来越多地渗入"共有"的成分，被"效率问题"所困扰的公有制则正或多或少地添进"个人所有"的因素。

企业产权制度的创新也许应该朝着寻求生产资料的社会成员"个人所有"与"共同所有"的最适度组合的方向发展。经营制度是有关经营权的归宿及其行使条件、范围、限制等方面的原则规定。它表明企业的经营方式，确定谁是经营者，谁来组织企业生产资料的占有权、使用权和处置权的行使，谁来确定企业的生产方向、生产内容、生产形式，谁来保证企业生产资料的完整性及增值，由谁来向企业生产资料的所有者负责以及负什么责任。经营制度的创新方向应该是不断地寻求企业生产资料的最有效利用的方式。管理制度是行使经营权、企业日常运作的各种规则的总称。制度创新就是企业根据内外环境需求的变化和自身发展壮大的需要，对企业自身运行方式、原则规定的调整和变革。制度创新要以反映经济运行的客观规律，体现企业运作的客观要求，充分调动组织成员的劳动积极性为出发点和归宿。企业制度创新的方向是不断调整和优化企业所有者、经营者、劳动者三者之间的关系，使各个方面的权力和利益得到充分的体现，使组织的各种成员的作用得到充分发挥。

4. 技术创新（technological innovation）

技术创新是管理创新的主要内容，企业中出现的大量创新活动是有关技术方面的，因此，技术创新甚至被视为企业管理创新的同义词。现代企业的一个主要特点是在生产过程中广泛运用先进的科学技术。技术水平是反映企业经营实力的一个重要标志，企业要在激烈的市场竞争中处于主动地位，就必须不断进行技术创新。由于一定的技术都是通过一定的物质载体和利用这些载体的方法来体现的，技术创新主要表现在要素创新、要素组合方法的创新及产品创新三个方面。

5. 产品创新（product innovation）

产品是企业向外界最重要的输出，也是组织对社会作出的贡献。产品创新包括产品的品种和结构的创新。品种创新要求企业根据市场需求的变化，根据消费者偏好的转移，及时地调整企业的生产方向和生产结构，不断开发出用户喜欢的产品；结构创新在于不改变原有品种的基本性能，对现有产品结构进行改进，使其生产成本更低，性能更完善，使用更安全，更具市场竞争力。

6. 环境创新（environmental innovation）

环境是企业经营的土壤，同时也制约着企业的经营。环境创新不是指企业为适应外界变化而调整内部结构或活动，而是指企业通过积极的创新活动去改造环境，去引导环境向有利于企业经营的方向变化。例如，通过企业的公关活动，影响社区、政府政策的制定；通过企业的技术创新，影响社会技术进步的方向等。

7. 文化创新（cultural innovation）

现代管理发展到文化管理阶段，可以说已经到达顶峰。企业文化通过员工价值观与企业价值观的高度统一，通过企业独特的管理制度体系和行为规范的建立，使得管理效率有了较大提高。创新不仅是现代企业文化的一个重要支柱，而且还是社会文化中的一个重要部分。如果文化创新已成为企业文化的根本特征，那么，创新价值观就能得到企业全体员工的认同，行为规范就会得以建立和完善，企业的创新动力机制就会高效运转。

【案例分析】

万科的人文创新

　　国内地产的领军企业万科秉承尊重个人选择权的文化理念，这种"尊重"表现在企业经营的方方面面：譬如尊重员工选择生活方式的权利；尊重员工选择在公司内部调动的权利；尊重员工选择在不同地区工作的权利；尊重员工双向选择的权利。其核心理念，便是"创造健康丰盛的人生"。在这种理念指引下，万科已连续三年被评为"最佳雇主"。

　　资料来源：http://job.foodmate.net/hrinfo/zhenduan/13403.html.

分析：通过万科的案例，我们看到"以人为本"是其文化的核心。雇主品牌建设是每个具有全球视角、长远发展战略的中国企业必做的功课。

9.1.3　管理创新的过程

一般来说，管理创新的过程包含四个阶段：

1. 对现状的不满

在几乎所有的案例中，管理创新的动机都源于对公司现状的不满：或是公司遇到危机，或是商业环境变化以及新竞争者出现而形成战略型威胁，或是某些人对操作性问题产生抱怨。

例如，Litton 互联产品公司是一家为计算机组装主板系统的工厂，位于苏格兰的格兰露斯。1991 年，George Black 受命负责这家工厂的战略转型。他说："我们曾是一家前途黯淡的公司，与竞争对手相比，我们的组装工作毫无特色。唯一的解决办法就是采取新的工作方式，为客户提供新的服务。这是一种刻意的颠覆，也许有些冒险，但我们别无选择。"

很快，Black 推行了新的业务单元架构方案。每个业务单元中的员工都致力于满足某一个客户的所有需要。他们学习制造、销售、服务等一系列技能。这次创新使得客户反响获得极大改善，员工流动率也大大降低。

当然，不论出于哪一种原因，管理创新都在挑战组织的某种形式，它更容易产生于紧要关头。

2. 从其他来源寻找灵感

管理创新者的灵感可能来自其他社会体系的成功经验，也可能来自那些未经证实却非常有吸引力的新观念。

有些灵感源自管理思想家和管理宗师。1987 年，穆雷·华莱士出任惠灵顿保险公司的 CEO。在惠灵顿保险公司危机四伏的关键时候，华莱士读到了汤姆·彼得斯的新作《混沌中的繁荣》。他将书中的高度分权原则转化为一个可操作的模式，这就是人们熟知的"惠灵顿革命"。华莱士的新模式令公司的利润率大幅增长。

还有些灵感来自无关的组织和社会体系。20 世纪 90 年代初，总部位于丹麦哥本哈根的助听器公司奥迪康推行了一种激进的组织模型：没有正式的层级和汇报关系；资源分配是围绕项目小组展开的；组织是完全开放的。几年后，奥迪康取得了巨大的利润增长。而这个灵感却来源于公司 CEO——孔林德曾经参与过的美国童子军运动。孔林德说："童子军有一种很强的志愿性。当他们集合起来，就能有效合作而不存在任何等级关系。这里也没有钩心斗角、尔虞我诈，大家目标一致。这段经历让我重视为员工设定一个明确的'意义'，这种意义远远超越了养家糊口。同时，建立一个鼓励志愿行为和自我激励的体系。"此外，有些灵感来自背景非凡的管理创新者，他们通常拥有丰富的工作经验。

上述例子说明了一个简单的道理：管理创新的灵感很难从一个公司的内部产生。很多公司盲目对标或观察竞争者的行为，导致整个产业的竞争高度趋同。只有通过从其他来源获得灵感，公司的管理创新者们才能够开创出真正全新的东西。

3. 创新

管理创新人员将各种不满的要素、灵感以及解决方案组合在一起，组合方式通常并非一蹴而就，而是重复、渐进的，但多数管理创新者能找到一个清楚的推动事件。

4. 争取内部和外部的认可

与其他创新一样，管理创新也有风险巨大、回报不确定的问题。很多人无法理解创新的潜在收益，或者担心创新失败会对公司产生负面影响，因而会竭力抵制创新。而且，在实施之前，我们很难准确判断创新的收益是否高于成本。因此对于管理创新人员来说，一个关键阶段就是争取他人对新创意的认可。

在管理创新的最初阶段，获得组织内部的接受比获得外部人士的支持更为关键。这个过程需要明确的拥护者。如果有一个威望高的高管参与创新的发起，就会大有裨益。另外，只有尽快取得成果才能证明创新的有效性，然而，许多管理创新往往在数年后才有结果。因此，创建一个支持同盟并将创新推广到组织中非常重要。管理创新的另一个特征是需要获得"外部认可"，以说明这项创新获得了独立观察者的印证。在尚且无法通过数据证明管理创新的有效性时，高层管理人员通常会寻求外部认可来促使内部变革。外部认可包括四种来源：

（1）商学院的学者。他们密切关注各类管理创新，并整理总结企业碰到的实践问题，以应用于研究或教学。

（2）咨询公司。他们通常对这些创新进行总结和存档，以便用于其他的情况和组织。

（3）媒体机构。他们热衷于向更多的人宣传创新的成功故事。

（4）行业协会。行业协会是指介于政府与企业之间，商品生产者与经营者之间，并具备咨询、沟通、监督、协调等职能的社会中介组织，如注册会计师协会。

外部认可具有双重性：一方面，它增加了其他公司复制创新成果的可能性；另一方面，它也增加了公司坚持创新的可能性。

9.1.4　管理创新的方法

1. 头脑风暴法

头脑风暴法（brainstorming method）是美国创造工程学家 A. F. 奥斯本在 1939 年发明的一种创新方法。这种创新方法是通过一种别开生面的小组畅谈会，在较短的时间内充分发挥群体的创造力，从而获得较多的创新设想。当一个与会者提出一个新的设想时，这种设想就会激发小组内其他成员的联想。当人们卷入"头脑风暴"的洪流之后，各种各样的构想就像燃放鞭炮一样，点燃一个，引爆一串。这种方法的规则有以下几个方面。

（1）不允许对别人的意见进行批评和反驳，任何人不下判断性结论。

（2）鼓励每个人独立思考，广开思路，提出的改进设想越多越好，越新越好。允许它们相互之间有矛盾。

（3）集中注意力，针对目标，不私下交谈，不干扰别人的思维活动。

（4）可以补充和发表相同的意见，使某种意见更具说服力。

（5）参加会议的人员不分上下级，平等相待。

（6）不允许以集体意见来阻碍个人的创造性意见。

（7）参加会议的人数不超过 10 人，时间限制在 20 分钟到 1 个小时。

这种方法的目的在于创造一种自由奔放的思考环境，诱发创造性思维的共振和连锁反应，产生更多的创造性思维。讨论 1 小时能产生数十个乃至几百个创造性设想，适用于问题比较单纯，目标较明确的决策。这种方法在应用中又发展出"反头脑风暴法"，做法与头脑风暴法一样，对一种方案不提肯定意见，而是专门挑毛病、找矛盾。它与头脑风暴法一反一正正好可以相互补充。

2. 综摄法

综摄法（synectics method）又称类比思考法，是由美国麻省理工大学教授威廉·戈登于 1944 年提出的一种利用外部事物启发思考、开发创造潜力的方法。戈登发现，当人们看到一件外部事物时，往往会得到启发思考的暗示，即类比思考。而这种思考的方法和意识没有多大联系，反而是与日常生活中的各种事物有紧密关系。

事实证明：我们的不少发明创造、不少文学作品是由日常生活的事物启发而产生的灵感。这些事物，从自然界的高山流水、飞禽走兽，到各种社会现象，甚至各种神话、传说、幻想、电视等等，比比皆是，范围极其广泛。戈登由此想到，可以利用外物来启发思考、激发灵感解决问题，这一方法便被称为综摄法。

3. 逆向思维法（reverse thinking method）

逆向思维是顺向思维的对立面。逆向思维是一种反常规、反传统的思维。顺向思维的常规性、传统性，往往导致人们形成思维定式，是一种从众心理的反映，因而往往使人形成一种思维"框框"，阻碍着人们创造力的发挥。这时如果转换一下思路，用逆向法来考虑，就可能突破这些"框框"，取得出乎意料的成功。逆向思维法由于是反常规、反传统的，因而它具有与一般思维不同的特点。

（1）突破性。这种方法的成果往往冲破传统观念和常规，常带有质变或部分质变的性质，因而往往能取得突破性的成就。

（2）新奇性。由于思维的逆向性，改革的幅度较大，必然是新奇、新颖的。

（3）普遍性。逆向思维法适用的范围很广，几乎适用于一切领域。

4. 检核表法（check list method）

检核表法几乎适用于任何类型与场合的创造活动，因此又被称为"创造方法之母"。它是用一张一览表对需要解决的问题逐项进行核对，从各个角度诱发多种创造性设想，以促进创造发明、革新或解决工作中的问题。实践证明，这是一种能够大量开发创造性设想的方法。

检核表法是一种多渠道的思考方法，包括以下一些创造技法：迁移法、引入法、改变法、添加法、替代法、缩减法、扩大法、组合法和颠倒法。它启发人们缜密地、多渠道地思考和解决问题，并广泛运用于创造、发明、革新和企业管理上。它的要害是一个"变"字，而不把视线凝聚在某一点或某一方向上。

【知识链接】

奥斯本检核表法的九组问题

奥斯本的检核表法属于横向思维，以直观、直接的方式激发思维活动，操作十分方便，效果也相当好。

下述九组问题对于任何领域创造性地解决问题都是适用的，这 75 个问题不是奥斯本凭空想象的，而是他在研究和总结大量近现代科学发现、发明、创造事例的基础上归纳出来的。

(1) 现有的东西（如发明、材料、方法等）有无其他用途？保持原状不变能否扩大用途？稍加改变，有无别的用途？

人们从事创造活动时，往往沿这样两条途径：一种是当某个目标确定后，沿着从目标到方法的途径，根据目标找出实现目标的方法；另一种则与此相反，首先发现一种事实，然后想象这一事实能起什么作用，即从方法入手将思维引向目标。后一种方法是人们最常用的，而且随着科学技术 的发展，这种方法将越来越广泛地得到应用。

某个东西，"还能有其他什么用途"？"还能用其他什么方法使用它"？……这能使我们的想象活跃起来。当我们拥有某 种材料，为扩大它的用途，打开它的市场，就必须善于进行这种思考。德国有人想出了 300 种利用花生的实用方法，仅仅用于烹调，就想出了 100 多种方法。橡胶有什么用处？有家公司提出了成千上万种设想，如用它制成床毯、浴盆、人行道边饰、衣夹、鸟笼、门扶手、棺材、墓碑等等。炉渣有什么用处？废料有什么用处？边角料有什么用处？……当人们将自己的想象投入这条广阔的"高速公路"就会以丰富的想象力产生出更多的好设想。

(2) 能否从别处得到启发？能否借用别处的经验或发明？外界有无相似的想法，能否借鉴？过去有无类似的东西，有什么东西可供模仿？谁的东西可供模仿？现有的发明能否引入其他的创造性设想之中？

当伦琴发现"X 光"时，并没有预见到这种射线的任何用途。因而当他发现这项发现具有广泛用途时，他感到吃惊。通过联想借鉴，现在人们不仅已用"X 光"来治疗疾病，外科医生还用它来观察人体的内部情况。同样，电灯在开始时只用来照明，后来，改进了光线的波长，发明了紫外线灯、红外线加热灯、灭菌灯等等。科学技术的重大进步不仅表现在某些科学技术难题的突破上，而且表现在科学技术成果的推广应用上。一种新产品、新工艺、新材料，必将随着它的越来越多的新应用而显示其生命力。

(3) 现有的东西是否可以做某些改变？改变一下会怎么样？可否改变一下形状、颜色、音响、味道？是否可改变一下意义、型号、模具、运动形式？……改变之后，效果又将如何？如汽车，有时改变一下车身的颜色，就会增加汽车的美感，从而增加销售量。又如面包，给它裹上一层芳香的包装，就能提高嗅觉诱力。据说妇女用的游泳衣是婴儿衣服的模仿品，而滚柱轴承改成滚珠轴承就是改变形状的结果。

(4) 放大、扩大。现有的东西能否扩大使用范围？能不能增加一些东西？能否添加部件，拉长时间，增加长度，提高强度，延长使用寿命，提高价值，加快转速？……

在自我发问的技巧中，研究"再多些"与"再少些"这类有关联的成分，能给想象提供大量的构思设想。使用加法和乘法，便可能使人们扩大探索的领域。

"为什么不用更大的包装呢？"——橡胶工厂大量使用的黏合剂通常装在一加仑的马口铁桶中出售，使用后便扔掉。有位工人建议黏合剂装在五十加仑的容器内，容器可反复使用，节省了大量马口铁。

"能使之加固吗？"——织袜厂通过加固袜头和袜跟，使袜的销售量大增。

"能改变一下成分吗？"——牙膏中加入某种配料，成了具有某种附加功能的牙膏。

（5）缩小、省略。缩小一些怎么样？现在的东西能否缩小体积，减轻重量，降低高度，压缩、变薄？……能否省略？能否进一步细分？……

前面一条沿着"借助于扩大"、"借助于增加"而通往新设想的渠道，这一条则是沿着"借助于缩小"、"借助于省略或分解"的途径来寻找新设想。袖珍式收音机、微型计算机、折叠伞等就是缩小的产物。没有内胎的轮胎，尽可能删去细节的漫画，就是省略的结果。

（6）能否代用。可否由别的东西代替，由别人代替？用别的材料、零件代替，用别的方法、工艺代替，用别的能源代替？可否选取其他地点？

如用液压传动来替代金属齿轮，又如用充氩的办法来代替电灯泡中的真空，使钨丝灯泡提高亮度。通过取代、替换的途径也可以为想象提供广阔的探索领域。

（7）从调换的角度思考问题。能否更换一下先后顺序？可否调换元件、部件？是否可用其他型号，可否改成另一种安排方式？原因与结果能否对换位置？能否变换一下日程？……更换一下，会怎么样？

重新安排通常会带来很多的创造性设想。飞机诞生的初期，螺旋桨安排在头部，后来，将它装到了顶部，成了直升飞机，喷气式飞机则把它安放在尾部，说明通过重新安排可以产生种种创造性设想。商店柜台的重新安排，营业时间的合理调整，电视节目的顺序安排，机器设备的布局调整……都有可能导致更好的结果。

（8）从相反方向思考问题，通过对比也能成为萌发想象的宝贵源泉，可以启发人的思路。倒过来会怎么样？上下是否可以倒过来？左右、前后是否可以对换位置？里外可否倒换？正反是否可以倒换？可否用否定代替肯定？……

这是一种反向思维的方法，它在创造活动中是一种颇为常见和有用的思维方法。第一次世界大战期间，有人就曾运用这种"颠倒"的设想建造舰船，建造速度也有了显著的加快。

（9）从综合的角度分析问题。组合起来怎么样？能否装配成一个系统？能否把目的进行组合？能否将各种想法进行综合？能否把各种部件进行组合？等等。

例如把铅笔和橡皮组合在一起成为带橡皮的铅笔，把几种部件组合在一起变成组合机床，把几种金属组合在一起变成种种性能不同的合金，把几件材料组合在一起制成复合材料，把几个企业组合在一起构成横向联合……

应用奥斯本检核表是一种强制性思考过程，有利于突破不愿提问的心理障碍。很多时候，善于提问本身就是一种创造。

资料来源：http：//baike. baidu. com/link？url.

5. 信息交合法（information synthesis approach）
信息交合法通过若干类信息在一定方向上的扩展和交合，来激发创造性思维，提出创新性设想。信息是思维的原材料，大脑是信息的加工厂。通过不同信息的撞击、重组、叠加、综合、扩散、转换，可以诱发创新性设想。要正确运用信息交合法，必须注意抓好以下三个环节：

（1）搜集信息。不少企业已设立专门机构来搜集信息。网络化已成为当今企业搜集信息的发展趋势。如日本三菱公司，在全世界设置了 115 个海外办事处，约 900 名日本人和 2000 多名当地职员从事信息搜集工作。搜集信息的重点放在搜集新的信息，只有新的信息才能反映科技、经济活动中的最新动态、最新成果，这些往往对企业有着直接的利害关系。

（2）拣选信息。包含核对信息、整理信息、积累信息等内容。

（3）运用信息。搜集、整理信息的目的都是运用信息。

运用信息，一要快，快才能抓住时机；二要交汇，即这个信息与那个信息进行交汇，这个领域的信息与那个领域的信息进行交汇，把信息和所要实现目标联系起来进行思考，以创造性地实现目标。信息交汇可以通过本体交汇、功能拓展、杂交、立体动态四个方式进行。总之，信息交汇法就像一个"魔方"，通过各种信息的引入和各个层次的交换会引出许多新信息组合，为创新对象提供了多种可能性。

6. 模仿创新法（imitation method）

人类的发明创造大多是由模仿开始的，然后再进入独创。勤于思考就能通过模仿做出创造发明，当今许多物品模仿了生物的一些特征，以致形成了仿生学。模仿不仅被用于工程技术、艺术领域，也被应用于管理方面。

【案例分析】

云南创可贴的模仿创新

在中国小创伤护理市场，"邦迪"一度占领了大部分市场，很多用户想到创可贴的时候甚至不知道还有其他品牌存在。云南白药认为自己的市场机会在于，同为给伤口止血的创伤药，"邦迪"产品的性能只在于胶布的良好性能，而没有消毒杀菌功能，而云南白药对于小伤口的治疗效果可以让用户更快地愈合。于是邦迪成为云南白药第一个模仿，也是超越的对象。

挑战"邦迪"，云南白药缺少的是胶布材料的技术。王明辉选择的解决方案是，整合全球资源来"以强制强"，与德国拜尔斯多夫公司合作开发，这家拥有上百年历史的公司在技术绷带和黏性贴等领域具有全球领先的技术。不到两年时间，双方合作的"白药创可贴"迅速推向市场。

资料来源：http://wenku.baidu.com/link? url.

分析：本案例中云南白药就是采用了模仿创新法，不仅抓住了市场，而且给自己节省了很多人力、物力方面的付出。所以企业在发展的过程中，可以在不违反法律法规的前提下，适当地采用这种方法以更快地抓住机会。

9.2 创业

9.2.1 创业概述

1. 创业的含义

创业是创业者对自己拥有的资源或通过努力对能够拥有的资源进行优化整合，从而创造出更大经济或社会价值的过程。创业是一种劳动方式，是一种需要创业者运营、组织、运用服务、技术、器物作业的思考、推理和判断的行为。根据杰夫里·提蒙斯所著的创业教育领域的经典教科书《创业创造》（*New Venture Creation*）的定义：创业是一种思考、推理结合运气的行为方式，它为运气带来的机会所驱动，需要在方法上全盘考虑并拥有和谐的领导能力。

创业是一个人发现了一个商机并采取实际行动转化为具体的社会形态，获得利益，实现价值的一个过程。科尔在 1965 年提出，把创业定义为：发起、维持和发展以利润为导向的企业的有目的性的行为。

【案例分析】

达瑞的创业之路

达瑞出生于美国的一个中产阶级家庭。父母对他生活上要求很严，平时很少给他零花钱。达瑞 8 岁的时候，有一天，他想去看电影。因为没有钱，他面临一个基本的问题，是向爸妈要钱还是自己挣钱。最后他选择了后者。他自己调制了一种汽水，把它放在街边，向过路的行人出售。可那时正是寒冷的冬天，没有人前来购买，只有两个人例外——他的爸爸和妈妈。后来，他偶然得到了和一个非常成功的商人谈话的机会。当他对商人讲述了自己的"破产史"后，商人给了他两个重要的建议：一是尝试为别人解决一个难题，那么你就能赚到许多钱；二是把精力集中在你知道的、你会的和你拥有的东西上。

这两个建议是关键。因为对于一个 8 岁的男孩而言，他不会做的事情有很多。于是他穿过大街小巷，不停地思考，人们会有什么难题，他又如何解决，他又会如何利用这个机会，为他们解决难题。

这其实不容易。好点子似乎都躲起来了，他什么办法都想不出来。但是有一天，父亲无意中给他指出了一条正路。吃早餐时他让达瑞取报纸。这里必须补充一点，美国的送报员总是把报纸从花园篱笆的一个特制的管子里塞进来。假如你想穿睡衣舒舒服服地吃早饭和看报的话，就必须离开温暖的房间，冒着寒风到房子的入口处去取，不管天气如何都是如此。虽然有时候只需要走二三十米路，但也是一件非常麻烦的事情。

达瑞给父亲取报纸的时候，一个主意诞生了。当天他就挨个按响邻居的门铃，对他们说，每个月只需要付给他一美元，他就每天早上把报纸塞到他们的房门底下。大多数人都同意了，达瑞有了 70 多个顾客。当他在一个月后第一次赚到钱的时候，他觉得简直就是飞上了天。高兴的同时他并没有满足于现状，他还在寻找新的机会。成功了一次之后，他很快就找到了其他的机会。他让他的顾客每天把垃圾袋放在门前，然后由他运到垃圾桶里——每个月加一美元。他喂宠物、看房子、给植物浇水，但是他从来不以小时计费，因为用其他方法计费挣钱更多。

9 岁时，他开始学习使用父亲的计算机。他学着写广告，而且他开始把孩子能挣钱的方法写下来。因为他不断有新主意，所以很快就有了很多积蓄。他母亲帮他记账，好让他知道什么时候该向谁收钱。他也雇孩子帮他的忙，然后把收入的一半付给他们。如此一来，钱如潮水般地涌进了他的腰包。

一个出版商注意到了他，并说服他为此写了一本书，书名为《儿童挣钱的 250 个主意》。因此，达瑞 12 岁的时候就已经成为一名畅销书作家。后来电视台"发现"了他，邀请他参加了许多儿童节目。人们发现，他在电视里表现得非常自然，受到许多观众的欢迎。15 岁的时候他有了自己的谈话节目。现在，他通过做电视节目以及广告收入挣的钱已令很多人难以置信。

17 岁的时候，达瑞已经拥有了几百万美元。

资料来源：http：//wenku. baidu. com/link？ url，2015-12-12.

分析：本案中达瑞还只有 8 岁的时候就在父亲的引导下学会了自己创业，但是达瑞是自己在思想上先有了想法的，所以说机会是给有准备的人，创业绝不会是一时的头脑发热，不管是企业还是个人都应该从人力和物力方面有所准备才行。

2. 创业的类型

按照不同的标准，可将创业分成不同的类型。了解创业类型是为了在创业决策中做比较，选择最适合自己条件的创业类型。我们可以从动机、渠道、主体、项目、风险和周期六个不同的角度进行分类。

（1）从动机角度，创业可分为机会型创业与就业型创业

①机会型创业。机会型创业的出发点并非谋生，而是为了抓住、利用市场机遇。它以新市场、大市场为目标，因此能创造出新的需求，或满足潜在的需求。机会型创业会带动新的产业发展，而不是加剧市场竞争。世界各国的创业活动以机会型创业为主，但中国的机会型创业数量较少。

②就业型创业。就业型创业的目的在于谋生，为了谋生而自觉地或被迫地走上创业之路。这类创业大多属于尾随型和模仿型，规模较小，项目多集中在服务业，并没有创造新需求，而是在现有的市场上寻找创业机会。由于创业动机仅仅是为了谋生，创业者往往小富即安，极难做大做强。

就业型创业和机会型创业都与主观选择相关，但并非完全由主观决定。创业者所处的环境及其所具备的能力对于创业动机类型的选择有决定性作用。因此，创造良好的创业环境，通过教育和培训来提高人的创业能力，就会增加机会型创业数量，不断增加新的市场，促进经济发展和生活改善，减少企业之间的低水平竞争。

（2）按照新企业建立的渠道，可以将创业划分为自主型创业和企业内创业

①自主型创业。自主型创业是指创业者个人或团队白手起家进行创业。自主型创业充满挑战和刺激，个人的想象力、创造力可得到最大限度的发挥，不必再忍受单位官僚主义的压制和庸俗的人际关系的制约；有一个新的舞台可供表现和实现自我；可多方面接触社会、各种类型的人和事，摆脱日复一日的单调乏味的重复性劳动；可以在短时期内积累财富，奠定人生的物质基础，为攀登新的人生巅峰做准备。然而，自主型创业的风险和难度也很大，创业者往往缺乏足够的资源、经验和支持。

②企业内创业。企业内创业是进入成熟期的企业为了获得持续的增长和长久的竞争优势，为了倡导创新并使其研发成果商品化，通过授权和资源保障等支持的企业内创业。每一种产品都有生命周期，一个企业在不断变化的环境中，只有不断创新，不断将创新的成果推向市场，不断推出新的产品和服务，才能跳出产品生命周期的怪圈，不断延伸企业的生命周期。成熟企业的增长同样需要创业的理念、文化，需要企业内部创业者利用和整合企业内部资源创业。企业内创业是动态的，正是通过二次创业、三次创业乃至连续不断的创业，企业的生命周期才能不断地在循环中延伸。

（3）按创业主体分类，创业可以分为大学生创业、失业者创业和兼职者创业

①大学生创业。大学毕业后自主创业，可独立创业，也可合伙创业；可干所学专业的，也可干非所学专业的，这在今天已较普遍。自主创业的目的并非以挣钱为主，而是不愿替人打工，受制于人，是干自己想干的事，体现自我人生价值。

②失业者创业。不少失业者也通过自身努力，成了创业的佼佼者。这类创业大多选择服务行业，投资少，回报快，风险低。比如，北京的月嫂服务就是失业工人开创的，市场非常巨大，十分适合有生活经验的中年妇女。

③兼职者创业。如大学教授中有一部分就是兼职创业者，尤其是搞艺术专业的，自己建立公司，对外招揽生意。

（4）按创业项目分类，创业大致可以分为传统技能型、高新技术型和知识服务型三种

①传统技能型。选择传统技能项目创业将具有永恒的生命力，因为使用传统技术、工艺的创业项目，如独特的技艺或配方都会拥有市场优势。尤其是酿酒业、饮料业、中药业、工艺美术品业、服装与食品加工业、修理业等与人们日常生活紧密相关的行业中，独特的传统技能项目表现出了经久不衰的竞争力，许多现代技术无法与之竞争。不仅中国如此，外国也如此。有不少传统的手工生产方式在发达国家至今尚保留着。

②高新技术型。高新技术项目就是人们常说的知识经济项目、高科技项目，知识密集度高，带有前沿性、研究开发性质。

③知识服务型。当今社会，信息量越来越大，知识更新越来越快。为了满足人们节省精力，提高效率的需求，各类知识性咨询服务机构会不断细化和增加，如律师事务所、会计事务所、管理咨询公司、广告公司，等等。知识服务型项目是一种投资少、见效快的创业选择。

（5）按创业风险分类，创业大致可以分为依附型、尾随型、独创型和对抗型创业

①依附型创业。依附型创业可分为两种情况：一是依附于大企业或产业链而生存。在

产业链中确定自己的角色，为大企业提供配套服务。如专门为某个或某类企业生产零配件，或生产、印刷包装材料。二是特许经营权的使用。如麦当劳、肯德基，利用品牌效应和成熟的经营管理模式，减少经营风险。

②尾随型创业。尾随型创业即模仿他人创业，所开办的企业和经营项目均无新意，行业内已经有许多同类企业，新创企业尾随他人之后，"学着别人做"。尾随的第一个特点，是短期内不求超过他人，只求能维持下去，随着学习的成熟，再逐步进入强者行列。尾随的第二个特点，是在市场上拾遗补缺。不求独家承揽全部业务，只求在市场上分得一杯羹。

③独创型创业。独创型创业可表现在诸多方面，归结起来，集中在两个层面：一是填补市场需求内容的空白。二是填补市场需求形式的空白。前者是经营项目具有独创性，独此一家，别无分店。大到商品独创性，小到商品的某种技术的独创性。如生产的洗衣粉比市场上卖的环保性好且去污力强，这就属于商品的某种技术的独创性。独创性也可以表现为一种服务，如搬家服务过去是没有的，改革开放后，搬家服务已形成市场，谁先成立搬家公司，谁的创业就具备独创性。当然，独创型创业有一定的风险性，因为消费者对新事物有一个接受的过程。独创型创业也可以是旧内容新形式，比如，产品销售送货上门，经营的商品并无变化，但在服务方式上扩大了，从而更具竞争力。

④对抗型创业。对抗型创业是指进入其他企业业已形成垄断地位的某个市场，与之对抗较量。这类创业必须在知己知彼、科学决策的前提下，决心大，速度快，把自己的优势发挥到淋漓尽致，把自己的劣势填平补齐，抓住市场机遇，乘势而上，避开市场风险，减少风险损失。希望集团就是对抗型创业的成功典型。20 世纪 90 年代初，面对外国饲料厂商进入中国市场，大量倾销合成饲料，希望集团建立西南最大的饲料研究所，一起步就定位于与外国饲料争市场。

（6）按创业周期划分，创业可分为初始创业、二次创业与连续创业

①初始创业。初始创业是一个从无到有的过程。创业者经过市场调查，分析自己的优势与劣势和外部环境的机遇与风险，权衡利弊，确定自己的创业类型，履行必要的法律手续，招聘员工，建立组织，设计管理模式，投入资本，营销产品或服务，不断扩大市场，由亏损到盈利的过程就是初始创业。同时，初始创业也是一个学习过程，创业者往往边干边学。在初始创业阶段企业的死亡率较高，风险来自多方面，有时甚至会出现停止是死，扛下去可能有生路，总之要承受更大的心理和经济压力。所以，初始创业要尽量缩短学习过程，善用忠实之人，减少失误，坚持到底。

②二次创业。创业是个动态的过程，伴随着企业全部的生命周期。企业的生命周期分为投入期、成长期、成熟期和衰退期四个阶段。创业表现最明显的是在投入期和成熟期，没有投入期，就没有创业；成熟期不再次创业，企业就会死亡。成熟期再创业的，就是二次创业。它对企业的生存和发展有着举足轻重的作用。北京的电冰箱、洗衣机企业在全国曾经有过辉煌的历史，海尔冰箱、洗衣机只是白菊、雪花的小兄弟。但二次创业中，北京家电业没有迈过去，最后消亡了，而海尔在张瑞敏的率领下成功地进行了二次创业，并成为海尔集团。

③连续创业。创业其实是沿着一条哲学法则运行的，它体现的是从无到有，"有"要

完成它的生命周期四个阶段，这四个阶段是由生到死的阶段，如何不使其死亡？唯一的办法是嫁接生命，把企业生命由原来所系的产品（或服务、技术）嫁接到另一种新产品（或新服务、新技术）上，由此产生二次创业。但是，新产品（或新服务、新技术）的生命也是有限的，这就需要三次创业，三次嫁接。进入第三次创业的企业往往有了较大的实力和规模，抗风险能力比较强，而且经过三次创业的企业，不少走向了分权化、集团化，企业在市场上东方不亮西方亮，黑了南方有北方，达到"三生万物"的境界。

9.2.2 创业者（entrepreneur）类型

随着经济的发展，投身创业的人越来越多，《科学投资》杂志调查研究表明，国内创业者基本可以分成以下类型：

1. 生存型创业者

生存型创业者大多为下岗工人，失去土地或由于种种原因不愿困守乡村的农民，以及刚刚毕业找不到工作的大学生。这是中国数量最大的创业人群。清华大学的调查报告说，这一类型的创业者占中国创业者总数的90%。其中许多人是被逼上梁山，为了谋生混口饭吃。一般创业范围均局限于商业贸易，少量从事实业，也基本是小型的加工业。当然也有因为机遇成长为大中型企业的，但数量极少，因为国内市场已经不像几十年前，如刘永好兄弟、鲁冠球、南存辉他们那个创业时代，经济短缺，机遇遍地。如今这个时代，用句俗话来说就是狼多肉少，仅想依靠机遇成就大业，早已是不切实际的幻想了。

2. 主动型创业者

主动型创业者又可以分为两种，一种是盲动型创业者，一种是冷静型创业者。前一种创业者大多极为自信，做事冲动。这种类型的创业者，大多是博彩爱好者，喜欢买彩票，喜欢赌，而不太喜欢检讨成功概率。这样的创业者很容易失败，但一旦成功，往往就是一番大事业。冷静型创业者是创业者中的精华，其特点是谋定而后动，不打无准备之仗，或是掌握资源，或是拥有技术，一旦行动，成功概率通常很高。

3. 赚钱型创业者

赚钱型创业者除了赚钱，没有什么明确的目标。他们就是喜欢创业，喜欢做老板的感觉。他们不计较自己能做什么，会做什么。可能今天在做这样一件事，明天又在做那样一件事，他们做的事情之间可以完全不相干。甚至其中有一些人，连对赚钱都没有明显的兴趣，也从来不考虑自己创业的成败得失。奇怪的是，这一类创业者中赚钱的并不少，创业失败的概率也并不比那些兢兢业业、勤勤恳恳的创业者高。而且，这一类创业者大多过得很快乐。

4. 反欺诈委托加盟

反欺诈委托加盟是一个新的业务模式，表示加盟投资商委托一家公司帮着加盟策划，以规避加盟风险和引进合适的加盟项目，比如万城网推出的各县区区域加盟，就是典型的加盟创业。反欺诈委托加盟绝对不只是简单地为加盟投资商推荐一家连锁企业，而是从加盟创业、维权、店铺经营这三个方面进行整体策划。这一全新的概念是由伦琴反欺诈加盟网提出的。

9.2.3　创业的过程和方法

1. 创业过程

第一步：生存阶段，以产品和技术来占领市场，只要有想法（点子）会搞关系（销售）就可以。

第二步：公司化阶段，规范管理来增加企业效益，这是需要创业者的思维从想法提升到思考的高度，而原先的搞关系就转变成一个个渠道的建设，公司的销售依靠渠道来完成，团队也初步形成。

第三步：集团化阶段。这时依靠的是硬实力（产业化的核心竞争力），整个集团和子公司形成了系统平台，依靠的是一个个团队通过系统平台来完成管理（人治变成了公司治理），销售变成了营销，区域性渠道转变成一个个地区性的网络，从而形成了系统。思维从平面到三维。这时创业者就有了现金流系统（赚钱机器），它是 24 小时为你工作的，这就是许多创业者梦想达到的理想状态。

第四步：这是创业者的最高境界，集团总部阶段，是一种无国界的经营，也就是俗称的跨国公司。集团总部的系统平台和各子集团的运营系统形成的是一种体系。集团总部依靠的是一种可跨越行业边界的无边界核心竞争力（软实力），子集团形成的是行业核心竞争力（硬实力），这样将使集团的各行各业拥有它们在单兵作战的情况下所无法拥有的业绩水平和速度。思维已从三维到多维，这才是企业发展所能追求和达到的最高境界。

2. 创业的方法

在创业过程中，创业者有以下方法可供选择：

（1）借鉴

不是所有伟大的创业理念都是原创的。推特（Twitter）可以说是微博的一种，但在推特成立之前，很早就已经有人在脸谱（Facebook）上这样做了，而且比这更早些，人们在图片上加上说明文字，可以看作是当时的推文。问答网站 Quora 是一种新形式的论坛。百事可乐是另一种的可口可乐。温迪快餐（Wendy's）是新版本的麦当劳。iPod 就是新款的 mp3 播放器。如果你的创业想法、服务或产品并非完全独创，这并非什么大问题，你的经营方式才是重点。

（2）目标明确

很多年轻的创业者可能有 10 个不错的创业想法，但是创业者应该只关注其中一个。创业者不要像杰克·凯鲁亚克（Jack Kerouac，美国"垮掉的一代"的代表人物）的作品风格一样随意，并且不要轻易将注意力从一个目标转向另一个目标。

（3）地理位置

地理位置不仅仅只对房地产重要。如果创业者希望目标客户能够很快了解公司的存在，那么公司的地理位置就要选择在与客户群相关的区域内。如果创业者经营的是一家户外用品公司，那么将公司设立在田纳西州就是自然而然的事。如果创业者希望能够在行业中与大企业抗衡，那么就将公司设在这些大企业还无暇顾及的某个小城内。

（4）数字

如果创业者正准备花几周的时间撰写一份商业计划书，那么这实在没有必要。商业计划更应该是一份数据翔实的表格，而不是一份由文字堆砌的文稿。计算出相关的经营数据，远比陈述你将如何利用社交媒体重要得多，所有诸如此类的内容都会随时间的推移而发生变化。所以，应当将注意力放在数据上。

（5）一步到位

不要想着走捷径。例如，不能因为工资低，就聘用没有经验的平面设计师。当他们提交的平面设计一团糟时，你还得找人将工作重新做一遍，而因此为一份工作付双份的钱，就更别提因此而浪费掉的时间了。

（6）销售额

销售额不等于现金流。在资金有限的情况下，资金流才是公司生存的必要条件。

（7）创造价值

初创公司所聘用的员工不仅要符合工作岗位的能力要求，还要能够为公司创造附加值。最关键的创业初期，有能力的创业者是不会在用人方面总考虑节约的。

（8）生活规划

创业者应当将个人财务和公司财务划分开来管理。在开始创业前，要先保证你的个人生活不会出现问题，否则你很难取得成功。创业者可以通过贷款解决公司运营资金的需求。创业是为了生活得更好，而生活不是为了更好地创业。

（9）进退

最后，创业者要设定好退出策略，可以选择转让、出售公司或者独立经营。创业者也一定要知道何时该进，何时该退。

创业者在创业道路上往往会遇到各种各样的问题。然而，要做一名合格的创业者，就必须学会面对这些问题，学会怎么解决这些问题，还有学会积累这些解决问题的经验，这样才会使事业有条不紊地发展下去。就现代而言越来越多的年轻人选择了创业，其中包括在读生、毕业生以及已经工作的人。

3. 创业注意事项

创业者在创业当中应该注意以下几个问题，要随准备迎接创业道路上的挑战，敢于去解决面临的创业问题，在创业的过程当中必须头脑清醒，认清形势，一旦决定，追求到底，这才是一种明智的创业心态。一旦缺乏耐心，没有毅力，就会与成功失之交臂。

（1）积极利用现有资源

不少在职人员都选择了与工作密切相关的领域创业，工作中积累的经验和资源是最大的创业财富，要善于利用这些资源，以便近水楼台先得月。对能帮自己生存的项目，要优先进行考虑。不要在只能改善形象或者带来更大方便的项目上乱花费用。

（2）慎重选择合作伙伴

有些上班族有投资资金或有一定的业务渠道，但苦于分身无术，因此会选择合作经营的创业方式。如果自己需要合伙人的钱来开办或维持企业，或者这个合伙人帮助自己设计了这个企业的构思，或者他有自己需要的技巧，或者自己需要他为自己鸣鼓吹号，那么就请他加入自己的公司。这虽能让兼职老板轻松上阵，但要慎重选择合作伙伴，在请帮手和自己亲自处理上，要有一个平衡点。首先要志同道合，其次要互相信任。不要聘用那些适合工作，却与自己合不来的人员，也不要聘用那些没有心理准备面对新办企业压力的人。

此外，和合作伙伴之间的责、权、利一定要分清楚，最好形成书面文字，有合作双方和见证人的签字，以免起纠纷时空口无凭。

（3）细致准备必不可少

创业是一项庞大的工程，涉及融资、选项、选址、营销等诸多方面，因此在职人员创业前，一定要进行细致的准备。

通过各种渠道增强这方面的基础知识；根据自己的实际情况选择合适的创业项目，为创业开一个好头；撰写一份详细的商业策划书，包括市场机会评估、赢利模式分析、开业危机应对等，并摸清市场情况，知己知彼，打有准备之仗。

（4）尽量用足相关政策

政府部门有很多鼓励创业的政策，是对创业者的鼓励和支持，创业时一定要注意"用足"这些政策，如免税优惠、在某地注册企业可享受比其他地区更优惠的税率等。这些政策可大大减少创业初期的成本，使创业风险大为降低。

（5）经商之道，以计为首

所有商业经营活动，如果从表面上来看，好像是一种仅仅同物质打交道的经营活动，但是透过现象看本质，在今天商业经营活动实质上已经变成了一种人与人之间的智力角逐，是一场"斗智斗勇"的"智力游戏"，是人与人之间的谋略大比试。因此，正如古代军事家所说的"用兵之道，以计为首"一样，经商之道也应该以计为首。面对空前惨烈的市场竞争，想要找准自己的立足点和切入点、站稳脚跟、生存下来、谋取利益、发展壮大，那么，就必须首先考虑如何运用自己的商业智慧制定全面系统的、可执行的、可操作的和切实有效的经营策略和实施方案，以便确保每战必捷，战无不胜。

（6）决策问题

决策失误会带来直接后果，如发错货可能致使一个客户立刻与自己断绝关系。作为企业家，冒风险时，要谨而慎之。如果出现失误，不要过于敏感。接受事实，从中吸取教训。

（7）不要被胜利冲昏头脑

第一步的成功全靠自己的创意好、时机合适、运气不错和良好的业务关系。不过，这一切随时都可能离自己而去。因此，不要太过自信，投入过量的资金，使自己陷入泥沼之中。

9.2.4　大学生创业

2014 年 12 月 10 日，教育部正式印发《关于做好 2015 年全国普通高等学校毕业生就业创业工作的通知》，鼓励扶持开设网店等多种创业形态。

1. 大学生创业的方向

（1）高科技领域

身处高新科技前沿阵地的大学生，在这一领域创业有着近水楼台先得月的优势，"易得方舟"、"视美乐"等大学生创业企业的成功，就是得益于创业者的技术优势。但并非所有的大学生都适合在高科技领域创业，一般来说，技术功底深厚、学科成绩优秀的大学生才有成功的把握。有意在这一领域创业的大学生，可积极参加各类创业大赛，获得脱颖而出的机会，同时吸引风险投资。

推荐商机：电子商务、软件开发、网页制作、网络服务、手机游戏开发等。

（2）智力服务领域

智力是大学生创业的资本，在智力服务领域创业，大学生游刃有余。例如，家教领域就非常适合大学生创业，一方面，这是大学生勤工俭学的传统渠道，积累了丰富的经验；另一方面，大学生能够充分利用高校教育资源，更容易赚到"第一桶金"。此类智力服务创业项目成本较低，一张桌子、一部电话就可开业。

推荐商机：家教、家教中介、设计工作室、翻译事务所等。

（3）连锁加盟领域

统计数据显示，在相同的经营领域，个人创业的成功率低于20%，有的则高达80%。对创业资源十分有限的大学生来说，借助连锁加盟的品牌、技术、营销、设备优势，可以较少的投资、较低的门槛实现自主创业。但连锁加盟并非"零风险"，在市场鱼龙混杂的现状下，大学生涉世不深，在选择加盟项目时更应注意规避风险。一般来说，大学生创业者资金实力较弱，适合选择启动资金不多、人手配备要求不高的加盟项目，从小本经营开始为宜；此外，最好选择运营时间在5年以上、拥有10家以上加盟店的成熟品牌。

推荐商机：快餐业、家政服务、校园小型超市、数码速印站等。

（4）开店

大学生开店，一方面可充分利用高校的学生顾客资源；另一方面，熟悉同龄人的消费习惯，因此入门较为容易。正由于走"学生路线"，要靠价廉物美来吸引顾客。此外，由于大学生资金有限，不可能选择热闹地段的店面，推广工作尤为重要，需要经常在校园里张贴广告或和社团联办活动，才能广为人知。

推荐商机：高校内部或周边地区的餐厅、咖啡屋、美发屋、文具店、书店等。

（5）技术创业

毕业后学习一门技术，可以让大学生很快融入社会。有一技之长进可开店创业，退可打工积累资本。好酒不怕巷子深，所以有一技之长的大学生在开店创业的时候，可以避开热闹地段节省大量的门面租金，把更多的创业资金用到经营活动中。

推荐商机：弹棉花店、裁缝店、修车行等。

2. 大学生创业易犯的错误

（1）侥幸心态

创业者堵投资人的门、向投资人群发 E-mail，认为投资人看到邮件就会投资。其实没有这么简单，投资人每天要看数以百计的商业计划书，然后再筛选并做深入调查，不可能让你"侥幸"获胜。

（2）拍脑子想点子

不要认为拍脑子想出的点子就会拿到投资，好点子不值钱。

（3）想问题没有深度

创业者很浮躁，有个点子，马上就写商业计划书、找投资；但见了面，几个问题下来，创业者就被问倒了。

（4）堆叠商业模式

有的创业者喜欢堆叠一系列"流行商业模式元素"，但事实上这让投资人很倒胃口。

（5）伪需求

创业者喜欢把周边人群的需求放大。例如"我老婆有这个需求，我朋友有这个需求"。但这些需求是伪需求，不是创业者从真正用户那里问来的。

（6）过分偏执

极个别创业者为得到投资，以"我得了绝症，你不来看我，我就不活了"这样的偏执话语威胁。这样的情况，就算投资人来见你，但最终还是要看项目。

（7）低估难度

创业难，难于上青天。今天即使你得到李开复的投资，进入创新工场孵化，要想成为腾讯、阿里巴巴这样的企业的概率还不及千分之一。

（8）故作神秘

创业者把"点子"当商业机密，与投资人谈条件："先给钱再说点子"。要知道，创业者是靠执行获胜，不是靠秘密的点子。

（9）不诚信

创业者"盗窃"他人项目的知识产权。

（10）没重点

"描述不清晰，讲话没重点"。投资人希望创业者能用一句话概述项目情况、用户、市场和团队特色。不要浪费彼此的时间。

【案例分析】

一个大学生的创业故事

刘鹏飞，2007 年从江西九江学院毕业，许多同学都在为工作而发愁，但刘鹏飞却已成竹在胸。一毕业，他就毫不犹豫地踏上了开往义乌的火车。当时，他身上除了一些必备物品外仅剩 5 元钱。为了填饱肚子，同时也为了锻炼自己的工作能力，他决定先去找工作。辗转奔波，终于在一家公司做了一名外贸销售员。一个月后，刘鹏飞拿着 1400 元工资，毅然决然地辞职了。当时就有很多同事劝他不要辞职，因为在外面找工作也不容易，不要一时头脑发热而做错事。但是刘鹏飞却坚定着他的创业之路，丝毫不为之动摇。

在坚定了自己的创业决心后，刘鹏飞拿着交完房租剩下的仅有的 800 元开始了自己的创业之路。跟别的创业者不同，他没有经验和资金，有的只是创业的决心、激情和勇敢，于是就那样大胆地踏上了创业的道路。当然，他的创业之路并不是一帆风顺的。辞职一个多月了，始终没有找到合适的项目。这才约朋友去公园散散心，没想到却意外看到了孔明灯，一开始只是觉得好奇，就准备买一个。第二天一大早，刘鹏飞就跑到义乌小商品批发市场买孔明灯。令他没有想到的是，偌大的小商品市场竟然没有几家销售孔明灯的。逛了整整一天，才好不容易淘到了一盏孔明灯。在义乌这个号称全球最大的商品批发市场中却只有几家在销售孔明灯，这个发现让刘鹏飞欣喜不已。后来他又对孔明灯做了进一步的调查，了解到了孔明灯市场竞争小，而且潜力巨大，有着丰富的文化内涵，并且收益也比较快。说干就干，从小商品市场回来的第二天起，刘鹏飞就开始认认真真地设计起他的孔明灯网站来。只要网上有人下订单，自己就先去市场批发回来，然后再转手卖出去。刘鹏飞的想法，得到了女朋友的支持。两人从小商品市场买了100多个孔明灯。果然不出所料，在依靠着网上的平台，义乌的市场资源和女友的支持和帮助下，刘鹏飞在第一个月就赚了几千元钱。从此以后，刘鹏飞更加努力地寻找客户，短短的半年就积攒了6万元的存款。

后来有一天，刘鹏飞突然接到了一个20万元的温州外贸公司的大订单。欣喜若狂的刘鹏飞赶忙寄出样品，没想到却寄错了样品。好不容易安抚好对方，再寄样品，却又一次出错了。在寄出的十个样品中竟然有几个烂的样品，当所有人都认为这笔订单成了泡影的时候，刘鹏飞却并没有轻言放弃。他打电话道歉，写电子邮件解释，一遍又一遍地请求客户，再给他一次机会。就在众人都让刘鹏飞放弃的时候，出乎所有人的意料，刘鹏飞竟接到了那个温州外贸公司的电话，说要去他的工厂考察。这下刘鹏飞却慌了，因为他根本没有工厂，甚至连接待客户的办公室都没有。放下电话后，刘鹏飞决定要打肿脸充胖子。跑了三天，终于借到了一间办公室，虽然比较简陋但也还应付得过去，后来又如法炮制借了间工厂，随后又把所有该注意的事项安排都想好了。随着温州客户来临日期的接近，刘鹏飞的心里却是日渐沉重。终于，二十几天后，温州客户来了，但是刘鹏飞没有急着跟客户谈生意，反而把自己借办公室，借工厂的经过一五一十地招了。可是客户听了并没有生气，反而当场就签了20万元的合同。因为他们看中了刘鹏飞的为人，也可以说是他的真诚打动了客户。

经过这件事情后，刘鹏飞开始打算自己建一个工厂。在研究了孔明灯的材料、制作工艺之后，并且早在半年前，刘鹏飞就让哥哥去学孔明灯的制作技术，众多条件具备，短短的一个月，从建厂到生产，刘鹏飞就保质保量地完成了订单所需要的全部孔明灯，一下子就赚了近十万元。这更加坚定了他的创业决心。后来，刘鹏飞的女朋友和好朋友吴道军先后辞去工作，加入了刘鹏飞的公司。刘鹏飞负责销售和生产，女朋友负责外贸，吴道军负责采购。三个人合作默契，短短半年时间，销售额就达到了300多万元。2009年，刘鹏飞又先后推出了荷花灯、水灯等工艺灯具，产品远销欧洲许多国家，这也为他迅速积累了数百万元资产。

刘鹏飞的创业故事到这里还并没有结束，后来他把他卖孔明灯赚来的100万元钱，给了两个大学还没毕业的毛头小伙，投资成立了一家十字绣工厂。于是他又比别人更先一步进入了十字绣的市场，事实证明，他的选择是对的，短短半年，他的工厂已经收回了大半的成本。

资料来源：http：//blog. sina. com. cn/s/blog_5debc6730100eoeq. html.

分析：本案中刘鹏飞的创业经历值得大学生们深思。刘鹏飞的成功很大一部分是因为他有着很多和其他成功创业者的共同之处，同时也有着别人不具备的战略眼光、优点和品质。所以说，创业的决心，优秀的个人品质，良好的心态，强大的团队，再加上一点小小的运气最终促成了刘鹏飞创业的成功。

● 基本训练

□ 知识题

9.1　阅读理解

1. 什么是管理创新？

2. 管理创新包含什么内容？

3. 管理创新的方法有哪几种？

4. 大学生创业的方向有哪些？

5. 组织创新应具备哪些条件？

9.2　知识应用

一、判断题

1. 为适应环境的变化，组织应不断调整系统内部的内容和目标，这在管理上叫做管理的创新职能。（　　）

2. 对企业而言唯一不变的就是创新。（　　）

3. 维持是创新基础上的发展，而创新则是维持的逻辑延续。（　　）

4. 创业计划是说服自己，更是说服投资者的重要文件。（　　）

5. 创新的核心是技术创新，包括产品创新和工艺创新。（　　）

6. 职业资源是指创业者在创业之前，为他人工作时所建立的各种资源。（　　）

7. 创业环境分析是发现创业机会的基础，是进行创业可行性分析的前提。（　　）

8. 经济周期是现代社会发展过程中可以避免的经济波动，包括繁荣、萧条、衰退、复苏四个阶段。（　　）

9. 政策机会是指政府为创业者制定政策的机会。（　　）

10. 创业市场调研是创业者是否进入某一目标市场、进行产品决策的前提。（　　）

二、选择题

1. 第一个提出管理创新思想的是（　　）。

　　A. 科斯　　　　　B. 熊彼特　　　　C. 托夫勒　　　　D. 哈默

　　E. 圣吉

2. 企业制度主要包括产权制度、经营制度和管理制度，企业对这些方面的调整与变革称为（　　）。

　　A. 目标创新　　　B. 技术创新　　　C. 制度创新　　　D. 组织创新

3. 对品种和结构的创新叫(　　　)。

　　A. 产品创新　　　　B. 目标创新　　　　C. 制度创新　　　D. 组织创新

4. 为适应环境的变化，组织应不断调整系统内部的内容和目标，这在管理上叫做管理的(　　　)。

　　A. 组织职能　　　　B. 维持职能　　　　C. 控制职能　　　D. 创新职能

5. 在知识经济时代，各类组织为了快速应变日益复杂的环境，在竞争中求生存，就要善于学习，不断获取新的知识、新技术，不断改进创新。这种类型的组织称为(　　　)。

　　A. 进取型组织　　　B. 学习型组织　　　C. 进攻型组织　　D. 知识型组织

6. 创新职能的基本内容主要包括(　　　)。

　　A. 目标创新　　　　　　　　　　B. 技术创新（产品创新）

　　C. 制度创新　　　　　　　　　　D. 组织创新

　　E. 环境创新

7. 创新的过程是(　　　)

　　A. 对现状不满　　　　　　　　　B. 寻找灵感

　　C. 实施创新行动　　　　　　　　D. 坚持不懈寻求认可

　　E. 过程管理

8. 技术创新主要表现在三个方面，即(　　　)

　　A. 设备、工具创新　　　　　　　B. 管理制度

　　C. 工艺创新　　　　　　　　　　D. 材料、能源创新

　　E. 组织机构

9. 下列属于管理的"维持职能"的是(　　　)

　　A. 组织　　　　　B. 创新　　　　　C. 控制　　　　　D. 领导

10. 熊彼特的创新概念包括哪些方面(　　　)？

　　A. 采用一种新产品　　　　　　　B. 开辟一个新市场

　　C. 采用一种新的生产方法　　　　D. 实行新的组织形式

　　E. 获得原材料、半成品新的供应来源

● 综合案例

微软和 TCL 的创新之路

　　20 世纪中叶以来，随着科学技术的飞速发展和科技成果的广泛应用，科学社会化的速度明显加快，以技术创新为核心的技术进步在经济增长中的作用更加突出。

　　（1）微软：不断创新，成为知识经济的缩影。比尔·盖茨创立的微软公司获得巨大成功的全部奥秘在于，他们将知识作为主要资本来从事生产，将研究与开发置于中心地位，保持持续不断的创新。该公司 OFFICE 产品部副总经理说："我们所做的一切在 3 年以后将不再有意义。"比尔·盖茨有一句名言："微软距离破产永远只有18 个月。"这道出了微软追求创新的经营理念。有人说，微软是世界信息业的骄子，它的崛起反映的不只是一种知识创造财富的现象，它是美国快速发展的信息产业的一

个组成部分,象征的是一种新的产业,新的经济——知识经济的出现,它是知识经济的缩影。为什么微软公司取得了如此大的成功呢?原因就是在公司内创造最好的"创新"氛围,为各种人才发挥创造力提供最好的条件和资源,不断进行创新,扩大其新产品序列,不断地从一个软件市场和销售渠道进到另一个软件市场和销售渠道。

(2) TCL集团:在变革与创新中成长起来的竞争型国企的典型代表。TCL也是中国家喻户晓的知名品牌之一,在全国电子百强企业中TCL集团进入前十名。1998年,实现总产值138亿元,销售收入92亿元,实现利税总额6.5亿元。TCL之所以能在全国经济不景气、国有企业效益全面滑坡和全国产品市场销售疲软的情况下,逆流而上,取得如此骄人的战绩,就在于该企业始终将经营变革与管理创新作为企业发展的推进器。TCL正是依托不断的经营变革和管理创新,在变革创新中争创了新的优势,提高了企业竞争力,实现了企业的持续、稳定、快速发展。TCL通过不断的变革与创新,带来行动上的超前和理念上的超前,从而形成其他一般企业无可比拟的优势与一般基础性产业的国企依托资源禀赋取得发展的成功不同,TCL属于无资源禀赋的竞争性行业企业,它的成功在于其始终保持与改革的潮流一致,与市场需求一致,与技术发展的潮流一致,与国际上现代化企业的发展步调一致,不断地变革创新,强化企业的竞争优势,时时更新观念,打破以往的模式,不断否定自己、超越自己。

资料来源:http://www.docin.com/p-507876803.html, 2015-12-15.

问题:

1. 微软公司成功的事实表明:创造财富的主要力量在于( )。

   A. 机器设备　　　　B. 原材料　　　　C. 操作工人　　　　D. 知识

2. 从创新和环境的关系来分析,TCL公司的创新属于( )。

   A. 局部创新　　　　B. 运行中的创新　　C. 消极防御型创新　D. 积极攻击型创新

3. 为什么说创新是企业改善市场环境的重要手段?

● 综合实训

1. 实训内容

(1) 调查了解本城市支持创业的具体政策,并结合实际谈谈创业环境对创业企业的影响。

(2) 寻找一个商业机会,并就如何利用该种机会,写出你的商业创意。

(3) 撰写《公司设立登记申请书》和《企业名称预先核准申请书》。

(4) 寻找四位与该商业机会有关的行业,向其了解行业现状。附上其个人名片及交谈内容。

2. 实训要求

(1) 字体基本格式要求:宋体,小四。行距:固定值18磅。页边距:上下各2.3CM,左右各2.6CM。装订线:左1CM。A4纸打印,左边装订(用订书机订)。格式必须符合要求,否则最高扣20分。

(2) 综合作业包括封皮、作业说明、题目及答案至多12页。作答时,每题另启一页。

（3）内容具体，条理清晰，思路表达详细。

（4）在调查报告开头写清调查时间、地点。

（5）商业创意必须具有可操作性和商业价值。申请书按标准撰写。

（6）对行业现状的了解，在书写时请写清具体年月日。

参考文献

1. 徐小平．管理学．2 版．北京：科学出版社，2015.

2. 戴武堂，李静．管理学．2 版．武汉：武汉大学出版社，2011.

3. 翁君奕．企业组织资本理论．北京：经济科学出版社，1999.

4. 朱国云．组织理论：历史与流派．南京：南京大学出版社，1997.

5. 赵国运，王军华．管理学原理．北京：中国社会出版社，2006.

6. ［美］D. P. 舒尔茨，S. E. 舒尔茨．工业与组织心理学：心理学与现代社会的工作．时勘，等，译．北京：中国轻工业出版社，2004.

7. ［美］斯蒂芬·P. 罗宾斯．组织行为学精要．7 版．潘晓莉，译．北京：中国人民大学出版社，2004.

8. 孙耀吾，祁顺生，陈立勇，汪忠．管理学教程．2 版．长沙：湖南大学出版社，2007.

9. 荣晓华，孙喜林．管理学原理．4 版．大连：东北财经大学出版社，2013.

10. 任莉，方旭．管理学基础．5 版．大连：大连理工大学出版社，2014.

11. 龚丽春．管理学原理．北京：冶金工业出版社，2012.

12. 刘涛，赵蕾．管理学原理．北京：清华大学出版社，2009.

13. 汪洁．管理学基础．北京：清华大学出版社，2009.

14. 龚丽春．管理学原理．北京：冶金工业出版社，2012.

15. ［美］斯蒂芬·P. 罗宾斯，玛丽·库尔特．管理学．11 版．李原，等，译．北京：中国人民大学出版社，2012.

16. ［美］斯蒂芬·P. 罗宾斯，等．组织行为学．14 版．孙健敏，等，译．北京：中国人民大学出版社，2012.

17. 周三多，陈传明，等．管理学原理与方法．上海：复旦大学出版社，2014.

18. 席波，时应锋．管理学基础．北京：高等教育出版社，2014.